应用经济学一级重点学科建设经费资助

应用经济学丛书

丛书主编 孙文基

江苏科技金融发展的探索与创新研究

JIANGSU KEJI JINRONG FAZHAN DE
TANSUO YU CHUANGXIN YANJIU

陈作章 于宝山 姜 帅 著

图书在版编目(CIP)数据

江苏科技金融发展的探索与创新研究 / 陈作章,于宝山,姜帅著. —苏州:苏州大学出版社,2016.11
(应用经济学丛书/孙文基主编)
ISBN 978-7-5672-1852-9

Ⅰ.①江… Ⅱ.①陈… ②于… ③姜… Ⅲ.①科学技术－金融－研究－江苏 Ⅳ.①F832.753

中国版本图书馆 CIP 数据核字(2016)第 274756 号

书　　名	江苏科技金融发展的探索与创新研究
著　　者	陈作章　于宝山　姜　帅
策　　划	沈海牧　李寿春
责任编辑	周　敏
出版发行	苏州大学出版社
	(地址:苏州市十梓街1号　215006)
印　　刷	南通印刷总厂有限公司
开　　本	787 mm×960 mm　1/16
字　　数	274 千
印　　张	15.75
版　　次	2016 年 11 月第 1 版
	2016 年 11 月第 1 次印刷
书　　号	ISBN 978-7-5672-1852-9
定　　价	32.00 元

苏州大学出版社网址　http://www.sudapress.com

前　言

江苏省不断优化自主创新和科技创业环境，相继出台多项与科技创新相匹配的财税和金融政策，以解决科技型企业多元化投融资需求，不断加快金融产品创新，积极开展科技银行、科技创投、科技保险、科技小贷试点工作，对于区域产业转型升级发挥了积极作用。当前江苏正面临着产业转型升级的挑战，还需要进一步解决创业风险投资产业发展中存在的中小科技企业前期投资规模和比重偏小的问题。完善风险补偿机制，降低投资风险，通过制度和机制创新引导创业风险投资机构向种子期和初创期中小科技企业投资，从而加快江苏向创新驱动发展。

苏南自主创新示范区各市为有效吸引各方创新资源，挖掘潜力，快速推进科技创新的建设步伐。实施优惠财税政策，鼓励科技创新企业轻装前行；试点股权激励，破解科技成果转化难题，在科技成果处置权和收益权改革与股权激励方面探寻更多的新举措；创新科技金融，改善创新型企业的融资环境，通过政府建立创业投资引导基金，吸引境内外创业投资资本特别是民间资本，共同组建风险投资公司和风险投资基金，完善天使投资机制。

苏州加快创新链和资金链的双向融合，率先在新型科技金融组织、科技企业信用体系、科技金融服务平台、区域多层次资本市场、金融服务合作模式创新等方面取得重大突破。为完善科技金融创新机制，还需完善科技担保与风险补偿体系，构建政策性科技担保公司，为科技企业提供担保；降低企业无形资产质押融资成本，完善产权交易市场；健全科技贷款风险识别体系，构建科技金融平台；通过机制和制度创新激励创投机构发展；推动税负均衡化和合理化，发挥政府资金的引导和放大功能。

发达国家中小企业政策性融资模式中有许多经验值得我们借鉴。其中,法国BDPME将民营金融机构融资担保(部分担保)和直接融资(协调融资)相结合,并受到中小企业的好评。德国联邦政府和州政府除对民营担保公司的中小企业融资担保进行再担保外,州政府还提供包括直接融资在内的各种金融支持。美国联邦政府和各州在进行金融支持的同时,联邦政府还通过小企业局(SBA)对民营金融机构和非银行金融机构实施贷款担保。各州政府提供各种信息和政策服务的同时还提供多种融资和担保。英国政府机构SBS除通过小规模企业融资担保制度(SFLGS)对中小企业进行金融支持外,还通过对地方创业基金、高科技基金及企业资本基金出资方式,对不能以发行股票形式筹资的中小企业提供资金支持。日本中小企业信用补偿制度是对中小企业从金融机构借款债权进行担保,并对担保能力和信用程度较低的中小企业进行资金融通的制度,它由信用担保制度和信用保险制度两部分组成。根据发达国家中小企业政策性融资模式和经验,要解决我国中小企业融资难问题还需建立一系列相关法律和法规制度,以明确中小企业融资过程中各金融、担保、保险机构之间的责权利关系。

日本高校在产学研合作和创业支援组织体制上有多种形式,如采取高校设立专门的创业咨询窗口,并实施创业咨询服务,提供资金支持、专利等申请支援和指导,向创业者调剂资金并介绍销售渠道,向融资机构介绍创业企业,对资金调剂方法进行指导,与风险基金联系并获得投资,放宽教师的兼职条件等一系列措施,并取得显著成效;在研究开发投资方面,日本对应用和开发研究比较重视,而对基础研究的支出比重较低,应该提高专利的质量和利用率;在风险投资制度创新方面,日本风险资本倾向于创业企业后期投资,前期投资所占比例较小;为了补偿信用担保业务中存在的风险,以充分发挥信用担保制度的作用,信用担保协会承诺担保,中小企业从金融机构融资后,其担保再由中小企业金融公库对其实施再担保。

我国创业投资机构对种子期和初创期科技型企业的投资比例失调,而对于扩张期和成熟期的科技型企业则投融资过剩,从而引起中小板和创业板市场股票泡沫严重,创业风险投资市场这种监管混乱的局面严重干扰了我国科技成果转化和高科技产业化的正常发展,也在一定程度上阻碍了江苏产业结构转型的进程。为使政府引导基金的投资杠杆作用得到充分发挥,加快高科技产业化的步伐,应构建创业风险投资结构比例管理体系以完善政府引导基金运营机制;加强对创业风险投资机构的激励机制效果来引导民间投资机构投资;加强对创业风险投资机构投资行为的适度约束机制以改变市场失衡状态;加强公共资金管理监督以保证政府引导基金合理使用;规范引导基金退出机制和股权价格生成机制。

目前商业银行在发放知识产权质押贷款中存在对风险控制与知识产权价值评估困难的问题,知识产权这种特殊形式的资产在不同的生产阶段的价值会发生变化。因此就加大了商业银行知识产权质押贷款的管理风险,应对知识产权质押贷款进行科学评估,对知识产权质押贷款与知识产权转移制度进行创新,以实现知识产权的可交易性和流动性。

从苏州风险投资结构分析结果看,苏州风险投资产业发展迅速,但仍然有待进一步通过制度创新完善科技金融发展的长效机制,通过深化改革增强苏州风险投资市场对科技创新推动作用,加速实现产业转型升级。发挥区域股权交易中心作用,加快新三板市场建设,使风险投资机构投资退出渠道畅通,减少风险投资机构的投资风险,增加其投资收益,以最大限度筹集民间资本支持高科技产业化发展;发挥引导基金作用,诱导风险投资机构向高科技产业投资,通过制度创新,增加投融资方式的灵活性,增加对种子期和初创期科技型中小企业的支持力度,构建科技金融多层次风险分担机制,以减少风险投资机构的投资风险,提高风险投资机构的积极性,更好地为科技型中小企业提供金融支持。

目前,商业银行对科技型中小企业贷款仍然存在严重的风险收益不匹配问题,需要有关部门进一步出台科技金融创新的相关政策和措施,并需要非银行金融机构的密切配合,使科技银行在开展科技金融业务中能够最大限度地降低风险和提高收益。应探索科技融资风险分散和补偿机制,促进科技银行扩大放贷规模，以满足科技型中小企业的融资需求；利用担保公司分散科技贷款风险，通过再担保基金为担保机构提供再担保，完善再担保基金的管理机制，确定担保比例和费率，以防范担保机构的道德风险；通过产权交易中心化解融资风险，可组织投资、银行、技术专家和金融中介公司、担保公司等共同对其知识产权的技术、风险和效益等进行评估，并通过产权交易中心交易以提高知识产权的流动性；通过合作实现债权和股权的转换，科技银行可与风险投资公司、科技小贷公司、担保机构合作，形成科技金融生态链，为科技型中小企业提供金融支持。

在政府激励和风险补偿措施推动下，各类金融机构通过协同创新已经基本形成了投融资互惠共赢和风险化解机制，使科技型小微企业投融资向种子期末端和初创期前端推进，有力支持了区域新兴产业的发展。但种子期前端科技型小微企业因缺少天使投资人而难以迅速成长，互联网投融资模式可通过网络平台迅可速实现资金集聚效应，并能发挥投融资风险释放功能。因此，只有保证互联网投融资市场健康发展才能完善创新创业投融资生态环境，解决种子期前端科技型小微企业资金不足，驱动产业转型升级。但目前股权众筹等互联网金融领域存在着因监管缺失而造成的严重信用危机问题，不仅伤害了天使投资人的利益，对于创业投融资生态环境造成巨大破坏。因此，股权众筹等新型投融资领域治理问题成为关系到新常态下区域产业转型升级成败的迫切需要解决的关键问题。只有构建对股权众筹等新兴投融资平台有效治理机制，才能进一步完善创业投融资生态体系，以有力支持种子期前端科技型小微企业迅速发展。

本书对江苏科技金融发展探索与创新的研究目的是在总结江苏经验的基础上拓展和完善科技金融理论，为我国区域经济发展中如何通过科技金融创新推动产业转型升级实践提供理论参考和借鉴。

陈作章
2016 年 9 月 23 日

目 录 CONTENTS

CHAPTER 1 上篇　江苏科技金融发展的实践与思考 /001
　　第一章　金融支持与江苏科技创业企业发展 /002
　　第二章　融资来源差异对江苏科技创新效率影响的实证研究 /013
　　第三章　金融支持科创企业发展的区域差异研究 /021
　　第四章　江苏科技投入和科技金融支持创新驱动研究 /029
　　第五章　苏南高科技产业化与科技金融的探索 /038
　　第六章　苏州科技金融创新现状与问题研究 /058

CHAPTER 2 中篇　海外科技金融发展的借鉴与启示 /091
　　第七章　发达国家中小企业政策性融资机制优劣比较与启示 /092
　　第八章　日本高校科技企业初创期的支援机制及启示 /110
　　第九章　日本研究开发投资现状分析及启示 /121
　　第十章　日本风险投资制度创新研究 /136

CHAPTER 3 下篇　江苏科技金融发展的探索与创新 /149

　　第十一章　政府引导基金失灵与风险投资基金管理机制创新 /150

　　第十二章　知识产权质押贷款风险控制与价值评估机制重构 /165

　　第十三章　科技金融激励与风险补偿机制创新及效果：基于 2011—2012 年苏州风险投资结构的分析 /186

　　第十四章　科技银行业务创新与风险收益均衡机制分析 /205

　　第十五章　完善创新创业投融资生态环境与风险防范：以苏州为例 /221

参考文献 /238

后　记 /243

CHAPTER 1

上篇　江苏科技金融发展的实践与思考

第一章 金融支持与江苏科技创业企业发展
——基于江苏省科技创业企业问卷调查研究

近年来,江苏省不断优化自主创新和科技创业环境,相继出台多项与科技创新相匹配的财税和金融政策,支持企业多元化融资,不断加快金融产品创新,积极开展科技银行、科技创投、科技保险、科技小贷试点工作等。江苏省正处于科技创新的加快发展时期,为充分了解江苏省科技创业企业获得金融支持的现实情况,把握科技创业企业的发展规律和特点,分析当前科技创业企业获得金融支持存在的问题与不足,充分发挥金融支持的作用,促进科技创业健康发展,推动科技产业化进程,并为政府职能部门有效分析现有政策效果,促进技术创新与金融资本更好地融合发展提供参考,本章根据课题组于2011—2012年间对江苏省部分科技创业企业进行的调查问卷进行研究。

本次调查采取抽样调查的方法,共收集有效样本443个,调查企业中有204家位于苏南地区,113家位于苏中地区,126家位于苏北地区。调查问卷内容涉及企业的基本情况、企业的融资需求及企业的融资渠道等方面,根据问卷的统计分析(利用spss17.0),现对江苏省科技创业企业金融支持情况进行分析总结。

■ 一、江苏省科技创业企业基本情况

(一) 企业规模、行业与等级

1. 企业注册成立的年限与注册资本

从企业注册成立的年限看,成立年限在5年以下的企业占42.5%,5~10年的企业占30.9%,10年以上的企业占26.6%;从企业的注册资本看,企业注册资本金在500万元以下的占27.8%,500万~5 000万元的占47.5%,5 000万元以上的占24.8%。

2. 企业的产权制度与所处行业

企业的产权制度看,以非国有控股有限责任公司和私营企业为主,分别

占40.4%和46.3%;从企业所处行业看,主要分布于电子与信息行业(占42.2%)、光机电一体化行业(占16.1%)、软件行业(占8.3%)、新材料行业(占7.1%)、新能源行业(占7.1%)、生物医药行业(占6.9%)、环境保护行业(占6.0%)。

3. 企业被评定的级别、技术领先程度与信用等级

从企业被评定的级别来看,国家级高科技企业占17.3%,省级高科技企业占20.5%,市级高科技企业占24.4%,暂未申请评定的企业占37.8%;从企业技术的领先程度看,处于国际领先水平的企业占10.6%,处于国内领先水平的企业占49.4%,处于省内领先水平的企业占32.6%,处于省内一般水平的企业占7.4%;从企业被评定的信用等级来看,AAA级企业占45.3%,AA级企业占11.7%,A级企业占9.2%,BBB级企业占4.1%,BB级企业占4.1%,未被评级的企业占25.6%,可见,江苏省科技创业企业技术领先水平、信用等级较高。

(二)企业发展阶段、创新投入与获得专利情况

1. 企业目前所处的阶段

从企业目前所处的阶段来看,处于种子阶段的企业占0.7%,处于初创阶段的企业占8.5%,处于成长阶段的企业占24.3%,处于扩展阶段的企业占37.1%,处于成熟阶段的企业占29.5%。处于成长阶段、扩展阶段、成熟阶段的企业较多,且数量差异不大。

2. 企业的创新投入

从企业的创新投入来看,企业的研发投入逐年提高,科研人员数占企业职工数的比例稳步提高(见图1)。

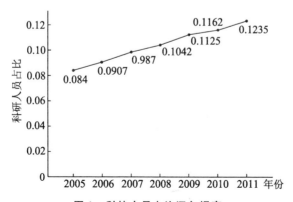

图1 科技人员占比逐年提高

3. 企业获得的专利情况

从企业获得的专利情况来看,81.3%的企业曾获得专利,未获得专利的企业占 18.7%,获得 1~5 项专利的企业占 49.1%,获得 6~9 项专利的企业占 7.2%,获得 10 项以上专利的企业占 24.8%。其中获得发明专利的企业占 38.9%,获得实用新型专利的企业占 73.9%,获得外观设计专利的企业占 36.4%;累计发明专利 140 项,实用新型专利 266 项,外观设计专利 131 项。多数企业具备科技创新能力,但科技创新能力还有待提高。

以上基本数据显示,江苏省科技创业企业发展较快,处于成长阶段、扩展阶段、成熟阶段的企业较多,且数量差异不大,企业信用等级、技术领先水平较高。多数企业具备科技创新能力,但科技创新能力还有待提高。

二、江苏省科技创业企业融资情况及比较分析

(一)企业融资基本情况

从企业的资金需求情况来看,资金需求在 100 万元以上的企业占 66.7%,资金缺乏仍然是制约企业科技创新活动的一个重要因素。企业资金需求年限主要集中于 1~3 年,占比 46.7%,8.2%的企业希望取得资金年限在 1 年以内,35.2%的企业希望取得资金年限在 3 年以上。

从企业的新增资金需求来源看,主要来源于银行或信用社贷款、所有者再投入、企业内部积累,实际采用的融资方式较为有限。企业所需资金主要用于解决流动资金不足和技术革新项目投入。国家政策性贷款被认为是企业融资成本最低的融资途径。

从企业最希望的外源融资方式来看,银行或信用社贷款、国家政策性贷款、民间借贷、创业投资基金依次为主要选择;但事实上,企业外部融资来源中,地方性商业银行、信用社贷款、亲朋借款三项所占比例最大,企业在资金困难的时候,首先会采用的应对方式是银行或信用社贷款和亲朋借款。

(二)企业融资需求的比较分析

1. 区域比较分析

由于地区经济发展的差异,资金需求在 500 万元以上的企业,苏北地区占 62.3%,苏中地区的企业占 52.3%,苏南地区的企业占 34.8%。

表1:
不同地区企业资金需求情况

资金需求 \ 地区	苏南	苏中	苏北	合计
无资金缺口	22.1%	26.6%	26.2%	24.4%
100万以下	15.2%	2.8%	4.1%	9.0%
100—500万	27.9%	18.3%	7.4%	19.8%
500—1 000万	8.3%	17.4%	15.6%	12.6%
1 000万以上	26.5%	34.9%	46.7%	34.3%

2. 企业发展阶段比较分析

由于调查中发现处于种子阶段的企业较少,数据信度不高,这里只对初创阶段、成长阶段、扩展阶段、成熟阶段企业的资金需求及来源情况进行对比分析。

(1) 不同发展阶段企业资金需求情况

数据显示,目前江苏省初创阶段企业资金需求在100万元以下的企业占76.7%,初创阶段企业资金需求不大;成长阶段、扩张阶段企业资金需求在100万元以上的分别占70.6%和63.3%,企业资金需求缺口较大;成熟阶段企业资金需求在100万元以上占79.7%,江苏省处于成熟阶段企业的资金需求仍然很大。

表2:
不同发展阶段企业资金需求情况

资金需求 \ 发展阶段	初创阶段	成长阶段	扩张阶段	成熟阶段
无资金缺口	51.4%	14.7%	31.7%	15.6%
100万元以下	24.3%	14.7%	5.0%	4.7%
100万~500万元	16.2%	23.5%	21.7%	16.4%
500万~1 000万元	2.7%	13.7%	12.4%	14.8%
1 000万元以上	5.4%	33.3%	29.2%	48.4%

(2) 不同发展阶段企业资金需求来源情况

处于初创阶段企业主要依靠所有者的自有资金投入。到了成长阶段以后,自有资金比重下降,企业内部积累增加,出现银行贷款(成长阶段16.0%、扩张阶段21.9%、成熟阶段38.4%)、民间借款(成长阶段4.0%、扩张阶段0.6%、成熟阶段0.0%)、国家政策性贷款(成长阶段3.0%、扩张阶段1.3%、成熟阶段0.8%)、资本市场融资(成长阶段1.0%、扩张阶段0%、成熟阶段0.8%)等,这说明了企业在各发展阶段的实际融资模式不同,逐渐由内源融资转向外源融资。

三、江苏省科技创业企业融资渠道分析

(一)江苏省不断增强对科技创业企业发展的金融支持

1. 金融机构不断改进服务,商业银行加大对科技创业企业的信贷投放,并创新金融工具和方式

银行推出了知识产权质押贷款等新方式。有的银行还设立科技支行,实行独立的信贷政策,专门办理科技型中小企业贷款。从样本企业近年来的新筹资金来源看,获得银行贷款的企业数量、贷款获批总额逐年增加,银行贷款仍然是企业筹集资金的主要来源。

2. 地方政府积极搭建投融资平台,颁布多项与科技创新相匹配的财税和金融政策,创设企业创新和产业升级的金融环境

地方财政出资设立基金,对科技贷款进行奖励和风险补偿等。从企业新筹资金来源看,企业获得的财政支持资金呈增长趋势,2010年企业获得的财政支持资金最多,反映了2010年科创企业发展较快;2011年企业获得的财政资金有所下降,也反映出政府对科创企业创新发展的支持政策正试图从直接支持转变为间接支持。

3. 多层次资本市场体系建设不断加强,科创企业扩大直接融资

从私募股权融资情况来看,企业获得的资金逐年增加。由于多家保险公司积极推进科技保险,风险投资日趋活跃,企业获得的创投基金支持近年来显著增加。2010—2011年,江苏省小贷公司的快速发展,为科技创业企业尤其是中小型科技创业企业提供了重要的资金支持。

4. 民间借贷资金数额逐年显著增长,民间资本支持对科技创业企业的发展仍很重要

表4:企业新筹集资金来源一览表(单位:万元)

年份 新筹集资金来源	2005	2006	2007	2008	2009	2010	2011
财政支持	1 557	2 402	7 519	10 928	16 153	18 610	15 848
国家政策性贷款	3 241	2 000	2 000	3 190	11 210	8 790	5 730
银行贷款	28 217 931	21 048 588	55 259 009	48 265 177	56 232 720	86 324 714	10 633 946

续表

年份 新筹集 资金来源	2005	2006	2007	2008	2009	2010	2011
私募股权融资	0	200	200	1 300	3 820	3 120	3 020
创业投资基金	0	0	0	600	1 200	1 850	18 900
民间借贷	1 620	1 720	2 745	3 355	5 415	9 825	13 151
小贷公司	0	0	0	0	0	1 120	2 560

（二）江苏省科创企业融资渠道分析——基于科创企业融资需求角度

1. 商业银行或信用社

从企业曾经贷款的金融机构类别来看，60.8%的企业曾向四大国有商业银行贷款，53.8%的企业曾向当地农村信用合作社贷款，43.6%的企业曾向中小股份制商业银行贷款。55.4%的企业与当地农村信用合作社建立了稳定的合作关系，47.2%的企业与四大国有商业银行建立了稳定的合作关系，28.7%的企业与中小股份制商业银行建立了稳定的合作关系。审批程序复杂、手续烦琐且审批时间较长，资产抵押不足、贷款利率和其他成本过高是企业向银行贷款过程中遇到的主要问题，而资产抵押不足主要表现在科创企业能提供的担保方式十分有限，科创企业目前能提供的担保方式主要集中于固定资产抵押、创业者自有资产担保、担保机构担保、其他企业担保，分别占49.0%、48.0%、39.3%、38.1%，而能提供无形资产质押的企业只有19.6%。

从企业向银行申请贷款和获批情况来看（见表5），88.9%的企业曾向银行申请过贷款，78.9%的企业申贷成功，再次表明银行贷款仍然是科创企业融资的主要渠道。

	0次	1～5次	5～10次	10次以上
申贷企业占比	11.10%	52.80%	13.60%	22.60%
获贷企业占比	22.10%	44.20%	11.90%	21.90%

表5：
企业向银行申请贷款和获批情况

2011年企业贷款需求压力较大，贷款需求在100万元以下的企业仅占20.5%，100万～1 000万元贷款需求的企业占40.8%，1 000万～5 000万元贷款需求的企业占22.4%，5 000万元以上贷款需求的企业占16.2%。而从企业实际贷款与贷款需求的比例来看，能融到75%资金以上的企业仅占

18.5%,50%以下的占63.4%,10%以下的有19.8%,银行贷款很大程度上不能满足企业的贷款需求。

2. 资本市场

自从我国资本市场推出适合科技创业企业的中小板市场、创业板市场后,本应能够拓宽科创企业的融资渠道。但问卷显示:60.3%的企业"尚无上市的打算","未上市,拟做上市准备"的企业占仅占33.4%,其中拟在国内和海外上市的分别占28.0%和5.4%,企业对上市融资的态度并不积极,已上市企业仅占5.4%。上市门槛过高(占59.9%)、企业自身产权、财务、管理等问题(占51.4%)、上市成本过高(占37.8%)、审批复杂(占25.4%)是制约企业上市的主要原因。而设立费用、辅导费用、承销费用、上市费用等改制上市费用(占33.3%),工商变更及产权变更等费用(占27.8%)、需补缴的税金(占16.7%)被上市企业认为是影响企业上市成本的主要因素。

通过公开发行债券方式融资的企业仅占4%,96%的企业没有公开发行过债券。企业自身产权、财务、管理等问题被43.7%的企业认为是制约其公开发行债券的重要原因,门槛过高(占29.0%),审批程序复杂(占28.3%),手续烦琐、成本过高(占20.6%),不了解如何操作(占17.4%),这些对企业公开发行债券的影响也不可小视。

样本企业上市时间分布于1989—2012年,每年上市的科创企业数量相差不大。对于已上市企业,除第一次公开发行融资外,仅有23.1%的企业进行过再融资,其中15.4%的企业进行过2次以上再融资,7.7%的企业进行过1~2次再融资,而76.9%的企业没有进行过再融资,并且61.5%的企业目前没有再融资的打算。企业再融资倾向于增发股票和可转换债券,分别占比35%和20%。

3. 其他投资

(1) 风险投资支持

从企业发展周期看,种子阶段企业对风险投资的偏好并不强,仅占3.8%;处于初创阶段、成长阶段、扩展阶段的企业对风险投资的需求更加迫切,分别占34.3%、27.4%和23.6%;而处于成熟阶段的企业对风险投资的迫切性相对放缓,占9.9%。企业认为取得风险投资的最大障碍依次是宏观经济环境影响、风险投资机构风险偏好、政策上的限制,分别占28.9%、24.0%和14.8%。

(2) 民间资本支持

企业新筹集资金来源一览表(表4)显示,民间资本是企业新筹资金的一个重要来源。从企业向民间金融机构组织借款的原因或动机来看,选择"企业急需资金支持"、"只要能取得资金支持,不在意来自何种渠道"、"相对民间金融机构,正规金融机构贷款困难"的企业分别占46.4%、38.4%和34.1%。企业在开展民间融资活动中希望采取的方式主要是向股东、职工、社会(不定对象)集资和向个人借入(公开发行股票,债券除外),分别占73.9%、39.1%。

(3) 国家及省财政支持

国家、江苏省对科创企业财政支持力度的不断加大,推出了"火炬计划"、"863计划"、"攻关计划"、"星火计划"、小企业创新基金、科技企业的贷款贴息、承担政府科研项目收入、财政补助收入等多项针对科技创业企业发展的资金支持,为江苏省科创企业融资发展创造了条件。在政策上,企业希望政府能够通过组织系列活动推动中小科技企业融资,依次为与金融机构共同探索推出适合企业的金融创新产品、推动成立企业间互保基金、建立民营科技企业信用档案并积极向金融机构传递企业信息、组织企业财务人员培训并了解各种融资方式及运作流程、推动成立小额贷款机构、组织企业捆绑发行中长期企业债券、组织企业捆绑发行短期融资券。而从目前企业现在可享受的政策优惠来看,主要是税收优惠,政策性优惠贷款、专项拨款,享受的优惠政策较为单一,并有相当一部分企业目前尚未享受到相关的优惠政策,企业希望政府能够扩大政策的受益范围,政策性优惠贷款、专项拨款,加快建立为民营高科技企业服务的信用担保、评估机构,健全和完善民营金融机构,税收优惠是企业目前最希望获得的优惠政策。

	火炬计划	863计划	攻关计划	星火计划	小企业创新基金	科技企业贷款贴息	政府科研项目收入	财政补助收入	其他支持	无
已获支持	17.80%	6.00%	10.80%	15.70%	19.00%	17.80%	11.40%	38.60%	4.50%	17.20%
正申请支持	2.90%	1.80%	7.10%	2.60%	8.20%	39.80%	10.60%	39.60%	7.10%	15.00%

表6:企业目前获得和申请财政支持情况一览表

四、问题与建议

(一)存在的主要问题

1. 江苏省科创企业资金需求大,地区差异显著

尽管江苏省科创企业发展较快,但资金短缺仍是制约企业科技创新活动的一个重要因素,在地区差异比较中,苏北地区企业资金需求最大。而在不同发展阶段差异比较中,江苏省处于初创阶段的企业资金需求不大,处于成长阶段、扩张阶段、成熟阶段的企业资金需求缺口较大,成熟阶段的企业资金需求在 100 万元以上的占 79.7%,企业资金需求占比仍然很大。

2. 江苏省科创企业实际采用的融资方式较为有限

在各发展阶段实际融资模式不同,逐渐由内源融资转向外源融资。新增资金需求主要来源于银行或信用社贷款、所有者再投入、企业内部积累,实际采用的融资方式较少,适合科创企业发展的各类融资渠道和规模也较小。

3. 江苏省科创企业资产抵押不足,银行贷款难

银行贷款仍然是企业融资的主渠道,而从企业实际贷款与贷款需求的比例来看,银行贷款很大程度上不能满足企业的贷款需求。审批程序复杂、手续烦琐且审批时间较长,资产抵押不足、贷款利率和其他成本过高是企业向银行贷款过程中遇到的主要问题,而资产抵押不足主要表现在科创企业能提供的担保方式十分有限,主要集中于固定资产抵押、创业者自有资产担保、担保机构担保、其他企业担保,只有 19.6% 的企业能提供无形资产质押,而无形资产质押、评估和交易体系尚不健全,使以无形资产进行质押贷款、转让或引资受到制约。

4. 资本市场与江苏省科创产业的对接和服务还相对薄弱,企业在资本市场上融资不活跃

企业对上市融资的态度并不积极,已上市科创企业相对较少,其中,上市门槛过高,企业自身产权、财务、管理等问题,上市成本过高、审批复杂是制约未上市企业通过发行股票融资的主要原因。而设立费用、辅导费用、承销费用、上市费用等改制上市费用,工商变更及产权变更等费用、需补缴的税金被上市企业认为是影响企业上市成本的主要因素。大部分企业不曾采用公开发行债券方式进行融资。企业自身产权、财务、管理等问题,门槛过高,审批程序复杂,手续烦琐、成本过高,不了解如何操作被认为是制约其公

开发行债券的重要原因。

5. 风险投资日趋活跃,但获取障碍多,民间资本支持有待加强

宏观经济环境影响、风险投资机构风险偏好、政策上的限制是企业获得风险投资的主要障碍。民间资本规模逐年快速增长,使民间资本成为支持科技创业企业的发展新生力量。但从企业向民间金融机构组织借款的原因或动机来看,企业只有在急需资金支持,而正规金融机构贷款困难时,才会选择借助民间资本。

6. 企业实际受益的优惠政策有限,财政支持力度不足

从目前企业现在享受的政策优惠来看,主要是税收优惠,政策性优惠贷款、专项拨款,享受的优惠政策较为单一,并且有相当一部分企业目前尚未享受到相关的政策优惠,企业希望政府能够扩大政策的受益范围。同时,现行政策辐射面比较窄,财政支持力度不足。

(二)建议

1. 进一步优化金融环境,完善支持科创企业发展的配套政策

政府对科创企业的各类财政支持措施需扩大受益企业范围,同时积极发挥政策导向作用,通过组织系列活动推动中小科技企业融资,可与金融机构共同探索推出适合不同发展阶段的科创企业资金需求的金融创新产品、推动成立企业间互保基金、建立民营科技企业信用档案并积极向金融机构传递企业信息、组织企业财务人员培训并了解各种融资方式及运作流程、推动成立小额贷款机构、组织企业捆绑发行中长期企业债券、组织企业捆绑发行短期融资券等。

2. 完善银行体系建设,增强商业银行对创新企业支持的能力,改进贷款管理制度,以金融机构的自我创新推动对科创企业资金支持的力度

由于商业银行的风险偏好与科创企业的高风险性并不匹配,因此必须通过商业银行的金融创新才能化解科创企业的贷款难题。积极鼓励科创企业提供知识产权质押担保方式,使科技创新对银行信贷融资渠道的严重依赖与传统金融机构普遍惜贷的矛盾得到有效缓解,而各种高水平专业的中介机构参与是提升知识产权质押贷款决策效率的重要保证。在保证中介机构专业能力的前提下,引入合格的知识产权评估机构、信用评级机构、法律事务所等中介,充分发挥其专业化的优势和合理的社会分工,为银行放贷决策提供客观、独立的第三方依据。

3. 加快建立多层次资本市场，强化资本市场对科创企业的对接和服务，完善市场功能，拓宽资金入市渠道，提高直接融资比重，促进企业自主创新

在充分利用中小板、创业板市场对科创企业资金支持的基础上，应构建多层次区域性资本市场为突破口以拓宽资本市场对科创企业支持力度，吸引科创企业通过多层次上市融资，为更多处于不同发展阶段的科创企业提供融资服务。通过建设三板市场和新四板等产权市场，促进科技与资本融合，为科创企业成果转化项目提供市场融资。积极发展企业债券市场，创新企业债券发行方式，对于科创企业而言，可以尝试私募发行，既可降低发行门槛、缩短发行周期、减少发行费用，又可寻找直接投资人，便于沟通信息、提高发行成功率。

4. 积极发展风险投资，政府可以为风险投资机构提供一定的财政支持，帮助拓展风险资本来源渠道，鼓励风险投资机构为更多的科创企业提供资金支持

积极培育地方性中小金融机构，江苏省社会资金供给潜力巨大，利用民间资本对缓解科创企业的融资困境有重大意义。因此，应通过出台税收优惠、风险补偿、奖励等一系列引导民营资本进入不同发展阶段的科创企业投资领域，以最大限度发挥民营资本的投资作用，促进科创企业快速发展。

第二章 融资来源差异对江苏科技创新效率影响的实证研究
——基于江苏省科创企业面板数据分析

随着科技创新驱动战略和科技金融创新的推进,金融支持科创企业发展已成为国家、省(市)政府和理论界、学术界研究的热点问题。江苏省作为全国经济发达的地区之一,科技金融事业也走在了全国的前列。为全面解读江苏省金融支持科创企业科技创新的情况,基于对江苏省科创企业的调查分析,本章从科创企业视角出发,用微观数据研究宏观问题,着重研究不同融资来源对科创企业创新效率的影响。

一、文献综述

研究金融发展对科技创新支持作用的文献主要集中于研究金融对科技型企业的支持作用,研究表明,科技创新需要有效的金融支持。在理论上,佩蕾丝基于新熊彼特视角和长期视角深入探讨了科技与金融的关系,认为金融发展引致的信用创造对科技创新具有重要的作用(2004)。孙伍琴、朱顺林基于 Malmuquist 指数分析法对金融发展促进科技创新的效率进行了经验研究,发现我国金融对科技创新的作用不断增强(2008)。王卫彬、俞杰龙、朴基成以浙江嘉兴市为例,构建科技金融与高新技术产业发展的关系模型,建立科技金融促进高新技术产业发展的评价指标和体系,表明嘉兴市科技金融促进高新技术产业发展有重要的作用(2012)。

按照企业获得金融支持的资金来源不同,企业的融资方式分为内源融资和外源融资。外源融资作为金融体系的主要功能,能通过市场机制配置金融资源流向急需的企业,能因市场机制的最优配置功能对科技创新效率产生显著的影响,理论与实践也表明,不同的资金投入渠道对科技创新具有不同的作用。

孙杨、许承明、夏锐的研究表明,政府资助、企业自主筹资以及 R&D 的支出等均对科技创新有积极的影响;但是,不同的资金投入渠道对科技创新具有不同的作用(2009)。叶耀明、王胜对长三角地区数据样本的面板数据进行了实证分析,研究了金融中介以银行为代表对技术创新的促进作用,认为金融中介发展对技术创新的促进作用是地方财政拨款功效的多倍。在长三角经济主体自主创新的过程中,以银行为主的金融中介发挥了重要作用(2007)。林乐芬、张昆、丁鹏基于银行视角,在对江苏8家银行进行问卷调查的基础上,就江苏各样本银行科技金融创新的现状和存在问题进行了分析,并在此基础上提出加快推进银行金融支持科技型企业创新的对策建议(2012)。王莉研究了金融结构与技术创新的关系,发现资本市场对技术创新有显著的支持效果(2007)。李悦认为金融市场对于推动自主创新和技术进步,并有效管理经济体系的风险具有特别重要的意义,中国的金融改革应努力构建一个市场主导型的金融体系(2008)。吴先满等分析揭示了当前江苏科技金融的发展现状与问题,研究提出了促进科技金融深化发展与创新的基本思路以及创新发展科技银行与信贷、科技保险、科技证券资本等的主要政策措施(2012)。Auken 认为民间借贷和社区资本能有效促进科技型中小科技企业融资(2001)。Caprio 和 Spisni 将风险投资视为"耐心资本",认为其贯穿了科技型企业发展的各个周期(1994)。成思危系统阐述了风险投资对我国科技发展的重要作用(2008)。研究不同融资来源对科技创新的影响效率对于进一步构建多层次的金融支持体系,充分发挥我国民间资本的优势,推动科技创新持续发展具有重要的意义。

在对金融支持科技创新的研究中,偏向于研究金融结构、金融制度以及金融机构对科技创新的支持作用,实证研究则主要采用总量和行业层面数据来研究金融对科创企业的支持,一般以描述为主,针对性不强。本章将在上述学者研究成果的基础上,基于对江苏省科创企业的问卷调查,从科创企业视角出发,用微观数据研究宏观问题,着重研究不同融资来源对科创企业创新效率的影响。

■ 二、数据与方法

(一)数据来源

数据来源于2011—2012年间对江苏省部分科技创业企业进行的调查采集,选取了企业在2005—2011年间的融资情况数据,因在调查的企业中仅有12个企业已经上市,本文的研究剔除上市企业,共获得研究样本220个。研究过程中,先按照内源融资和外源融资的分类对企业的融资情况进行实证分析,再将企业的外源融资按照资金来源机构与方式细分为银行、小贷公司、民间借贷、财政支持、国家政策性贷款、PC、VE(在选取的样本企业中,尚无企业通过发行债券进行融资,且由于样本企业中无上市企业,故这里不对债券、证券融资渠道进行分析),然后进行组群回归分析。

(二) 模型设定与数据处理

在现代生产技术下,企业在每一个生产周期 t 内租用资本 k_t 并雇佣劳动力 L_t 以生产单一消费品。其函数形式可以表示为二次函数:

$$f(l_t+k_t)=\alpha l_t+\beta k_t+\frac{\gamma}{2}l_t^2+\frac{\lambda}{2}k_t^2+\sigma l_t k_t \tag{1}$$

二次生产函数比 Cobb-Douglas 生产函数更加灵活。它近似于各种形式的生产函数,所以具有很强的共性,可以作为大多数生产模型的代表。将式(1)扩展为回归模型的时候,令 $\varphi_t=l_t\omega_0+k_t r_0$,根据科普兰指数法,先将等式左边变为全要素生产率(TFP),然后将资本分为外源融资和内源融资两块,并对一次项取自然对数,得到用于面板回归的模型:

$$\text{TFP}=\frac{f(l_t,k_t)}{\varphi_t}=\frac{\alpha}{\varphi_t}l_t+\frac{\beta}{\varphi_t}k_t+\frac{\gamma}{2\varphi_t}l_t^2+\frac{\lambda}{2\varphi_t}k_t^2+\frac{\sigma}{\varphi_t}l_t k_t \tag{2}$$

虽然全要素生产率的增长率(即索洛余值)和各要素增长率关系的模型以线性为主,如中国人民银行营业管理部课题组(2007)。胡尔滕(2000)认为这样的解释存在缺陷,过于依赖函数形式,我们在模型中引入平方项,希望能够更加准确地反映 TFP 与金融支持间的关系,这一模型比索洛余值法下的简单回归更全面,同时用 Translog 方法求弹性也使计量方程相对简化,故我们建立如下的面板数据回归方程:

$$\ln \text{TFP}_{it}=c+\alpha\ln\text{LABOR}_{it}+\beta_1\ln\text{CAPIN}_{it}+\beta_2\ln\text{CAPEX}_{it}+$$
$$\frac{r}{2}\text{LABOR}_{it}^2+\frac{\lambda_1}{2}\text{CAPIN}_{it}^2+\frac{\lambda_2}{2}\text{CAPEX}_{it}^2+\sigma_1\text{LABOR}_{it}\cdot$$
$$\text{CAPIN}_{it}+\sigma_2\text{LABOR}_{it}\cdot\text{CAPEX}_{it}+\sigma_3\text{CAPIN}_{it}\cdot$$
$$\text{CAPEX}_{it}+u_{it} \tag{3}$$

这是一个含有平方项和交互项的基于横截面特定系数的面板数据模型,(3)式中,TFP、LABOR、CAPIN、CAPEX 分别代表企业的全要素生产率、职工人数(单位:个)、内源融资总额(单位:万元)、外源融资总额(单位:万元),220 个企业用下标 $i(=1,2,\cdots,220)$ 表示,2005—2011 年用下标 t 表示,u_{it} 是反映企业和时间混合差异的随机误差项。

三、实证分析

(一) 模型选择

1. 描述性统计分析

表1：样本统计量描述

变量	平均值	标准差	最小值	最大值
ln tfp	2.183144	1.065619	−4.60517	5.358236
ln labor	5.573023	1.3522	0	9.21034
ln capin	7.400612	4.06111	−2.302585	19.70739
ln capex	7.713082	2.229891	2.079442	20.33881
labor^2	2517650	1.05e+07	1	1.00e+08
capin^2	1.57e+15	1.04e+16	0	1.31e+17
capex^2	1.16e+15	1.81e+16	0	4.64e+17
labor·capin	4.11e+10	2.46e+11	−1.94e+11	3.33e+12
labor·capex	6.50e+09	8.89e+10	0	1.78e+12
capin·capex	7.12e+14	9.89e+15	−7.48e+11	2.12e+17

2. 面板数据单位根检验

由于样本数据为非平衡面板数据,只能使用 Fisher-ADF 方法进行单位根检验,检验结果见表2：

表2：面板单位根检验

变量	χ^2 统计量	P 值	平稳性
ln tfp	601.0713	0.0000	平稳
ln labor	704.6839	0.0000	平稳
ln capin	447.6021	0.0000	平稳
ln capex	363.7984	0.0000	平稳
labor^2	337.9655	0.0494	平稳
capin^2	612.2912	0.0000	平稳
capex^2	304.9207	0.0450	平稳
labor·capin	478.6077	0.0000	平稳
labor·capex	318.9948	0.0368	平稳
capin·capex	595.3919	0.0000	平稳

3. 固定效应模型选择

由于每个公司间存在个体差异,可能存在不随时间而变化的遗漏变量,故首先考虑使用固定效应模型(FE)。固定效应检验显示,FE 明显优于混合回归,应该允许每个个体拥有自己的截距项。然而,个体效应仍可能是以随机效应的形式存在的,通过个体效应的 LM 检验(Breusch and Pagan,1980),PE 优于混合回归,再次验证了个体效应的存在。通过 Hausman 检验,P 值为 0.0374,在 5% 的水平上可以拒绝原假设"H_0:u_i 与 x_{it},z_i 不相关",故使用固定效应模型,而非随机效应模型。本文中对全部面板数据的总回归方程选择变截距不变系数的固定效应模型。

(二) 模型结果及分析

1. 面板回归结果分析

表 3 显示了金融支持对科技创新效率影响的面板回归结果。

表3:ln TFP与融资变量关系的面板回归

自变量 \ ln TFP	系数	标准误	P>|t|
常数项	1.290 436	0.335 690 6	0.000
ln labor	0.008 897 5	0.072 016 6	0.902
ln capin	0.101 457 4	0.021 038 1	0.000
ln capex	0.026 031	0.025 836 6	0.014
labor^2	$-1.62e-08$	$6.79e-09$	0.018
capin^2	$-1.38e-17$	$1.65e-17$	0.044
capex^2	$4.00e-18$	$5.24e-18$	0.045
labor · capin	$5.08e-13$	$6.60e-13$	0.442
labor · capex	$-2.79e-12$	$2.69e-12$	0.301
capin · capex	$8.86e-18$	$1.89e-17$	0.039

$F(9,436) = 5.02$
$\text{Prob} > F = 0.0000$
$R^2 = 0.798\ 284\ 66$

全体样本固定效应回归显示,对于江苏省科创企业而言,lnCAPIN 与 lnTFP 在 1% 的水平上具有显著的正向关系,lnCAPEX 与 lnTFP 在 5% 的水平上具有显著的正向关系。通过系数比较,内源融资对科技创新效率的促进作用强于外源融资,说明江苏省的科创企业对内源融资的依赖依然比较大,外源融资对科技创新效率的促进作用有待加强。LABOR^2 系数显著为负,说明一般劳动力的增加(技术人才除外)对科技创新具有挤出效应。$CAPIN^2$ 系数显著为负,原因在于内源融资对科技创新效率的边际促进作用在递减。$CAPEX^2$ 系数显著为正,再次说明了企业外源融资对科技创新效率具有正向促进作用。交互项系数 LABOR·CAPIN、LABOR·CAPEX 系数不显著,CAPIN·CAPEX 的系数显著为正,说明对于目前阶段的江苏省科创企业,企业内源融资和外源融资的同时增长会促进企业科技创新效率的提高。

2. 分组回归

为更加深入地分析外源融资中各种融资方式对科技创新效率的不同影响,将外源融资分为银行、小贷公司、民间借贷、财政支持、国家政策性贷款、PC、VE 七个组,对七组样本分别进行面板回归,因小贷公司、PC、VE 是近两年活跃起来的融资方式,时间序列数据不足,未能得到相应的回归结果,其他回归结果见表4。

表4:ln TFP与融资变量的融资来源分组面板回归

自变量	因变量 对象和方法	ln TFP 银行固定效应	ln TFP 民间借贷固定效应	ln TFP 财政支持固定效应	ln TFP 国家政策性贷款固定效应
常数项		1.410 064*** (3 719 306)	1.891 141 (4.661 614)	2.504856*** (0.547 241 6)	3.294 025 (21.865 67)
ln labor		0.006 471 6 (0.080 584 1)	−0.103 190 8 (0.367 972 9)	−0.243 205 4** (0.116 833)	−0.755 754 3 (5.113 735)
ln capin		0.100 313 6*** (0.022 495 2)	0.500 610 3 (0.346 402 5)	0.106 887 2*** (0.031 829 6)	0.107 827 2 (0.561 892)
ln capex		0.017 586 6* (0.030 294 2)	0.202 610 7* (0.531 305 9)	0.059 646** (0.028 958 2)	0
$labor^2$		−1.71e−08** (7.06e−09)	0.000 026 5 (0.000 032 2)	6.52e−08* (3.82e−08)	0.000 011 5 (0.000 100 9)
$capin^2$		−1.47e−17 (1.63e−17)	−1.48e−06 (1.95e−06)	−8.99e−14 (1.10e−13)	−9.83e−08 (3.51e−06)
$capex^2$		3.95e−18 (5.24e−18)	−2.71e−06 (0.000 010 7)	8.55e−11 (7.77e−11)	−2.98e−08 (4.02e−06)
labor·capin		5.49e−13 (6.51e−13)	−4.18e−07 (9.99e−06)	−1.52e−09 (3.67e−09)	2.31e−06 (0.000 015 2)

续表

因变量	ln TFP	ln TFP	ln TFP	ln TFP
对象和方法 自变量	银行固定效应	民间借贷固定效应	财政支持固定效应	国家政策性贷款固定效应
labor·capex	−2.88e−12 (2.67e−12)	−6.53e−06 (0.000 043 5)	−8.37e−08* (5.22e−08)	−2.56e−07 (0.000 051 6)
capin·capex	9.80e−18 (1.87e−17)	4.81e−06 (5.85e−06)	1.84e−09 (1.95e−09)	−2.19e−07 (1.01e−06)
R^2	0.478 7	0.412 0	0.360 8	0.556 6
Prob>F	0.000 0	0.141 8	0.001 9	0.021 6

注：(1)"***"、"**"、"*"分别表示在1%、5%和10%的显著性水平；(2)括号中的数据是标准误差；(3)固定效应回归采用截面加权。

结果显示，银行组、民间借贷组、财政支持组外源融资 lnCAPEX 系数显著为正，国家政策性贷款组外源融资 lnCAPEX 系数为0，表明对于江苏省科创企业而言，国家政策性贷款对企业科技创新效率几乎不存在促进作用，这与获得国家政策性贷款的企业数量较少有关。按照四个组外源融资系数排序，从小到大依次为国家政策性贷款、银行、财政支持、民间借贷，民间借贷仍然是江苏省科技创新金融支持的重要来源，在缓解科创企业短期资金紧张方面具有不可替代的作用。近几年来，江苏省不断加大对科创企业的财政支持力度，有效地促进了企业科技创新效率的提高。银行贷款的增长率对科技创新效率的正影响表明现阶段江苏省科创企业科技创新效率的提高与银行业的发展密切相关。尽管上述分析中没有得到小贷公司组、VE 组、PC 组的回归结果，但从 2010 年、2011 年的横截面数据来看，其对企业提高科技创新效率给予了积极的资金支持，江苏省科创企业获得金融支持的渠道不断增加，江苏省多层次的金融支持体系正在逐渐完善。

四、结论与建议

结合本课题组的调查和本章对不同融资来源对科技创新效率影响的实证研究，我们可以得出如下结论和建议：

第一，尽管按照现有理论研究，资本市场对企业科技创新效率的促进作用应该最为显著，但目前江苏省科创企业通过证券市场、债券市场融资的较少，这与现阶段我国的金融体系结构仍是银行主导型、资本市场不成熟、企业对资本市场的排斥心理、进入门槛高等原因有关。因此,为进一步提高企业自主创新能力,应积极建立多层次的资本市场。

第二,目前对于江苏省科创企业而言,内源融资渠道对科技创新效率的促进作用强于外源融资,江苏省的科创企业对内源融资的依赖仍然比较大。江苏省应积极拓展企业获得外源融资的渠道,有效加强外源融资对科技创新效率的促进作用。

第三,银行、小贷公司、民间借贷、财政支持、国家政策性贷款、PC、VE 等不同的融资渠道为企业科技创新提供了有力的金融支持,尤其是民间借贷仍然是江苏省科创企业金融支持的重要来源,因此我们应制定相关的科技金融扶持政策,通过更加合理有效的途径发挥民间资本支持科创企业发展的最大作用。

第三章 金融支持科创企业发展的区域差异研究
——基于面板数据的固定效应模型分析

■ 一、引言

企业自主创新是多种因素共同作用和促进的结果,但是充分而又有效率的金融支持是实现企业自主创新的基本前提。近年来,随着我国科技创新步伐的加快,科技部相继制定出台了《关于进一步加大对科技型中小企业信贷支持的指导意见》《促进科技和金融结合试点实施方案》等多个科技金融政策文件,积极推进科技金融体系建设,促进科技创新,为科创企业发展提供金融支持。江苏省作为一个经济大省,已经把大力发展科技金融事业摆在了突出位置,但由于省内区域经济发展差异的存在,金融支持科创企业发展存在着区域性差异。

目前,国内外关于金融支持科创企业发展的研究主要集中于金融结构、金融制度对科技创新的支持作用。Luigi、Fabio 和 Alessandro(2008)提出金融资本尤其是银行业对产业科技创新具有重要的促进作用;凌江怀、李颖、王春超(2009)认为在金融约束长期存在的条件下,构建金融对科技创新的政策性金融支持路径、信贷融资支持路径和直接融资支持路径能够为科技创新提供多元化、多层次的金融支持;Stulz(2000)、Alessandra 和 Stoneman(2008)、Ang(2010)等学者从银行信贷市场、多层次资本市场、风险投资等角度,从理论和实证层面分析了各金融市场发展对科技创新的作用;张宏彦(2012)指出我国金融政策应围绕高新技术企业和中小企业这两个科技创新主体,完善风险担保体系;明明(2013)研究金融促进科技进步的功能和效果,并在国际经验研究的基础上,对总量和结构数据进行实证检验,研究了金融发展与科技进步的关系,分析了不同类型金融机构支持科技进步的效果;韩一萌(2013)在金融创新背景下探析科技金融发展路径,建议以市场为导向,积极推动科技金融服务平台的建设,加强金融中介机构的投融资服务能力,加强诚信体系建设,降低科技金融市场的整体风险。

现有研究大多侧重于定性分析,实证研究则主要采用总量和行业层面数据来研究金融对科创企业发展的支持,且鲜有文章进一步探讨区域经济发展差异对金融支持科创企业发展的影响,本章按照经济发达地区、经济中等发达地区、经济欠发达地区的分类,选取具有代表性的苏南、苏中、苏北三个区域的科创企业调查数据,从科创企业视角出发,用微观数据研究宏观问题,对金融支持科创企业发展的区域差异进行实证分析,并在此基础上提出优化各区域科技金融发展政策的建议。研究结论对我国区域经济发展差异明显的东部地区、中部地区及西部地区具有一定的借鉴意义。

二、数据说明、模型设定与计量方法

1. 数据说明

数据来源于对江苏省部分科创企业进行的问卷调查采集,选取了企业在2005—2011年间的融资情况数据,因在调查的企业中仅有12个企业已经上市,本研究剔除上市企业,共获得有效样本220个,其中苏南、苏中、苏北地区企业分别为58、79、83个。

2. 模型设定

考察企业生产的投入产出问题,通常可以采用Cobb-Douglas生产函数进行分析,尽管企业租用资本并雇佣劳动力开展生产的过程也可以采用更加灵活的二次函数形式,但考虑到分区域研究过程中样本数据的有限性,应尽可能地减少待估参数个数,因此本章在金融支持科创企业发展的区域差异研究过程中借鉴创新活动的Cobb-Douglas生产函数,引进全要素生产率(TFP)作为衡量科创企业发展的经济指标,然后将资本分为外源融资和内源融资两块,并对变量取自然对数,建立如下的面板数据回归方程:

$$\ln TFP_{it} = c + \alpha \ln LABOR_{it} + \beta_1 \ln CaPIN_{it} + \beta_2 \ln CAPEX_{it} + u_{it}$$

式中,TFP、LABOR、CAPIN、CAPEX分别代表企业的全要素生产率、职工人数(单位:个)、内源融资总额(单位:万元)、外源融资总额(单位:万元),220个企业用下标$i(=1,2,\cdots,220)$表示,2005—2011年用下标t表示,u_{it}是反映企业和时间混合差异的随机误差项。

3. 计量方法

在考察金融支持科创企业发展的区域差异分析中,由于统计数据有限,不能满足时间序列分析大样本的要求,故这里采用面板数据分析,面板数据分析还具有更少共线性、更多自由度和更高效率的优势。

研究过程中,根据样本企业所属地区的差别,分别按照企业获得融资支持的情况,对企业内源融资和外源融资的情况进行实证分析,再将企业的外源融资按照资金来源机构与方式细分为银行、小贷公司、民间借贷、财政支持、国家政策性贷款、PC、VE(在选取的样本企业中,尚无企业通过发行债券进行融资,且由于样本企业中无上市企业,故这里不对债券、证券融资渠道进行分析);但由于数据本身的局限性,为保证回归结果的有效性,结合我国金融发展实际,我国现阶段仍处于金融约束环境中,金融体系以银行为主导,其他融资路径发展不完善,故本研究仅将外源融资分为银行、非银行类融资支持两组进行分区域面板回归。

三、实证结果分析

1. 面板数据单位根检验

由于样本数据为非平衡面板数据,故这里使用 Fisher-ADF 方法进行单位根检验,检验结果见表1。

表1: 面板数据单位根检验

区域	变量	χ^2 统计量	P 值	平稳性
苏南	ln tfp	60.107 3	0.007 1	平稳
	ln labor	45.098	0.049 0	平稳
	ln capin	45.185 6	0.049 3	平稳
	ln capex	102.928 7	0.000 0	平稳
苏中	ln tfp	392.170 0	0.000 0	平稳
	ln labor	545.998 8	0.000 0	平稳
	ln capin	356.225 5	0.000 0	平稳
	ln capex	120.044 5	0.009 0	平稳
苏北	ln tfp	596.087 0	0.000 0	平稳
	ln labor	626.411 2	0.000 0	平稳
	ln capin	442.201 5	0.000 0	平稳
	ln capex	340.116 4	0.000 0	平稳

从检验的结果看,所有变量的 Fisher-ADF 检验均在 10% 的水平上显著,由此我们可以拒绝单位根假设,认为所有变量基本上都不含单位根,是平稳变量。

2. 固定效应模型选择

由于每个公司存在个体差异,可能存在不随时间变化的遗漏变量,通过对每个地区的样本企业做固定效应检验,固定效应模型(FE)明显优于混合回归,应该允许每个个体拥有自己的截距项。然而个体效应仍可能是以随机效应的形式存在的,通过个体效应的 LM 检验(Breusch and Pagan,1980),随机效应模型(PE)优于混合回归,再次验证了个体效应的存在。通过 Hausman 检验,p 值分别为 0.037 4、0.045 8、0.023 7,均在 5%的水平上可以拒绝原假设"$H_0: u_i$ 与 x_{it}, z_i 不相关",故应使用固定效应模型,而非随机效应模型。本研究中对全部面板数据的总回归方程选择变截距不变系数的固定效应模型。

3. 模型结果及分析

(1) 苏南、苏中、苏北地区因不同融资来源的金融支持对科技创新效率影响的面板回归

表2:ln TFP与融资变量关系的面板回归

自变量 \ 因变量	苏南 ln tfp	苏中 ln tfp	苏北 ln tfp
常数项	−0.729 439 4 (2.516 811)	0.713 387 5 (0.495 420 4)	2.609 397 (0.382 540 6)
ln·labor	0.731 116 2** (0.313 539 3)	−0.054 489 (0.101 004 5)	−0.333 5 554*** (0.090 608 3)
ln·capin	0.026 323 8 (0.025 885 1)	0.124 075*** (0.037 385 8)	0.191 104 7*** (0.034 240 6)
ln·capex	0.169 606 6*** (0.051 452)	0.123 418 1** (0.051 979 6)	0.011 323 2* (0.030 270 2)
R^2	0.951 994 48	0.565 061 07	0.880 796 06
Prob>F	0.002 1	0.000 0	0.000 0

注:(1)"***"、"**"、"*"分别表示在1%、5%和10%的显著性水平;(2)括号中的数据是标准误差;(3)固定效应回归采用截面加权。

从表 2 的结果来看,三个区域尽管在经济发展水平上存在着差异,但所有的科创企业样本均显示 lnCAPEX 与 lnTFP 在 10%的水平上(其中苏南地区为 1%、苏中地区为 5%)有显著的正向关系,按弹性系数从大到小依次为苏南、苏中、苏北,这表明外源融资对江苏省的科创企业创新效率有显著的促进作用,这种促进作用在苏南地区的科创企业创新发展过程中最明显,对苏北地区的科创企业创新支持最弱。相比于外源融资,内源融资对科创

企业发展也有明显的促进作用，从回归结果看，对苏中、苏北地区的科创企业，lnCAPIN 与 lnTFP 在 1‰ 的水平上具有显著的正向关系；而对苏南地区科创企业，lnCAPIN 与 lnTFP 关系不显著，这说明苏南地区的科创企业更多地依赖于外源融资，内源融资对其创新发展促进作用不明显。通过系数比较，在苏中、苏北地区，内源融资对科创企业创新效率的促进作用强于外源融资，尤其是苏北地区的科创企业对内源融资的依赖非常大。对于苏北地区，LnLABOR 系数显著为负，说明一般劳动力的增加（技术人才除外）对科技创新具有挤出效应，而苏南地区回归方程中 LnLABOR 系数显著为正，说明地区经济快速发展吸引了更多的技术人才，推动了企业的科技创新发展，相较而言，苏中地区回归方程中 LnLABOR 系数不显著，表明其劳动力增加对企业创新发展作用不明显。

（2）分组回归

区域经济发展差异使得科创企业发展过程中的融资支持路径差异明显，经济发达地区的科创企业更容易获得外源融资支持，更少地依赖内源融资；而在经济欠发达地区，外源融资对企业科创效率的促进作用较弱。尽管如此，外源融资路径因市场机制的最优配置功能对企业创新发展发挥着比内源融资更显著的作用，所以有必要进一步分析外源融资中各种融资方式对科创企业科技创新效率的影响差异。

课题组在对企业数据进行调查过程中，将外源融资分为银行、小贷公司、民间借贷、财政支持、国家政策性贷款、PC、VE 七个组，但由于数据本身的局限性，为保证回归结果的有效性，结合我国金融发展实际，我国现阶段仍处于金融约束环境中，金融体系以银行为主导，其他融资路径发展不完善，故本研究仅将外源融资分为银行、非银行类融资支持两组进行分区域面板回归，回归结果见表 3 和表 4。

表3：ln TFP 与融资变量关系的面板回归（银行组）

自变量 \ 因变量	苏南 ln tfp（银行固定效应）	苏中 ln tfp（银行固定效应）	苏北 ln tfp（银行固定效应）
常数项	−0.861 217 9 (2.528 405)	1.087 285** (0.544 75 3)	2.877 321*** (0.403 684 2)
ln·labor	0.733 795 9** (0.314 806 3)	0.021 795 1 (0.097 074 5)	−0.350 015*** (0.097 608 3)
ln·capin	0.030 123 9 (0.025 828)	0.084 704 3*** (0.028 053 4)	0.225 955*** (0.037 410 7)

续表

自变量 \ 因变量	苏南 ln tfp（银行固定效应）	苏中 ln tfp（银行固定效应）	苏北 ln tfp（银行固定效应）
ln·capex	0.1668143*** (0.05209)	0.0605509* (0.0450194)	−0.0356625 (0.037624)
R^2	0.95192255	0.61351339	0.90477613
Prob>F	0.0024	0.0017	0.0000

注：(1)"***"、"**"、"*"分别表示在1%、5%和10%的显著性水平；(2)括号中的数据是标准误差；(3)固定效应回归采用截面加权。

表3显示，银行组苏南、苏中地区科创企业外源融资 lnCAPEX 系数显著为正，而苏北地区不显著，且系数为负，表明苏南、苏中地区银行支持推动了企业的创新发展；而对于苏北地区的企业，银行支持并未对企业的发展带来显著的推动作用，这与苏北地区经济发展相对较慢，银行对企业的资金支持不足有一定的关系。相比之下，内源融资在苏北、苏中地区科创企业创新发展过程中发挥了更大的作用，在苏南地区则作用不显著。苏北地区面板回归数据显示 LnLABOR 系数显著为负，与苏南地区恰好相反，表明了在经济不发达地区，仍然更多地依靠劳动密集，而企业劳动力的冗余加重了企业的负担，对企业的创新发展带来了阻碍作用。

表4：ln TFP 与融资变量关系的面板回归（非银行组）

自变量 \ 因变量	苏南 ln tfp（非银行固定效应）	苏中 ln tfp（非银行固定效应）	苏北 ln tfp（非银行固定效应）
常数项	−1.165 84 (16.638 82)	−0.288 580 7 (0.601 277 3)	2.507 972*** (0.717 798)
ln labor	0 (omitted)	0.346 183 9*** (0.117 148 9)	−0.334 636 8** (0.169 232 1)
ln capin	−0.049 806 5 (0.305 996 4)	0.123 584 7*** (0.043 805 1)	0.190 037 5*** (0.068 607 8)
ln capex	1.902 506 (5.123 115)	0.060 876 1 (0.042 182 4)	0.014 752 2 (0.035 413 7)
R^2	0.988 779 19	0.812 056 76	0.855 773 22
Prob>F	0.915 2	0.000 1	0.026 9

注：(1)"***"、"**"、"*"分别表示在1%、5%和10%的显著性水平；(2)括号中的数据是标准误差；(3)固定效应回归采用截面加权。

表4显示的非银行组 lnTFP 与融资变量关系的面板回归结果中，lnCAPEX 的系数在三个区域的回归方程中均不显著，表明来自银行体系以外

的外源融资支持对科创企业的创新发展没有发挥显著的促进作用；而相比之下，内源融资在苏中、苏北地区发挥的促进作用比较显著。

对比以上回归结果，银行信贷对科创企业发展的促进作用仍然优于其他外源融资方式，进一步表明现阶段江苏省科创企业科技创新效率的提高与银行业的发展密切相关。但随着近年来江苏省不断加大对科创企业的财政支持力度，企业获得外源融资支持的渠道不断增加和完善，从2010年、2011年的横截面数据来看，国家政策性贷款、财政支持、民间借贷、小贷公司、VE、PC等途径对企业创新发展给予了积极的资金支持，尤其是对苏南、苏中地区的科创企业这种支持作用更加明显。

四、结论与建议

1. 结论

本章基于江苏省苏南、苏中、苏北三个区域的科创企业调查数据，从微观企业的角度出发，利用面板数据分析中的固定效应模型，完成了金融支持科创企业创新发展的区域差异研究。研究表明：

外源融资对科创企业创新效率有显著的促进作用，这种促进作用在苏南地区的科创企业创新发展过程中最明显，对苏北地区的科创企业创新支持最弱，内源融资对苏南地区科创企业的创新发展促进作用不明显，而在苏中、苏北地区，内源融资对科创企业创新效率的促进作用甚至强于外源融资，尤其是苏北地区的科创企业对内源融资的依赖非常大。

外源融资支持路径中，银行信贷对科创企业发展的促进作用仍然优于其他外源融资方式，这进一步表明现阶段江苏省科创企业科技创新效率的提高与银行业科技金融创新的发展密切相关。

随着近年来江苏省不断加大对科创企业的财政支持力度，企业获得外源融资支持的渠道不断增加和完善，从2010年、2011年的横截面数据来看，国家政策性贷款、银行、财政支持、民间借贷、小贷公司、VE、PC等融资方式对企业提高科技创新效率产生了积极的贡献，尤其是对苏南、苏中地区的科创企业这种支持作用更加明显。

2. 建议

第一，实施科创企业的区域化金融体系发展战略。从本章的实证研究结果来看，区域经济发展差异使得科创企业发展过程中的融资支持路径差异明显，经济发达地区的科创企业更容易获得外源融资支持，更少地依赖内源融资;而在经济欠发达地区,外源融资对企业科创效率的促进作用较弱。因此,在大力发展地区经济的同时,应更加注重因地制宜,实行有差别的金融支持政策,拓展金融支持路径,提高资金使用效率,有效加强外源融资对科创企业创新发展的促进作用。

  第二,注重发挥资本市场对企业科技创新效率的促进作用。从对调查数据的统计分析来看,目前江苏省科创企业通过证券市场、债券市场融资的较少,这与现阶段我国的金融体系结构仍是银行主导型、资本市场不成熟、企业对资本市场的排斥心理、进入门槛高等原因有关。因此,为进一步提高企业自主创新能力,应积极建立多层次的资本市场。

第四章 江苏科技投入和科技金融支持创新驱动研究

■ 一、2013年中国中小企业景气指数比较分析

（一）2013年省际工业中小企业景气指数分析

工业中小企业景气指数波动控制在0～200的收取值范围之间，2013年省际工业中小企业景气指数计算结果及排名显示，江苏省景气指数为131.57，排在广东省148.66之后，为第二位，江苏省之后排名前十强省份或直辖市依次是，浙江为119.19、山东为86.27、河南为62.97、上海为57.33、河北为55.94、辽宁为51.43、湖北为40.61、福建为39.33，由此可见第一层次应为广东、江苏和浙江三省，并且，前三位排名与2011、2012年一致。

（二）2013年中国省际中小板及创业板企业景气指数分析

从2013年中国中小板和创业板景气指数测评来看，2013年中国省际中小板及创业板企业景气指数排名中，江苏省排在广东省(136.94)和浙江省(115.26)之后，是99.52，为第三位，排在江苏省之后的前十强省份或直辖市依次是，北京(91.52)、山东(82.00)、河南(76.52)、四川(75.75)、甘肃(74.83)、吉林(73.72)、上海(73.24)，其中广东、浙江和江苏仍然处于第一层次，江苏省是中小板和创业板企业发展的活跃地区。位于前三位的广东、浙江和江苏三省的中小板和创业板上市企业数都在100家以上，而其中，广东221家、浙江155家、江苏134家，这说明江苏省在促进中小企业上市方面还有很多发展空间和潜力。

（三）中国省际中小企业比较景气指数分析

从2013年中国省际中小企业比较景气指数(中小企业比较景气指数是对中小企业家对当前微观经营状况判断结果和预测宏观经济环境的信心进行量化加工整理得到的景气指数，是对基于统计年鉴的工业中小企业景气指数和基于上市公司的中小板及创业板企业景气指数的补充)来看，2013年

省际中小企业比较景气指数评价中,前三位分别是黑龙江、贵州和山东三省,其景气指数分别为 151.68、148.72 和 144.95,其他前十强省和直辖市依次是,安徽(138.42)、河北(137.06)、陕西(135.99)、广西(134.75)、上海(134.65)、山西(133.85)、青海(133.25),而江苏(120.44)排在第 23 位,广东(120.15)排在第 24 位、浙江(116.20)排在第 29 位,这说明 2013 年中小企业家信心指数与企业生产经营指数显示,中西部地区的逆转趋势比较明显,而东南沿海省份的比较景气指数都有不同程度下降。可见 2013 年中国中小企业综合经营指数和企业家信心指数受国内外宏观经济形势影响呈下降趋势。

(四)中国省际中小企业综合景气指数分析

根据 2013 年中国省际中小企业综合景气指数排名(中小企业综合景气指数既能反映中小企业的繁荣程度,同时也是反映中小企业发展差异的重要指标之一)显示,综合景气指数中的前三强是广东(141.87)、浙江(118.60)和江苏(11.45),排在江苏省之后的前十强省份或直辖市依次是:山东(100.42)、上海(78.18)、河北(77.95)、河南(76.92)、辽宁(74.08)、福建(64.55)、湖北(63.10),其中,第一层次排前三甲的广东、浙江和江苏三省中小企业综合景气指数发展优势明显,而在东部省份中,广东省中小企业综合景气指数最高,在中小企业发展历史中一直扮演着重要角色;浙江省和江苏省中小企业近年的转型升级步伐加快,外贸贡献度继续提升,也让其景气指数一直领先于除广东省之外的其他省份。从总体来看,2013 年中小企业面对世界经济温和复苏,国内经济企稳回升、政策累积效应释放等积极因素,广东、浙江和江苏省连续三年保持全国前三名,可以说这三省仍然保持着较好的发展基础和较大的综合优势。但上涨趋势有所减缓。从 2013 年数据可以看出,中国中小企业发展不平衡。中小企业发达地区集聚现象十分明显。处于排名靠前的广东、浙江、江苏、山东等省份占据了中国中小企业经济中的主要部分,也说明长三角地区和珠三角地区是中国中小企业最具活力的地方。

(五)江苏省中小企业发展状况、问题和原因分析

2013 年江苏省中小企业综合景气指数排在广东和浙江之后,在全国排名第三位,与上年相同。2009 年受金融危机的影响,国际和国内市场需求明显减弱,加上融资难、用工难、用地难问题突出,2010 年江苏省中小企业景气指数出现下滑。近两年来江苏省中小企业景气指数又缓步增长,中小企业

扶持政策的实施及其推动转型升级的效果逐渐显现。2013年江苏的工业中小企业景气指数、中小板和创业板上市企业景气指数尽管都维持了较高水平,但体现中小企业综合生产经营状况和企业家信心的比较景气指数由第3位下降到了第23位,典型反映出东部沿海外向型经济发展地区当前面临的共同课题。

目前,江苏省约有中小企业150万家。2013年前三季度的工业生产景气度在适度区间内持续上扬,工业投资增势平稳,工业用电稳步上升;金融机构贷款增速止跌企稳,融资规模逐渐稳定。但是,对外贸易仍然处于历史低位徘徊,尤其是大量小微企业的出口不振。在经济转型升级、产业结构优化的背景下,中小外贸企业的高速增长目前难以实现。与全国经济运行态势一样,2013年江苏省中小企业综合景气指数总体呈现温和放缓趋势。

二、科技投入及政策支持创新驱动:江苏与广东、浙江和山东比较

2013年是全面贯彻落实党的十八大精神,实施创新驱动发展战略的开局之年。随着科技体制改革,各省市自主创新能力不断提高,以下根据《自主创新年度报告2013》等相关文献,对中国省际中小企业综合景气指数排名中靠前的广东、浙江、江苏、山东四省的科技投入和科技金融对提升自主创新能力效果进行比较分析。

(一)广东省科技投入及政策支持创新驱动分析

2013年,广东省全面深化科技体制改革,提升统筹协调和监督管理水平,加强企业自主创新能力,促使企业加快成为技术创新主体;与此同时,通过完善自主创新政策体系、推进科技与金融结合工作,不断优化创新创业环境,有力支撑引导经济社会又好又快发展。

1. 全社会研发经费

2013年,广东省全社会研发(R&D)经费超过1 236亿元,全社会研发(R&D)经费占GDP比重预计达2.25%,比上年提高0.1个百分点,标志着广东开始步入创新驱动阶段。

2. 全社会研发全时人员数

2013年,广东省高新技术产业增加值占制造业增加值的比重超过24.11%。

3. 专利授权量

2012年，广东省专利授权量153 598件，其中发明专利22 153件，实用新型65 946件，外观设计65 499件。2013年，广东省专利产出稳步增长，全省发明专利申请量超过58 890件，同比增长超过12.4%；PCT国际专利申请量超过10 090件，增长23.7%，占全国的56.3%，稳居全国首位。

4. 高新技术产业增加值

2013年，广东省高新技术产业增加值占制造业增加值的比重超过24%。

5. 政策保障

广东省加快完善《广东省自主创新促进条例》等一系列配套政策，出台配套政策7项，成稿及拟出台的9项，积极推动《广东省科技成果转化促进条例》立法工作，开展自主创新政策法规巡回宣讲活动，积极落实企业研发费税前扣除政策，出台《广东省人民政府办公厅关于促进科技和金融结合的实施意见》，不断探索科技与金融结合的新路子。

（二）浙江省科技投入及政策支持创新驱动分析

2013年，浙江省围绕破解"四不"问题，扎实推进"八倍增、两提高"科技服务专项行动，各项工作取得了良好成效。高新区转型升级步伐加快，产业技术创新综合试点向纵深推进，网上技术市场取得丰硕成果，科技管理体制改革取得新突破，获得国家科技奖励和项目再创新高。

1. 全社会研发经费

2012年，浙江省全社会研发(R&D)经费达722.59亿元，占GDP比重达2.08%。2013年，全省研发经费支持预计超过830亿元，占GDP比重预计达到2.2%。

2. 全社会研发全时人员数

2012年，浙江省全社会研发人员数达27.81万人年，每万人拥有研发人员为50.78人年。2013年，浙江省全社会研发人员(全时当量)达31.9万人年。

3. 专利授权数

2012年，浙江省专利授权量188 431件，每万人发明专利拥有量6.53件。2013年，浙江省发明专利申请量达4.27万件，同比增长28.5%，发明专利授权量达1.12万件。

4. 高新技术产业增加值

2012年,浙江省高新技术产业增加值占制造业增加值比重达26.4%。2013年,全省高新技术产业产值超过2万亿元,增长13.5%以上。

5. 政策保障

截至2013年,浙江省出台了《关于坚持和完善市县党政领导科技进步目标责任制考核评价工作的通知》《关于进一步支持企业技术创新加快成果产业化的若干意见》《关于进一步培育和规范网上技术市场的若干意见》《关于全面实施创新驱动发展战略加快建设创新省份的决定》等一系列政策措施,有力地促进了浙江技术创新和产业升级。

(三)江苏省科技投入及政策支持创新驱动分析

近年来,江苏省确立科技创新在支撑发展中的核心地位,将科技创新贯穿于"两个率先"的各个领域、各个方面,创新型省份建设取得重大进展,总体进入科技创新活跃期,科技进步贡献率从2007年的49%提高到2013年超过56%,成为我国创新活力最强、创新成果最多、创新气氛最浓厚的省份之一。

1. 全社会研发经费强度

江苏省全社会研发经费逐年增长,2013年,全年全社会研发投入超过1 288亿元,占地区生产总值的2.3%,比上年提高0.1个百分点。

2. 全社会研发全时人员数

2013年,江苏省从事科技活动人员超过91万人,全社会研发全时人员总数大幅度增长,从2006年的13万人增长到2013年超过42万人,每万名就业人员的研发人力投入达到116人年。

3. 专利授权量

2013年,江苏省全年授权专利超过27万件,增长超过35%。申请总量、授权量、发明专利申请量、企业专利申请量、企业专利授权量和增幅均居全国第一。每万人发明专利拥有量5.7件。

4. 高新技术产业产值

2013年,江苏省实现高新技术产业产值超过45 000亿元,增长17.4%,占规模以上工业总产值比重达37.5%,比上年提高2.2个百分点。

5. 政策保障

截至2013年,江苏省出台了《关于加快企业为主体市场为导向产学研相结合技术创新体系建设的意见》等一系列政策措施,提出了加快技术创新体系建设的 20 条重大举措。实施科技企业培育"百千万"工程,最大限度地激发企业的创新活力。

(四)山东省科技投入及政策支持创新驱动分析

2013 年,山东省把推动经济持续发展,促进产业变革,加快经济转型,打造经济升级版作为科技创新的首要任务,提高科技创新在转方式、调结构、增创发展新优势中的支撑引领作用。《中国区域创新能力报告 2013 年》显示,山东省区域创新能力进入全国前六位,经济社会发展步入由投资驱动向创新驱动过度的关键时期。

1. 社会研发经费

2013 年,山东省全社会研发经费超过 1 020 亿元,研究与试验发展经费支出占 GDP 的比重为 2.04%,比上年增长 20.8%。

2. 全社会研发全时人员数

2013 年,山东省全社会研发人员全时当量超过 254 000 人年,每万名就业人员中拥有研发人员比例超过 58 人年。

3. 专利授权量

2013 年,山东省发明专利授权量达 8 913 件,同比增长 21.0%;发明专利申请量居全国第三位,较 2012 年上升一位;万人有效发明专利拥有量 2.89 件,同比增长 26.8%。

4. 高新技术产业增加值

2013 年,山东省规模以上高新技术产业实际产值超过 33 660 亿元,同比增长 24.48%,占规模以上工业产值比重为 29.11%,规模以上高新技术产业实现增加值超过 7 430 亿元。在高端电子信息、新材料、半导体照明、生物医药等新兴产业领域,共建立国家高新技术产业化基地 10 家,国家火炬计划特色产业基地 42 家,推动形成了 4 个过千亿的高新技术产业集群。

5. 政策保障

截至 2013 年,山东省出台了《关于加快科技成果转化提高企业自主创新能力的意见(试行)》等一系列政策措施,明确了科研人员职务发明成果的收益,提高了科技人员参与科技创新的积极性;出台了《关于加强知识产权工作提高企业核心竞争力的意见》,解除了科研人员在技术转让和产品推广中的顾虑。政策的制定实施推动了山东高校成果转化率逐步提高,由此催生了一批高科技公司,促进了就业和经济的发展。

三、创业风险投资支持创新驱动：江苏与其他省市比较

根据《中国创业风险投资发展报告2013》等相关文献显示，2013年我国创业风险投资机构已经遍布全国30个省(直辖市、自治区)，其中，江苏、广东、浙江的管理资本总量仍然居前三甲，占全国管理资本总量的58%以上，前十个省、市的管理资本总额占全国管理资本总量的87%以上，地区集聚现象日益突出。

（一）创业风险投资机构总量

从2013年创业风险投资机构总量、创业基金数量和创业风险投资机构来看，前三甲分别为江苏(338个、276只、62家)、浙江(218家、179只、39家)、湖北(73个、52只、21家)，其他前十位省市机构数依次是广东(72个、51只、21家)、上海(64个、50只、14家)、山东(52个、50只、2家)、安徽(42个、36只、6家)、湖南(41个、25只、16家)、天津(33个、28只、5家)、重庆(32个、20只、12家)。

（二）地区创业风险投资管理资本分布

从地区创业风险投资管理资本分布中的创业基金数(家)和管理资本额(亿元)来看，前三甲分别是江苏(276家、941亿元)、广东(51家、658亿元)、浙江(179家、346亿元)，其他前十位省市的创业基金数和管理资本额分别是安徽(36家、240亿元)、上海(50家、167亿元)、北京(17家、149亿元)、新疆(6家、102亿元)、湖南(25家、93亿元)、福建(24家、91亿元)。

（三）地区不同规模创业风险投资机构的数量分析

从基金规模来看，前三甲为甘肃(1亿元至2亿元之间的基金占66.7%)、贵州(5 000万元以下、5 000万至1亿元、1亿至2亿元、2亿至5亿元基金规模分别占33.3%、33.3%、16.7%、16.7%)、黑龙江(5 000万元以下、5 000万至1亿元、1亿至2亿元、2亿至5亿、5亿元以上基金规模分别占14.3%、0.0%、14.3%、42.9%、28.6%)，其他前十位省市创业基金规模分别是安徽(以下具体数据省略)、湖北、宁夏、新疆、山东、河南、浙江，而广东排在第17位、江苏排在第18位。

（四）地区创业风险投资机构的资本来源

将江苏省创业风险投资机构的资本来源与浙江和广东进行比较发现，在创业风险投资资本来源中个人、国有独资投资机构、企业、政府部门占比

分别是江苏(8％、30％、33％、14％)、广东(20％、13％、40％、6％)和浙江(20％、4％、65％、4％)，广东和浙江的个人投资者和企业投资占比大于江苏，而江苏的投资中政府的投资比广东和浙江比例大。

(五) 地区创业风险投资项目所处的阶段

将江苏省创业风险投资项目所处的阶段与广东和浙江比较来看，在种子期、初创期、成长期和成熟期企业的投资比例中，江苏的投资比例分别为12％、27％、40％、18％，广东的投资比例分别为12％、27％、45％、15％，浙江的投资比例分别为10％、30％、42％、17％，这说明创业风险投资主要集中在科技型企业的成长阶段，而对于处于种子期和初创期阶段的科技企业的项目投资较少，这也是中小企业对当前微观经营状况判断结果和预测宏观经济环境的信心下降的主要原因所在。而从2013年省际中小企业比较景气指数评价中前三位分别是黑龙江、贵州和山东三省来看，黑龙江的投资比例分别为53％、18％、22％、10％，贵州的投资比例分别为6％、37％、37％、15％，山东的投资比例分别为9％、47％、37％、3％，由此数据可以推断，由于这三个省份创业风险投资对于种子期和初创期科技企业投资比例较大，因此，提升了这些省份中小企业比较景气指数。

五、对策建议

江苏创业风险投资金额和机构占国内比例最大，但从当前江苏所面临的产业转型升级的挑战来看，还需要解决创业风险投资产业发展中存在的对中小科技企业前期投资偏小的问题。因此，本研究对现阶段江苏风险投资产业提出以下对策建议。

(一) 科学界定风险投资在产业结构转型中的功能定位

引导民间资本进入高科技产业化发展是产业结构转型的关键。通过企业自主创新，促进本土企业的发展，提升本土企业的核心竞争力。本土企业是地方经济发展的主体，江苏产业结构转型最终要靠本土企业支撑。因此，只有优化风险投资结构，才能引导民间资本，加快高科技产业化。

(二) 构建投融资创新机制对科技型中小企业提供金融支持

针对科技型中小企业"轻资产、高发展、重创意"的特点，应比照"硅谷银行"模式，进行本土化创新，构建以"政府＋银行＋担保＋保险＋创投"的投融资创新机制，以满足在不同发展阶段的科技型中小企业的投融资需求，加快高科技产业化进程。

（三）加大对民间资本投资的激励力度

在国家对创业风险投资的相关法律、法规、税收政策和奖励政策的基础上，应针对江苏实际情况，对于那些短缺性高科技领域的民间投资，在税收、土地租用、行业准入、兼并收购、设备、原材料等进出口中给予优惠待遇和退税机制。

（四）构建风险补偿机制，降低民间资本投资风险

应将创业投资引导基金的运作机制与引导江苏民间创业风险投资机构发展相结合；设立风险补偿等专项资金，应对支持种子期企业投资的民间创投机构给予一定风险补偿，降低其投资风险，构建以政府为主导金融机构的风险分担机制，最大限度地降低民间资本的投资风险。

（五）创新制度和机制

通过制度和机制创新，进一步发挥政府引导基金作用，引导创业风险投资机构向种子期和初创期中小科技企业投资，从而加快江苏向创新驱动发展，为经济转型升级贡献力量。

第五章　苏南高科技产业化与科技金融的探索

■一、苏南发展高科技产业化的必要性

2008年金融危机暴露了发达国家多年来在经济发展模式、经济结构、金融结构和财政结构等各个层面存在的问题。危机以来欧美持续低迷的经济状况显示，上述问题不解决，发达国家的经济就难以转入新的稳定发展轨道。在反思危机的同时，发达国家重新认识到实体经济的重要性，提出了产业结构（包括劳动力市场结构）转型的重要作用，加大对科技创新的投入力度，加快对战略性新兴产业的布局，力求通过发展新技术、培育新产业来实现经济振兴、抢占新一轮经济科技制高点；希望通过所谓"再制造"、"再出口"、"再工业化"，乃至建设"智能地球"、"低碳经济"等重振经济，保持在全球经济格局中的优势地位。在此背景下，全球经济新一轮的结构调整也悄然展开。欧美发达国家市场结构的重大变化对出口导向型的苏南区域经济发展模式提出了巨大的挑战。

与此同时，经过长期发展，我国国内宏观形势也出现了巨大变化，结构转型已成为社会经济发展的主旋律；同时资源环境约束对长期依靠粗放型增长模式提出了严峻的挑战。20世纪80年代末期以来掀起的全球化浪潮把中国卷入全球分工体系中，成为全球产业链中的重要一环。但这一环节的最大特征是依附性、外围性。主要依赖低廉的劳动成本，以资源浪费和环境破坏为代价从事传统的制造业，被动地接受各种冠以"国际惯例"、"最佳实践"等基于发达经济体实践和价值标准之上的规则、标准和秩序。由此带来的结果是：地区经济的不均衡日趋严峻，城乡差距不断扩大，经济发展与生存环境的矛盾恶化，可持续发展面临严重挑战。而经济发展由"外延式"发展向"内涵式"发展转化；追求数量和速度的增长模式让位于追求质量和效益的增长模式成为时代的必然要求。特别是在全球科技革命浪潮的影响

下,高科技产业在各国经济中的地位迅速上升,并成为经济发展的决定性因素。产业结构进一步优化,知识密集型产业在国内生产总值中的比重迅速增大已成为未来中国经济发展的新方向。

二、创新驱动构成苏南区域发展的重要动力

苏南作为我国社会经济快速发展的地区,20世纪80年代创造闻名遐迩的"苏南模式",为全国其他地区的发展树立了良好的典范。20世纪90年代外向型经济发展又一次创造了新的奇迹。外向型发展模式将封闭的苏南与全球化有机地联系在一起,全球市场构成了苏南发展重要的外部动力;同时,苏南产业也由全套型的产业结构融入全球供应链式的产业结构中,廉价的劳动力资源和土地资源所构成的比较优势有力地推动了苏南社会经济的全面发展。

苏南经过30多年的改革开放取得了辉煌成就,但区域内发展定位和分工不够合理,区域间重复建设、过度竞争的状况仍较为突出,产业同构现象比较明显,区域整体优势尚未得到充分发挥。同时,苏南地区外向型经济导致核心技术缺乏,技术依赖度高,苏南产业处于产业链中低端环节,自主创新能力较弱,自主知识产权和自主品牌较为缺乏,国际竞争力有待增强。此外,苏南发展还面临土地、能源匮乏,资源环境约束日益明显,现代服务业发展滞后,领军人才匮乏及要素合理流动机制不够完善等严峻挑战,容易陷入"中等发达国家陷阱"。但另一方面,苏南地区发展也面临着前所未有的机遇。在全球创新深入发展的今天,亚太地区正日益成为国际研发中心,苏南地区与亚太区域科技经济合作与交流日益密切;而国家区域发展总体战略深入推进,特别是党中央国务院高度重视长三角地区发展,进一步加大支持力度,长三角地区一体化发展势头强劲。这些都为苏南地区又好又快发展提供了有利条件和广阔空间。

综上所述,国内外经济发展阶段的转换和结构型调整客观上要求新时代下苏南地区必须探寻一种新的发展模式,这一模式的核心就在于通过自主创新为区域可持续发展提供内在动力。

三、苏南"创新带"需要整体规划和联合创新

苏南是我国综合经济实力较强的地区以及对外开放的重要窗口,在苏南地区建设国家自主创新示范区不仅有着得天独厚的优势和较为扎实的基

础,更应最大限度地发挥区域整体特色,整体规划,联合创新,以"创新带"构建苏南再次辉煌的坚实支撑。

(一) 外向型经济特征和实力与科技资源成为苏南转型升级的坚实基础

苏南地区是江苏省乃至全国经济发展最具活力的区域。改革开放30多年来在政治、经济、社会、文化等各方面都取得了巨大成就,一跃成为长三角地区经济发展的主力军。2010年苏南实现地区生产总值24 871亿元,以占全国0.29%的土地面积创造了全国6.2%的经济总量;完成进出口额4 113亿美元,占全国的13.6%。一直以来,苏南五市的经济发展都呈现明显的外向型经济特征。2010年苏南五市的外贸依存度分别为南京60.2%、无锡71.5%、常州49.5%、苏州201.0%、镇江27.8%。对外贸易是苏南经济不可或缺的部分。在苏南庞大的经济总量中,外商及港澳台投资企业成为经济发展的生力军,其生产总值在各地工业总产值中都占有重要比例,其中南京为37.88%,无锡为37.97%,常州为33.16%,苏州为66.18%,镇江为35.75%。外向型经济特征决定了苏南地区只有走创新驱动的道路,才能应对全球经济结构调整带来的挑战。

苏南地区雄厚的经济实力为自主创新示范区建设奠定了坚实的产业基础。现代产业是苏南经济高速发展的根本动力。2010年苏南地区对全省经济增长的贡献率达58.8%,这主要是依赖于工业和服务业而实现的。2010年苏南五市第二产业在GDP的比重分别为:南京45.4%、无锡55.4%、常州55.3%、苏州56.9%、镇江56.4%;第三产业在GDP中的比例为:南京51.9%、无锡42.8%、常州41.4%、苏州41.4%、镇江39.5%。此外,新能源、新材料、新医药等战略性新兴产业发展迅速,物联网、智能电网、纳米技术等领域处于国际前沿。

苏南地区丰富的科教资源为其自主创新示范区建设提供了深层保障。苏南地区拥有高等院校70多所、科研机构530多家、10个国家级经济技术开发区(全省仅有16个)、10个国家级大学科技园、45个国家重点实验室和工程技术中心。2010年全社会研发投入达593亿元,占全国的8.5%,占地区生产总值的2.4%,接近发达国家水平;专利申请授权量和发明专利申请量均占全国14%左右。中专和高等院校在校学生数为南京91.53万、无锡21.51万、常州19.36万、苏州29.36万、镇江13.25万,人力资源储备较为充足。

苏南地区高端人才集聚渐成趋势使创新驱动成为现实可能。目前苏南地区有中国科学院、中国工程院院士 89 名;国家"千人计划"人才累计达 145 人、占全国的 10%,其中创业类 78 人、占全国 22% 以上,苏州工业园区、无锡高新区、南京大学建有国家"千人计划"人才基地;"紫金人才计划"、"530 人才计划"、"姑苏人才计划"等成为享誉海内外的人才品牌。

由此可见,苏南地区是我国创新资源最密集、创新体系较完善、创新优势突出的区域。苏南自主创新示范区的建设必将促使其创新发展能力和国际竞争力得到更快提升。

(二)区域创新功能决定空间布局战略

在 30 多年的改革开放中,苏南五市的经济建设和社会发展分别形成了各自的特色。苏南各市的区域差异决定了苏南创新示范区的功能分异较为明显。总体而言,科教和人才资源多集中在南京,而其他城市主要优势在于雄厚的产业基础。因此,整合区域创新要素就必须实施空间布局战略,每个功能区发展的战略方向是什么、功能区内产业发展定位和新兴产业集聚的问题等都是必须解决的现实问题。根据苏南的现实条件,示范区板块的功能区分渐趋明晰:南京应成为技术创新的主要发源地,成为具有全球创新资源配置能力的科技创新中心;而苏锡常和镇江应成为产业创新基地,成为具有全球竞争力的高技术产业以及科技、产业转化为财富的主要创新基地。

(三)城市群与自主创新的良性互动

尽管苏南自主创新示范区建设面临着跨越行政区域的艰难探索,但是苏南地区发达的城市群为示范区建设提供了有利的空间条件。目前,苏南地区同城化趋势明显,城市群优势突出,城市化率达 68%,5 个省辖市均为国家创新型试点城市。城乡统筹成效显著,全国县域经济基本竞争力百强县前十名中苏南地区占有 7 席,城乡居民人均收入比约为 2∶1。交通网络对接日趋完善,1 小时都市圈基本形成,苏南地区进入区际通勤时代,成为我国推进区域一体化发展条件较成熟的区域之一,具备了跻身世界级城市群的重要基础。

发达的城市群促进了创新要素在城市之间、园区之间、城乡之间的合理流动和高效组合,并在此基础上形成多极化创新中心发展局面;同时,高新园区的错位发展促使技术、产业和区域的合作不断深化,苏南地区一体化创新发展水平不断提升,最终实现创新型城市间的协调发展,形成世界级创新型城市群。

可见,包含五市的苏南创新示范区,突破了过去依靠开发区模式创造局部优势推动产业创新的常规格局,是率先实施依靠长三角城市群支持国家自主创新示范区功能建设的实践。

(四)自主创新与建成小康社会和基本实现现代化的有机融合

苏南地区作为江苏经济发展的先行地区,更应将提高自主创新能力应对全球经济挑战作为未来发展的重点战略,加快实现从"投资拉动"向"创新驱动"转变,由"资源依赖"向"科技依托"转变,由"苏南制造"向"苏南创造"转变。而这个转变过程需要充分发挥科教人才和开放优势,广泛吸纳集聚国内外创新资源,形成要素集聚、功能集成、创新集群的发展格局,探索一条特色鲜明的创新驱动、内生增长的道路,这条道路就是融合原始创新、集成创新和引进消化吸收再创新的苏南自主创新示范区建设的道路。

苏南地区对于更好地引领和支撑江苏率先全面建成小康社会、率先基本实现现代化,为全国经济转型升级和科学发展探索新路径、提供新经验,具有重要的战略意义。

四、先行国家自主创新示范区高科技产业化与科技金融的实践

为建设创新型国家、抢占21世纪发展先机,国务院自2009年3月起,先后批准在北京中关村、武汉东湖、上海张江、合芜蚌(合肥、芜湖、蚌埠)和深圳建设国家级自主创新示范区,在科技金融、技术创新、股权激励、产业发展等方面先行先试,探索转变经济发展方式的新路径。这些先行国家自主创新示范区的实践经验为苏南自主创新示范区的建设提供了有益借鉴,也对苏南自主创新示范区建设有重要的参考价值。

(一)先行国家自主创新示范区当前的普遍实践

目前,先行国家自主创新示范区主要在国务院所指定的6个领域中从事着以下几个方面的探索和试验:创新工作机制,统筹各级资源推动示范区建设;实施优惠财税政策,鼓励科技创新企业轻装前行;试点股权激励,破解科技成果转化难题;创新科技金融,改善创新型企业的融资环境;建设人才特区,支持人才聚集和优先发展;便捷市场准入,鼓励创新创业主体的设立和发展;创新管理与服务,促进科技创新企业的成长。几年来,先行国家自主创新示范区在体制创新、政策创新等方面进行了有益的探索,推动了当地经济由资源型向知识型、由引进型向内生型的转变。

（二）先行国家自主创新示范区实践中的有益探索

先行自主创新示范区建设不仅有许多共同之处，更有许多彰显地方特色的具体做法，对这些个性化的实践亮点加以深入了解将有助于苏南自主创新示范区建设时，拓展政策制定的新思路，寻找政策的落脚点。

1. 以立法形式为创新活力的释放提供法制保障

中关村国家自主创新示范区作为最早建立（2009年3月）的国家自主创新示范区，中关村不仅起点高、政策新、措施多、发展快，而且其所进行的具有示范性效应的探索也是最全面的。《中关村自主创新示范区条例》是迄今为止唯一关于国家自主创新示范区建设和发展的行政法规，它在法律层面保障中关村国家自主创新示范区建设成为具有全球影响力的科技创新中心。

2. 以制度设计营造"鼓励创新、宽容失败"的创业文化氛围

创新创业的风险性是其固有的特质，它像一柄双刃剑，意味着未来可能产生巨大的收益，也可能造成巨大的损失。创新创业的道路上，只有秉持着"无限风光在险峰"的坚定信念，才可能有勇气走下去。但在勇气之外，良好的制度设计应是信念坚定的根本所在。世界上著名科技园区的发展实践告诉我们：营造鼓励创新、包容失败的创业氛围和机制是区域创新、科技进步的深层文化动因。

在先行国家自主创新示范区中武汉东湖的做法值得苏南借鉴。东湖示范区提倡在科技创新、体制机制创先等方面大胆试验，鼓励冒险、宽容失败，允许敢闯敢干中出点"过错"，但决不允许按部就班，甚至拖拉懒散，错过发展机遇。湖北省纪委和监察厅出台《关于进一步加强和改进纪检监察法规工作的意见》对四种情形实行宽容失败政策，以免责条款的形式为创新探索提供制度保障。而《武汉市科技创新促进条例》第33条以"宽容失败"为题专门规定："承担探索性强、风险高的科学技术研究项目的科学技术人员已经履行了勤勉尽责义务仍不能完成该项目的，不影响其项目结题和继续申请本市利用财政性资金设立的科学技术研究项目。"

3. 以信用贷款、知识产权质押贷款、融资补贴为当前主要科技金融创新形式

科技金融创新是国家自主创新示范区的重点试点内容，先行示范区在很多方面展开了初步探索。中关村和东湖先后推行企业信用贷款试点，使企业信用真正成为有价值的无形资产。知识产权质押贷款在中关村、东湖与张江都是最为重要的科技金融创新之一。三地不仅推行知识产权质押贷款,而且还通过贴息奖励等政策支持,鼓励银行开展此类业务。知识产权质押贷款使得科技创新企业的高技术特质得以充分彰显。此外,"融资补贴"政策鼓励担保机构为示范区中小企业提供融资担保,真正实现了扶持中小科技企业发展的目的。

4. 以银政战略合作协议深入推进科技金融创新发展

科技金融创新是当下中国拓展企业融资渠道的重点和难点。对于金融产品比较缺乏,金融市场尚待完善的中国金融业而言,政府引导与市场结合不失为一条可行之路。因此,深化银政合作,构建战略性合作体系,促进科技金融发展是一种有益的探索,张江示范区在这方面走在了前列。

5. 以"代持股专项资金"为股权激励提供资金保障

股权激励是先行示范区重点推进的改革试点内容,其面临的最实际的困难就是"智者先富"的理念往往因科技创新人员不具备充足的资本去购买获奖励的股权,也无力支付由此而产生的巨额个人所得税而成为空中楼阁。因此,真正实现股权激励,首要解决的就是如何实现智者持股的问题。张江示范区设立以国资为主导、规模为5亿元的"代持股专项资金",对符合股权激励条件的团队和个人,经批准后,给予股权认购、代持及股权取得阶段所产生的个人所得税代垫等资金支持。则真正为股权激励的顺利展开扫除了障碍。

6. 以产城融合发展构想示范区未来蓝图

国家自主创新示范区不仅是科技创新、产业发展的空间载体,更是示范区内人们生活、学习、工作、休闲的城市群落。将"人"放在视野的中心,在提供技术产业化基础外,围绕"人"的需求搭建健全的社会服务体系,使创新示范区从物理空间上由一个单一的园升华为一座综合的城,把自主创新示范建设成由"园"到"城"的标本。这种和谐统一示范区的产业功能、文化功能、城市功能,构想"产城融合发展"的未来蓝图,是张江自主创新示范区规划设计者追求的理想,也是自主创新示范区价值的本源所在。张江示范区倡导校区、社区、科技园区"三区联动"发展的理念,引入高端学校、医疗机构、高端办公楼以及各类休闲娱乐生活设施等,不断聚集人气,同时做好"老项目"的二次开发改造,逐步实现产业转型升级,进而以示范区创新带动城市创新,以城市创新激发区域创新,以区域创新推动国家创新。

五、国内外区域创新与科技金融实践的比照与启示

硅谷、筑波以及先行国家自主创新示范区的实践为苏南提供了丰富的经验和教训,也迫使苏南在全面推进实施创新发展战略之时,不得不冷静地思考一些问题:为什么硅谷成功了,筑波失败了?先行示范区的经验对我们而言有何意义?苏南地区如何才可能成为下一个硅谷?对这些问题的追溯其实就是对自主创新示范区的核心特质的探寻。

(一)突破"技术决定论",强化创新制度建设

回顾过去历次发展高科技和高科技产业的运动,人们不难发现,所采用的方法大同小异,就是以政府为主导,规划科学和技术发展为重点,动员物质资源和指挥科研力量进行"攻关",并利用新技术实现产品的优化。在过去数十年间,制定了许多发展高科技、新兴产业等的规划,发动过多次科学和技术"攻关"的运动。政府的注意力集中于确定"攻关"的重点和为进行"攻关"资源的分配上。同时,把科学发明和技术本身的演进,看作推动高科技产业发展的主要力量,以为只要投入足够多的资金和人力,去开发和引进预定需要开发的各项高新技术,就能保证高科技产业的快速发展。而对于习惯于计划经济的思维方式的人们来说,发挥计划经济用行政命令动员资源和按国家意志分配资源方面的优势,由政府直接组织科学技术研究和新技术的商品化转化,就是再顺理成章不过的了。把科学发明和技术本身的演进看作推动高科技产业发展的主要力量的看法,其认为既然高科技产业是建立在高科技的基础之上的,当谈到推动高科技产业发展的动力问题时,人们自然会首先想到技术自身的发展。这是一种简单的技术决定论的思想,忽视了一种制度的重要性,在某种程度上来讲,"制度重于技术",这是硅谷发展给我国先行国家自主创新示范区建设的最大启示,也是筑波失败的制度层面的根源。

(二)深化政府职能转变,促进创新环境形成

有一种观点认为,越是高科技越是要政府来管,因为市场会失灵。其实这在理论和实践上都站不住脚。什么是高科技?高科技的重要特点是不确定因素大,风险大。如果政府参与大量的创业投资,将会冒很大的风险。另一方面,如果政府"发钱"的话,白给的钱没有人不想要。更为根本的是,新知识来源于创造者,来源于老百姓,而政府的知识落后于在第一线从事研发

的个体和企业。进一步说，政府某些官员的思路习惯，往往是计划经济的手段和热衷于找灵丹妙药，也不利于高科技的健康发展。因此，政府在发展高科技方面不是无所作为的，政府应该做的一件重要事情就是调动和保护创业者的积极性。苏南建设国家自主创新示范区，不能只盯着物质资本或技术本身，而要把主要的注意力放到创建有利于发挥人力资本作用的经济体制、制度和文化环境方面去。具体地讲：第一，支持一切有创业能力和愿望的人创立自己的事业；放手发展中小企业；把目前大量存在的产权边界模糊、政企职责不分、内部管理混乱、不注意增强自己的核心能力的经济单位改造成为真正的企业。第二，建立游戏规则，确立能够保证公平竞争和优胜劣汰的市场环境。第三，摒弃传统文化中某些不利于人的潜能发挥的评价标准和落后习俗，努力营造宽松、自由、兼收并蓄、鼓励个性发展和创造的文化氛围，从而焕发人们的聪明才智，为高技术产业的发展做出创造性的贡献。第四，要加快以科技体制为主的体制变革和股权激励为主的制度建设，充分调动广大群众创造的积极性。

（三）加快科教体制改革，建立创新生态系统

美国硅谷成功企业家之一埃斯特琳基于她的经验，并在美国学术界、商界、政界采访了一百多名对创新有卓越贡献的人之后，在2008年《排除创新的障碍》一书中提出，为保证在全球经济中获得长期的成功，需要重新燃起创新的火花；创新不能在真空里产生，而来自交互作用的研究、开发和应用所驱动的创新生态系统。

如何才能建设一个良好的区域创新生态系统？对于我国特殊国情和所处的发展阶段，突破体制障碍，特别是加快科技教育体制改革是建设区域创新生态系统的基本前提。我们常把体制划分为计划体制和市场体制，不可否认，经过30多年的改革开放，我国的社会主义市场经济体制已基本确立，市场对资源配置起到基础性的作用，但计划体制在相当多的领域仍然垄断和配置着资源。根据以上对硅谷模式的探析，区域创新生态系统是在高度发达的市场制度环境下形成的，不是政府规划和计划出来的。但我们特殊的国情和特殊的发展阶段，使得我们在创建区域创新生态系统面临的问题和发达国家存在根本的不同，即我们所面临的体制问题。显然我国存在体制问题对于硅谷是不存在的。如果我们认可国家先行自主创新示范区的建设内涵是建立创新生态系统这样一个本质问题，那么所面临的首要问题就是进行体制改革的问题，其次才是具体的市场制度建设问题。而体制上的

问题往往是需要自上而下从国家层面才能解决和突破的。当前提出的科技教育体制改革问题无疑对于创建区域创新生态系统具有重大的现实意义。进行科技体制改革,就是要解决科技和社会经济两张皮的问题,就是要确立企业技术创新的主体地位。切实增强企业技术创新的动力和活力,引导企业成为技术创新投入和研究开发活动的主体。支持企业建立和完善研究开发机构,鼓励企业以各种形式参与实施国家科技计划。建立为中小企业开展技术创新服务的平台。包括与科技体制改革相对应的教育部最近提出并实施的"2011计划",其目的也在于把协同创新机制建设作为重点。突破高校内部以及外部的体制机制壁垒。促进创新组织从个体封闭的方式向开放流动的方式转变。促进创新要素从固定分散的状态向汇集融合的方向发展。促进知识创新技术创新产品创新的分割状态向科技工作的上游中游下游联合贯通的方式转变。这些改革无疑对于先行国家自主创新示范区的建设都是重要的利好。

(四)建立健全相关制度,完善创新生态系统

硅谷和我国先行国家自主创新示范区之间的差距不仅表现在体制层面,同时,在具体制度建设层面也存在着相当大的差距。比如美国斯坦福大学的教授创业,其职务发明专利从学校转移到企业,高校只收取企业2%的股权作为补偿。而按照我国高校的惯例,教授们的职务发明有效转化后,个人却只能得到很小一部分的收益,这一机制上的缺失,在很大程度上制约了高校院所科技人员创业的积极性。

目前,南京市提出的"科技九条"就是借鉴硅谷斯坦福的经验,明确在南京市的高校、科研院所和国有事业、企业单位科技人员职务发明成果的所得收益,将按至少60%、最多95%的比例划归参与研发的科技人员(包括担任行政领导职务的科技人员)及其团队拥有。此外,将允许科技领军型创业人才创办的企业,知识产权等无形资产可按至少50%、最多70%的比例折算为技术股份。高校、科研院所转化职务科技成果以股份或出资比例等股权形式给予科技人员个人奖励,按规定暂不征收个人所得税。申请设立企业注册资本在10万元以下的,其资本注册实行"自主首付"办理注册登记,其余出资两年内缴足。此外,今后南京市在高校、科研院所以科技成果作价入股的企业、国有控股的院所转制企业、高新技术企业,还将实施企业股权(股权奖励、股权出售、股票期权)激励以及分红激励试点。设立股权激励专项资金,对符合股权激励条件的团队和个人,经批准,给予股权认购、代持及股权取

得阶段所产生的个人所得税代垫等资金支持。南京市提出的"科技九条"不仅对于南京市而且对于其他地区都具有重要的借鉴意义,它对于调动科技人员创造的积极性和科教资源的释放具有重大的意义。除了股权激励的层面外,我们可以看到在科技金融、人才特区、股权流转等方面在先行自主创新示范区中都得到了快速的发展,这在上文中已做了详细的论述,这些具体制度建设对于区域创新生态系统的建立具有重要的基础性作用。

综上所述,国内外区域创新的实践表明,创新最需要的是制度环境和创新文化等深层次因素的支撑,否则我们无法实现创新。如果我们把创新环境喻为"贝壳"、把产业等发展喻为"珍珠"的话,那么建设苏南自主创新示范区,最根本的是要构筑一个鼓励创新、适宜创新的社会环境。尤其是,已有的先行示范区已经先行一步,使我们在时间上失去了优势;同时,随着江苏各地区经济改革的竞相推进,创新政策的不断引入,苏南地区率先改革的优势在空间上也正逐渐弱化。因此,优化区域创新体系,寻求区域发展软环境的突破与创新,提升苏南发展的软环境整体水平迫在眉睫。苏南地区应就社会管理、政府的服务职能、高端创新人才的聚集、吴文化与现代文化的完美结合、政策和财税的扶持与惠及、知识产权保护与管理的能力等方面探寻新时代下有特色、有优势的创新举措,为"苏南创造"的培育与发展构建良好的创新生态系统,将苏南自主创新示范区打造成真正的高端人才特区、科技金融结合特区、科技体制改革特区。良性创新生态系统的构筑是苏南自主创新示范区成功建设的深层内涵。

六、苏南高科技产业差异化发展与科技金融的探索

过去几十年,苏南经济文化获得飞跃式的发展,其最重要的原因在于,每一次历史发展的关键时刻,苏南地区各市都能很准确地找到自己的定位。无论是乡镇经济的崛起,还是外资大规模的引入,苏南地区都善于错位竞争、扬长避短,获得充分的发展机遇。今天,同样的抉择之际,苏南各市只有尽快明确自己在高科技产业化过程中的功能定位,才能有效吸引各方创新资源,挖掘潜力,快速推进科技创新的建设步伐。2014年10月,国务院批准支持南京、苏州、无锡、常州、昆山、江阴、武进、镇江等8个国家高新区和苏州工业园区建设国家自主示范区,作为全国首个以城市群为基本单元的自主创新示范区,苏南在探索中国特色自主创新道路中肩负着重大使命。

（一）苏南五市"和而不同"的功能定位

苏南自主创新示范区由南京、镇江、常州、无锡和苏州五市共同形成"五城九区多园"的苏南一体化创新发展格局，它跨越了五个市级行政区、多个国家级和省级开发区，是沿沪宁线连绵的城市带，其成员既有竞争又有协作，而且各有发展特征和优势。这与目前国务院已经批准建设的"各先行"自主创新示范区截然不同，后者是以高新技术开发区和综合改革实验区为基础的行政区域，条线管理非常清晰。跨行政区域建设的苏南自主创新示范区是没有先例可循的全新探索，因此苏南自主创新示范区建设首先要做的"示范"就是要打破行政区划壁垒，整合区域创新要素，实现区域内要素流动的合理、有序、高效集聚。

但是，在全球创新持续深入、国内"各先行"创新示范区先行一步的情况下，苏南地区只有坚持特色、错位竞争，设计各种彰显地区特色的产业政策、区域政策、金融和税收政策等有效集聚各种资源，才能再创新的辉煌。因此，苏南五市应以其"和而不同"的功能定位，全方位、多层次、多功能地规划、设计、建设苏南自主创新示范区。在此基础上，苏南地区还应将已有的高新区、科技园区的创新建设逐步拓展延伸为创新城市、创新区域的建设，极大地提高苏南地区的国际竞争力。苏南自主创新示范区建设将推动长江三角洲一体化的发展，进而将苏南自主创新示范区与张江、安徽乃至东湖连接起来，形成广阔的创新区域；最终向北（沿海开发）、向南辐射带动，形成沿长江的自主创新示范带。

（二）苏南各市在高科技产业化中的功能定位

苏州作为苏南重要城市，在苏南自主创新示范区中的功能定位与战略选择，对推动苏州社会经济的全面转型，进一步提升其在全球价值链中的地位，引领中国改革开放新潮流都有着重要的战略意义。根据苏州的发展经验与取得成就，苏州在苏南自主创新示范区建设中应以高定位推动良性创新生态系统早日成为实现。

1. 苏南自主创新示范区的核心区

苏州是苏南经济发展模式的起源地，敢于先行先试是苏州经济与社会发展的最大特点。从乡镇经济到外向型经济再到创新型经济，经过多年的改革发展，苏州的综合优势已经非常突出，具备在高起点上加快发展的坚实基础。在新一轮国际产业专业和要素重组的历史时刻，苏州应当也有能力抓住机遇，再次成为创新型经济的引领者，成为吸纳全球创新资源培养具有国际竞争力的现代高技术产业基地的核心试验区。

历史与现实赋予了苏州成为苏南自主创新示范区的核心区和引领区的重大使命。为了承担这样的角色,苏州应成为苏南自主创新示范区的科技金融的试点区;股权激励的探索区;科教资源释放的密集区;科技成果转化的集聚区;科技体制改革的先行区。为此,苏州应在全球化和改革开放中发挥更大的作用,建成具有全球创新资源配置能力的科技创新中心和具有全球竞争力的高技术产业基础;应在率先基本实现现代化示范中通过创新驱动加以实现,成为转型和发展现代服务业的聚集示范区;应利用城市群在区域创新体系中建设成为互动发展的示范区,带动更大地域的发展。

2. 科技金融的试点区

资本是企业技术创新最为重要的支撑,建立并完善政府资金与社会资金、产业资本与金融资本、直接融资与间接融资有机结合的科技金融创新体系是改善创新型企业投融资环境的重要保障。中外企业的发展经验显示,自主创新成败的关键在于是否具备良好的创新机制和环境,更重要的是需要一个强大的资本市场做保障。发达国家几乎每一次大规模的技术创新都是依托资本市场发展起来的。而中国自主创新迟迟得不到飞速发展,其中一个重要的原因就是我国资本市场及金融体系还不能满足自主创新的需要。

作为苏南自主创新示范区的核心,苏州责无旁贷,必须成为科技金融创新的试点区,大力推动科技与资本的有效结合,充分发挥资本市场的功能,以实现自主创新的战略。苏州不仅要借鉴"先行"示范区的已有实践经验,更要在科技金融改革创新方面走在前列。这就意味着,苏州要彻底转变科技金融服务理念,以"一切为了企业创新、一切为了科技创业"为指导,突破现有科技金融服务产品、渠道的框架局限,不断研发适合科技创新的金融创新产品,采取多种措施,拓展多种渠道,为创新型企业构建多层次的资本市场。

3. 股权激励的探索区

自主创新的真谛就是把科技创新的成果转化为现实生产力,而科技创新的最终动力又来源于创新激励机制。全球创新典范硅谷的经验表明,越是科技创新活跃发展的地区,人们的独立创业意识就越是强烈。因此,如何留住关键技术人才,延长其为企业服务的期限是保持企业创新原动力首要面临的难题,而这一问题的解决其实质就是要实现"智者先富"的理念,以财富效应确保科技创新的灵感与火花不断迸发。

苏州作为"苏南模式"的引领者与核心推动者,只有超越现行的财富创造与积累模式,大胆创新,为"智者先富"从理念变为现实提供各种切实可行的举措,才能在城市转型、经济再次腾飞中继续保持领先地位,也才有可能成为新世纪创新创业大潮中立于涛头而不倒。因此,苏州应在财税制度方面积极探索股权激励的具体策略,努力消除科技创新人持股的实质性障碍,以股权激励将科技人员的创业梦与技术创新的激情完美结合,从而实现创新的可持续性。

4. 科教资源释放的密集区

丰富的科教资源是科技创新与产业升级的基础。美国波士顿的发展经验表明,科教资源等创新要素在本地大规模积聚、高科技的产业化是强化创新能力、实现创新发展的必要条件。因此,苏南自主创新示范区建设能否取得成功关键在于产学研能否实现有效结合,科教优势资源能否与产业需求进行无缝对接,科教资源能否得到充分释放。

在苏南五市中,苏州的科教资源禀赋相对缺乏,虽略好于无锡、常州、镇江,但远逊于南京。因此,在自主创新示范区建设中,苏州应通过体制创新,优化环境,使苏州成为海纳百川、人才荟萃的创业热土。不仅要吸收南京等省内城市的科教资源,还应吸纳全国各省市的科教资源。同时,让一切科教资源充分涌流,既要让苏州本地有限的科教资源充分涌出去,也要让苏州以外无限的科教资源充分涌进来。苏州应当继续发挥地方政府推动经济发展的强大作用力,以政府主导(推动)的创新模式整合本地的科教资源,吸引省内、国内甚至世界的一流科教资源扎根苏州。政府还应构筑并完善一个具有透明化利益共享机制的制度环境,积极鼓励并为企业和科研机构针对性地选择适当的合作伙伴提供有效的帮助,从而增强企业和科研机构双方从产学研结合中获得持久利益的确定性。借助这种内生的、根植于本区域产学研合作平台的创新模式,实现外部的科教资源与本地的创新资源成功对接,并把引进的创新要素和本地的创新要素有机结合,形成协同创新的合力,从而极大地提高区域知识和科技创新能力。苏南其他城市应各自发挥自身优势,对科技资源实现差异化引进与释放。

5. 科技成果转化的集聚区

科技成果转化意味着将科学技术转化为现实生产力,使科技成果商业化、产业化,从而实现价值创造、产业升级、经济发展、社会进步的完美结合,其实质是推动经济发展进入创新驱动、内生增长的轨道。科技成果转化的有效途径是产学研的有机结合,使密集的科教资源与经济发展高度耦合,将科教资源优势转化为产业优势、经济优势和竞争优势,从而真正体现科学技术是社会经济发展的第一推动力。

科技与经济的有效结合是科技创新的生命力所在,因此,苏南地区在高科技产业化过程中,必须注重摆脱当前科技成果转化率较低,技术创新能力不足的困境,在各个城市转型和产业升级的进程中,努力构建大学、企业、政府之间的三螺旋创新模式,积极营造"知识空间"、"共识空间"与"创新空间",探索创造产学研用互促互动,以市场配置资源为基础与政府宏观调控有机结合、科技成果有效转移转化的新机制、新模式,搭建企业与科研院所创新合作的联动平台,实现一批自主创新成果的产业化,促进资源整合和协同创新,构建具有苏南特色的差异化科技成果转化模式,使得科技成果在苏南区域合理布局,构建多种差异化产业聚集区。

6. 科技金融服务体制改革的先行区

科技金融服务体制创新可带动产业升级和经济发展。科技创新的生命力不仅取决于科技工作者持之以恒的技术研发与突破,也取决于各种物质条件与制度建设的保障能力。随着生产力水平的快速提高,当前影响和制约科技进步与创新的主要矛盾方面,已经从物质条件向科技金融服务体制机制转化。苏南作为推进自主创新和高技术产业发展的探索区,有责任在科技体制改革方面先行先试,探索经验,为科技创新提供完善的科技金融制度保障。

苏南的经济实力居于全国前列,有较为雄厚的科技创新物质基础,但苏南各城市科技金融发展的层次不一,差异较大,分别存在着诸多问题和瓶颈。长期以来,苏南各市政府部门采取多种措施,使科技金融资源向科技型企业配置,但因科技金融服务体制中存在着制约科技金融业务开展的一系列问题,因此,需要从健全科技金融服务体系、培育金融中介机构、发挥社会化机制功能和科技成果转化等方面进行制度创新,并构建科技评价考核体系,为确立科技引领、创新驱动的经济发展模式,以科技金融机制创新促进科技金融体制改革。将科技金融机制创新与产学研合作机制、技术转移机制、人才流动机制、科技资源共享机制、科技评价机制、科技投融资机制、科技评价机制有机结合,为苏南高科技产业化服务。

七、科技金融对苏南高科技产业化支持策略

在苏南地区实现高科技产业化过程中,必须彻底转变金融创新理念,将科技金融服务体系构建与产业体系构建、空间体系构建、政策体系构建、创新指标体系构建相结合,实现对高科技产业化资金优化配置。

(一)苏南产业转型与科技金融创新的理念转变

为尽早实现苏南经济发展现代化,应转变科技金融创新发展理念,依托苏南改革开放过程中形成的开放优势、产业优势和创新氛围优势,充分发挥苏南金融服务环境优势,大力开展科教协同创新,积极引导高校、科研院所和企事业单位科技工作者在苏南地区创新创业,实现创新成果的价值最大化。围绕科技政策、科技人才、金融资本、成果转化等企业创新要素需求,引导和推动民间资本等各类金融资源的自由流动和合理配置,激发企业创新活力,突显科技创新的财富效应,实现创新资源资本的效益最大化。

1. 从重技术研发向重能力培育转变

"授人以鱼,不如授之以渔",由过去科技工作主要以项目形式帮助企业解决某个技术难点转变为重点培育企业的自主创新能力和创新意识,通过落实企业研发经费加计扣除、高新技术企业税收优惠政策等,不断强化政策和资金的扶持、引导作用,营造良好的支持企业科技创新的社会氛围,引导企业增加科技投入,支持企业主动开展创新活动。

2. 从重财政撬动向重金融驱动转变

科技部门应成为资源配置规则的制定者、资源配置过程的监督者和评估者。引进中介机构、金融机构等各种市场主体参与资源配置过程,有效引导科研机构、科研人才、科研成果向企业聚集。加强项目与平台、人才、环境等科技创新资源要素的总体规划和设计,在创新资源上不断整合,促进项目、平台、人才、环境协同发展,实现重资金引导向重资源配置转变。

3. 从重计划实施向重市场主导转变

改革完善科技管理体制机制,应积极探寻自主创新示范区建设的社会基础、制度基础和文化基础,有效整合科技创新资源,强化财政科技资金的导向作用。由重计划项目向重市场规律转变,放活科研机构,让更多的科研机构瞄准经济主战场开展技术研发活动;放活科技人才,让广大的科技人才跻身经济主战场开展技术服务活动;放活科技成果,让大量的科技成果进入经济主战场向现实生产力转化。

4. 从重微观研究向重宏观带动转变

应加强科技宏观发展战略、政策、体制、管理、预测、评价、科技普及和科技促进经济社会发展等方面的研究。由重微观技术研究向重宏观科技带动转变,主动驾驭科技工作发展变化,为苏南科技创新政策、发展战略、发展规划、计划的制定和调整、优先发展领域的选择以及研发资金投向和重点等提供决策支撑,把科技工作渗透延伸到经济社会发展的各个领域,依靠科技提高经济运行质量,实现又好又快发展。

5. 从重科技服务向重创新生态转变

随着企业高新化、产业高端化、经济全球化的发展,企业的生存环境及发展方式已经发生深刻变化,企业生存必须要嵌入产业链、价值链、供应链等交织而成的新型经济生态网络系统中,并成为该网络中的关键环节和重要节点。因此,对企业的培育已经不可逆转地从短程孵化向长程辅育发展,从孵化企业向孵化产业发展,从重科技服务建设向重创新生态环境建设转变,进而到科教协同创新的科技生态系统的建立应是我们参与苏南自主创新示范区建设的方向。

6. 从重数量扩张向重质量提升转变

应充分认识到科技创新、创业的艰巨性、复杂性和长期性;从重数量扩张向重质量提升转变,对技术含量高、带动系数高,处于产业链高端创新活动和重大项目建设,要打通发展中的各个环节间的障碍,持之以恒地加以推进;对技术含量低、带动系数低,处在产业链的低端,充当着代加工、装配工的项目要严把投资审批关;对技术储备不足、市场分析不够、产业层级不高的项目,不应饥不择食匆忙上马;应把握好产业发展的规律、节奏和关键点,避免出现高端产业、低端环节、微薄利润的局面。

(二) 构建苏南科技金融政策支撑体系

第一,应实施优惠财税政策,鼓励科技创新企业轻装前行。苏南可借鉴先行示范区的经验,在实施国家级高新技术开发区的税收优惠政策的基础上有所突破。向国家争取政策,将高新技术企业认定权交给自主创新示范区管委会,并完善有关认定办法。一方面扩大"核心自主知识产权"的范围,另一方面对一些因财务指标、专利数量或其他原因达不到现有审批条件而实际是从事高新技术行业的企业,适当放宽条件,享受"三免两减半"的企业所得税优惠政策。同时,对示范区内的科技创新创业企业的研究开发费用,分不同情况按150%～200%税前抵扣。对示范区内科技创新创业企业发生的职工教育经费,按不超过企业工资总额8%的比例据实在企业所得税税前扣除;超过部分,准予在以后纳税年度结转扣除。对虽有资格享受股权激励但无能力交付个人所得税的科技人员经主管税务机关审核,可分期缴纳个人所得税。此外,扩大政府采购范围支持企业创新,通过首购、订购、实施首台(套)重大技术装备实验和示范项目等措施,推广应用自助创新产品,支持企业自主创新。

第二,应试点股权激励,破解科技成果转化难题。借鉴先行示范区的经验,在科技成果处置权和收益权改革与股权激励方面探寻更多新的举措。一方面,力争股权激励形式多样化。在既有的股权奖励、股权出售、股票期权、分红激励、绩效奖励和增值权奖励等方式外,拟定更多的奖励措施,将骨干技术人员的个人利益与企业发展利益捆绑,确保激励对象与本企业在发展中"劲往一处使"。另一方面,扩大股权激励的对象范围,激发更多科技成果转化的热情。明确在苏南地区的高等院校、科研院所、国有事业单位、国有企业、民营企业、创业投资、股权投资类企业等各类企业的科技人员(包括担任行政领导职务的科技人员)及团队都能将职务科技成果以股份或出资比例等股权形式给予科技人员个人奖励,且在个人所得税征收上享有优惠待遇。同时,设立股权激励专项资金,对符合股权激励条件的团队和个人,经批准,给予股权认购、代持及股权取得阶段所产生的个人所得税代垫等资金支持。此外,在股权激励方面,进一步简化程序,尽早实现"智者先富"。

第三,应创新科技金融,改善创新型企业的融资环境。首先,应学习以色列、印度等国家的成功经验,通过政府建立创业投资引导基金,吸引境内外创业投资资本特别是民间资本,共同组建风险投资公司和风险投资基金,完善天使投资机制。苏南作为自主创新示范区应成为天使投资、创业投资、股权投资基金发展最活跃的区域。其次,应大力扶持中小科技企业进入创业板和中小企业板,充分利用现有资本市场搭建融资平台;同时,应完善现有股份转让系统,为达不到上市条件的科技型中小企业提供股份转让的场所,借鉴上海的"非上市股权交易平台(OTC)"的经验,为科技型企业早期融资创造条件。再次,应大力发展公司债券市场。积极探索中期票据、短期融资券、公司债等多种适合示范区企业的债券融资方式。此外,应创新信用担保机制。坚持"政府推动、社会参与、市场运作"的原则,建立健全以政府为主体的政策性信用担保体系、按市场规则允许的商业性担保体系和以企业合作为特征的互助性担保体系,支持和推广商会联保、行业协会;联保和网络联保等新型融资担保模式,推广知识产权质押担保融资、信用贷款、信用保险和贸易融资。建立信用激励和约束机制,完善再担保机制,增强科技担保服务能力。最后,应大力发展社区银行和中小商业银行,鼓励创办小额担保公司等准金融机构,完善与中小企业规模结构和所有制形式相适应的多层次银行体系。

第四,应便捷市场准入,鼓励创新创业主体的设立和发展。降低市场准入门槛、便捷创新创业主体设立和发展。在创新主体设立时,引入国外习惯做法,实施"筹建登记"制度,实现企业法人资格与经营资格的分离;并允许企业自主选择核定经营范围,以便于企业根据自身需要调整经营范围,真正实现了"自主选择经营项目"。尝试地方立法的突破,拓展创新创业主体的出资渠道与出资形式,允许以知识产权和科技成果出资时所占注册资本的比例有所上升。通过各项优惠的配套措施为创新创业人降低居住成本、创业成本,吸引人才创业。对股权投资机构与科研人员在示范区内进行科技创业、开办公司,给予购租房补贴和各种税费优惠,享受三年内免费会计、法律、人才招聘等外包服务,按对初创期中小高新技术企业投资额的10%给予风险补贴;同时建立科技创业奖励制度,对优秀的创业人员和支持创业的中介机构,给予高额奖励和表彰,从而在示范区内形成倡导创业的新风尚。允许社会组织向民政部门进行申请登记,以激励社会组织更多服务于创新,支持社会组织参与示范区建设。开展经济技术交流,制定标准,帮助企业开拓国际市场,进行品牌推广等活动。对符合条件的产业联盟可以登记为法人,颁发公司执照或社团法人执照,以便于申请重大科技创新专项。

第五,应深化科技体制改革,为创新发展保驾护航。改革科技投入体制,建立健全风险投资机制,优化投入结构,有效引导企业增加研发投入,重点支持竞争前研究开发活动上,减少了对企业经营的直接干预。改革科技管理体制,破解科技管理职能分散,多渠道配置、财力分散、项目分散和区域分散等状况,提高经费使用效率,引导和支持创新要素向企业集聚。改革技术创新体系,建立以企业为主体、市场为导向、产学研相结合的技术创新体系,进一步完善市场竞争环境,加强知识产权保护,激发企业创新激情。完善人力保障体制,破除人才流动存在的障碍,改变人才评价考核短期化、功利化的价值取向,充分发挥企业家和科技领军人才在创新中的重要作用。坚持以应用为导向,改革科技评价制度,强化对科研质量、自主创新能力、科技成果成熟程度及转化情况、持续创新能力、人才团队培养的考核评价,发挥专业机构和专业学术团体作用,形成有利于调动各方创新活力与积极性的科技评价体系;加强科技信用评价,结合科技计划项目管理,加强评审专家、项目负责人、中介机构的诚信建设,建立信用评价档案,提高科技评价的公开性和科学性;强化创新绩效评价,完善科学发展和科技进步相关统计监测,发挥创新型企业、创新型园区、创新型城市的引领示范作用。

第六章 苏州科技金融创新现状与问题研究

■ 一、引言

苏州地处长江三角洲地理中心，位于苏南五市最南端，是我国江苏开放型经济最发达、现代化程度最高的城市之一，也是苏南自主创新示范区建设的"两级"之一，承担着引领苏南自主创新示范区的重要任务，肩负着践行创新驱动战略、支持创新型省份建设的重大使命。

苏南自主创新示范区是现代化建设的核心内容，苏州引领苏南自主创新示范区建设的职责在于勇挑重担、敢为人先，通过体制机制创新促进科技创新，进一步优化创新资源、完善创新体系，在创新创业、成果转化、产业集聚、科技金融、开放合作、综合改革、融合发展上发挥探索、示范、引领作用，为实施创新驱动战略、打造江苏经济升级版、谱写好中国梦的江苏篇章添砖加瓦，建功立业。

因此，苏州应有立足苏南、面向长三角、服务海内外的理念，围绕创新链、完善资金链，加快创新链和资金链的双向融合，率先在新型科技金融组织、科技企业信用体系、科技金融服务平台、区域多层次资本市场、金融服务合作模式创新等方面取得重要突破。

■ 二、建设科技金融创新示范区的背景

目前，国内各地都明确了科技金融发展的重点区域。苏州也是全国创新能力最强的城市之一，2015年苏州全市实现新兴产业产值3.05万亿元，新兴产业产值增长2.2%，占规模以上工业总产值比重达到48.7%。苏州集聚着一万多家科技型中小企业，拥有地级市中最发达的金融业。转型脚步加快的苏州，新技术呼唤着资本集聚引发的产业升级，金融业也期待着技术

创新带来的财富增值。① 因此,加快发展科技金融不仅是突出区域金融产业特色的需要,更对保持科技创新能力的领先地位具有重要意义。本章在调查苏州科技金融创新发展现状的基础上,分析其中存在的问题,并提出政策建议。

苏州市根据江苏省委、省政府的决策部署,深入贯彻落实《关于加快促进科技和金融结合的若干意见》(苏政办发[2011]68号,以下简称《意见》)的精神,以坚持以科学发展为主题,以转型升级为主线,以科技创新为支撑,全力做大做强科技产业,切实加强科技和金融的结合。积极开展科技银行、科技创投、科技保险、科技小贷等试点,在科技金融创新上做出了积极探索,取得了初步成效。

(一)经济发展是科技与金融结合的基础和动力

2015年苏州市经济效益稳步提高,地区生产总值1.45万亿元,比上年增长7.5%,一般公共预算收入1 560.8亿元,增长8.1%,社会消费品零售总额4 424.8亿元,增长9%,全社会固定资产投资6 124亿元。

为推进苏南国家自主创新示范区核心区建设,苏州完善区域创新体系,落实研发费用加计扣除等政策,减免企业所得税77.4亿元,增长16.1%。全社会研究与试验发展费支出占地区生产总值比重达到2.68%。新认定国家高新技术企业712家,高新技术产业产值增长2.7%,占规模以上工业总产值比重达到45.9%。2015年拥有国家"千人计划"专家总数达187名,继续保持在全国地级市中的领先优势,并且创业类"千人计划"专家数达107人,名列全国大中城市第一。②

(二)转型升级推动了科技与金融的快速融合

在后危机时期,国内各地都出现外需不足、资源环境制约加剧的问题,迫切要求苏州加速转型升级。在推进转型升级过程中,客观上为科技与金融的快速融合创造了更好条件,提供了更大空间。

1. 不断创新体制机制,着力营造科技金融良好环境

体制机制创新是科技金融发展的重要路径,良好的环境是推进科技与金融结合的基础和保障。近年来,苏州市先后出台了《关于加强科技金融结合促进科技型企业发展的若干意见》,以及《苏州市科技型中小企业信贷风

---

① 苏州市2016年《政府工作报告》新华网江苏2016年1月25日。
② 《苏州日报》2015年6月12日"千人计划"苏州187人入选国家。

险补偿专项资金管理办法(试行)》《苏州市知识产权质押贷款管理暂行办法》《苏州市科技保险费补贴资金使用管理办法(试行)》《苏州市科技贷款贴息资金使用管理办法(试行)》和《苏州市科技型企业上市融资资助暂行办法》等一系列政策文件,完善财政科技投入方式,引导和促进银行业、证券业、保险业金融机构及创业投资机构搭建服务平台,创新金融产品,改进服务手段,加快推进区域科技金融体系建设,有力地推动了科技金融工作的快速发展,逐步形成了鼓励、扶持企业自主创新的科技金融政策体系和多层次、多元化、多渠道的科技型中小企业金融服务链,为各成长阶段的科技型企业提供全面的金融服务,对破解科技型中小企业融资难题发挥了重要作用。一是创新财政科技经费支持方式。调整和优化市自主创新专项资金的结构设置,积极探索财政科技资金支持的新路子,对科技型企业的产业化项目,采用科技贷款贴息、科技保险补助、创业投资支持、担保经费专项补助等方式进行扶持,发挥财政科技资金的引导作用和市场对财政科技资金的配置作用。2013年4月16日苏州科技局发布《2013年苏州市科技发展计划项目指南》,2013年苏州市本级财政将安排科技经费达4.13亿元。[①] 二是完善科技金融信息服务平台。建立科技型企业项目库,为种子期、初创期、成熟期的各类科技型企业提供服务。进一步完善高新技术企业、创新型试点企业、重大科技载体、高层次创新创业人才、市级以上重点科技项目等科技政策,以及科技型企业融资产品等科技金融信息,形成科技与金融资源共享机制。三是建立科技金融风险共担机制。由苏州市财政局牵头成立科技贷款风险补偿基金池(以下简称风险池),首期出资1亿元,以后视风险补偿情况及时补充。纳入风险补偿基金的贷款企业须全部通过政府指定部门推荐,通过与银行、保险等金融机构协商,确定在按基准利率放款的基础上,如果发生损失,按政府80%、银行20%或政府40%、银行20%、保险40%的风险共担机制。四是搭建多种融资服务平台。首先,通过担保公司,取得银行的授信额度,将银行资金融通给难以从银行取得贷款的科技型中小企业。其次,建立统贷平台,向中小企业融资。如苏州工业园区整合各方资源,搭建了科技型中小企业成长融资平台,通过向银行申请长期贷款,并在委托贷款的基础上充分运用可转债、优先股等多种方式,更大程度上满足科技型中小企业的融资需求。再次,成立信用再担保公司。2013年8月底苏州市注册

---

① 《苏州日报》2013年4月17日"4.13亿元支持科技创新",读苏州·要闻,A02。

资金 6 亿元的信用再担保有限公司顺利开业,这为苏州市加大对科技计划项目的信贷支持,有效缓解企业融资难问题提供了又一新渠道。

2. 开发科技信贷融资工具,大力创新产品与信贷模式

苏州市在其《金融业发展"十二五"规划》中提出,持续加大金融对科技创新的支持力度。在特定区域内开展涉及银行、证券、保险等多种金融工具的综合性科技金融创新工作。目前,苏州市已初步形成多种科技金融的对接模式。一是科技银行模式独具特色。交通银行苏州科技支行的基本业务模式是"政府＋银行＋担保＋保险＋创投"。实施了包括单独考核、单独信贷额度、单独信贷审批等一系列特殊政策,目前已向 50 余家科技型中小企业授信 4 亿元以上,其中,通过贷款保证保险的超 1 亿元。它的特色是联合了多方力量参与——以政府的扶持政策为支撑,科技支行对科技型中小企业提供"低门槛、低利率"的贷款。同时,专业担保公司对科技型中小企业实行优惠的担保措施,保险公司针对银行贷款设计专门的信用保险产品,创投、风投企业和银行合作进行银投联贷。二是科技金融产品不断丰富。根据各类企业的不同需求,苏州市建立科技金融专家团,集聚银行、科技小贷、担保公司、保险公司等金融资源,先后推出"科贷通"、足额纳税企业的"税融通"、创业期微小企业的"创业通"、"投贷通"、"科技之星贷款"等近 15 个业务产品,努力满足科技创新型企业的融资需要。目前,全市银行科技类贷款超过 320 亿元,增速高出全市贷款 6.8 个百分点。

3. 推动科技创投集聚发展,促进科技与资本高效对接

以"政府引导、资本多元、市场运作、专业管理"的运作模式,坚持政府支持产业转型升级的战略意图与苏州创投业发展有机融合,如苏州高新区设立"苏州高新区风险投资基金"(下称"风险投资基金")以及建设"投融资源数据库"(下称"资源库")等,吸引海内外风险资本在本区的聚集,引导和促进风险机构(风险投资机构及风险投资管理机构)与担保机构(融资担保机构)为科技项目在其投融资和发展中发挥作用,并享受各项扶持和优惠政策。目前,苏州市累计备案创投企业达 80 家,注册资本 164 亿元,实收资本 118 亿元,实际管理资金规模超过 500 亿元,已成为全国创投机构最集聚、创投资本最活跃的地区之一。甩绕搭建创业投资载体,积极引导科技创投健康发展,发挥龙头创投企业的示范带动作用,初步建立了科技创投三大集聚区。一是以苏州工业园区创投为龙头的沙湖股权投资中心,入驻股权投资管理团队 63 支、管理基金 66 支,管理资金规模超过 790 亿元,旗下备案创投

企业16家。二是以苏高新创投为龙头的财富广场，入驻各类基金23支，管理基金规模70亿元，旗下备案创投企业7家。三是以国发创投为龙头的国发创投系，管理的资金规模35亿元，旗下备案创投企业7家。创投集聚现象初步显现，龙头企业起到了很好的带头示范效应，催生了一批组织比较规范、管理资金量较大的民营创投企业，成为活跃在苏州创投领域的生力军。初步实现了资本与科技的高效对接，形成了"科技项目追逐金融资本、金融资本追逐优质科技项目"的良性循环。四是积极争取高新区、工业园区和昆山高新区股份代办转让试点资格。对照"新三板"挂牌要求，精心挑选出15家左右高科技、高成长性的企业作为"新三板"上市的储备企业，培育"新三板"企业梯队。让目前尚不具备主板、创业板上市条件的企业，进入代办系统报价转让。加快推进苏州多层次宽领域的资本市场建设，缓解目前经济发展中遇到的资金紧张的突出问题，改善金融环境。

4. 深化科技保险试点工作，为科技创新保驾护航

自2008年开始，苏州市开展科技保险试点，探索科技与保险相结合的有效途径，施行"政府引导、市场化运作"的模式，以政府信用撬动商业信用，赋予科技保险"政府信用＋商业信用＋专业保险经纪服务"的创新特点。2014年以来，苏州科技保险承担企业数量起1000家，共为科技企业提供的风险保障超10亿元，累计支付赔款达3000多万元。

5. 深入推进科技小贷试点，构建科技金融发展新平台

2010年江苏省第一家科技小额贷款公司——工业园区融达科技小额贷款公司和全省最大的科技小额贷款公司——苏州市聚创科技小额贷款公司顺利开业。科技小额贷款公司既可以贷款也可以股权投资，创新性地以"债权＋股权"的模式开展业务，综合传统信贷和创业投资的互补优势，注重贷款产品结构和定价的灵活性，努力缓解科技型中小企业融资难问题。截至2011年7月底，贷款余额为5.2亿元，累计为89家科技中小企业发放11亿元贷款，并取得了14家具有高成长潜力的科技型中小企业认股期权。

■三、科技金融创新实施基础

科技金融专营机构是科技金融结合的有效载体。在制度设计上，苏州市聚合财政、科技，以及人保财险、太保财险、国发创投、国发担保和交通银行等多家金融机构，建立起"政府＋银行＋担保＋保险＋创投"五合一的科技银行业务发展模式。

在"五合一"模式下,科技支行成为苏州市科技金融的"融资平台、创新平台、信息平台和服务平台"。由苏州市政府出台对科技支行的扶持政策,科技支行对科技型中小企业提供"低门槛、低利率、高效率"贷款,作为专门为科技型中小企业提供全面金融服务的专营机构,科技银行拥有专门的运营团队,实行独立事业部制的运营模式,采用了人财物相对独立的专营模式,单独授权、单独核算、单独考核、单独管理;专业担保公司等机构对科技型中小企业实行优惠的担保措施;保险公司对银行贷款设计专门的贷款保证保险产品;创投、风投公司和银行合作进行银投联贷。

在苏州市科技金融创新中,仅交通银行科技支行就对科技型中小企业贷款余额近10亿元,累计保险额超过3亿元,财政资金被放大10倍,杠杆效应明显。

(一)经济和金融基础

"十一五"以来,苏州加快转变经济发展方式,经济社会保持又好又快发展。当时在2012年,全市地区生产总值达1.2万亿元,比上年增长10%;实现地方一般预算收入1 204亿元,增长9.4%;工业总产值3.44万亿元,增长3.3%,其中规模以上工业产值2.87万亿元,增长5%;新兴产业实现产值1.23万亿元,增长11%,占规模以上工业产值的比重达到43%;专利申请量和授权量分别达139 965件、98 276件,实现两个"全国第一";进出口总额3 060亿美元,其中出口1 748亿美元,分别增长1.6%和4.4%;实际利用外资达到90.8亿美元。苏州以占全国0.09%的国土面积和0.46%的人口,创造了占全国2.3%的GDP、9.2%的外贸进出口总额,实际利用外资占全国的8.5%。所辖5个县级市综合实力长期位居全国百强县市前列。

在经济平稳发展的同时,苏州金融业也实现了健康较快发展。一是金融机构加速集聚。截至2012年底各类金融机构总数超500家,其中银行业金融机构50家,保险公司61家,备案创投81家,证券期货90家,纳入统计的担保公司(含再担保)107家,小贷公司(含科技小贷)69家,融资租赁30家;其中2012年新增银行机构3家。二是金融业务快速增长。2012年银行机构本外币存款余额16 500亿元,贷款余额14 000亿元;全年保费收入215亿元;证券期货交易量4.5万亿,新增上市公司16家,累计68家,累计募集资金505亿元。通过发行债券、运用信托、租赁、银行间市场以及保险资金等多种手段,拓宽融资渠道,2012全年新增全社会融资总量3 100亿元。三是金融创新动力增强。在政府推动和市场需求拉动的影响下,各金融机构的创新意识和动力增强,科技金融进一步融合,科技信贷余额近 400 亿元,增速比各项贷款平均增速高出 7.5 个百分点。

(二) 科技基础

"十一五"以来,苏州全面实施科教兴市和人才强市战略,加快区域创新体系建设,自主创新能力逐步提高。2008 年苏州科技进步综合评价首次跃居全省第一。2009 年苏州市被列为国家可持续发展实验区。2010 年苏州市还被列入全国 16 个国家创新型试点城市行列。2012 年苏州位列"2012 福布斯中国大陆创新能力城市"第一名。苏州高新区、苏州工业园区进入国家创新型园区建设行列,昆山高新区升格为国家高新区。当年全市现有 7 个国家级、省级高新区,并建成苏州太阳能光伏、昆山可再生能源、吴中医药等 16 家国家火炬计划特色产业基地,数量位居全省第一。2012 年苏州聚焦纳米技术、医疗器械及新医药 2 个前瞻性战略新兴产业,全力支持重大关键技术突破,共立项下达市级科技计划项目 820 项,投入财政科技经费 1.67 亿元。同时着力加大对上争取力度,2012 年获国家、省各类科技项目 1 267 项,已获经费支持超 12 亿元。全市拥有国家高新技术企业 1 867 家、省级民营科技企业 3 923 家、市级创新先锋企业 94 家,有力地支撑了全市产业转型升级进程。"十一五"期间,苏州高新技术产业产值年均增长 22.5%,占规模以上工业产值的比重年均增长超过一个百分点。2012 年实现高新技术产业产值 1.17 亿元,占规模以上工业总产值的比重达 41%,占全省总量的三分之一。

在科技投入方面,苏州当时已初步形成以财政投入为引导、企业投入为主体、全社会科技投入不断增长的多元化科技投入体系。2012 年全社会 R&D 投入超过 300 亿元,占 GDP 比重达到 2.6%。围绕研发费用加计扣除、高新技术税收优惠等重点科技政策,苏州加大政策宣传力度,支持企业加大研发投入。2012 年为 1 639 家企业落实了研发费加计扣除政策,50% 加计扣除金额达 42.5 亿元,同比增长 31.1%;为高新技术企业落实企业所得税优惠政策减免税收金额 38.2 亿元,同比增长 41.5%。

在科技发展中苏州突出人才引进和培育,构筑科技人才高地。在 2012 年全市已有 301 人入选江苏省"双创人才计划",125 人入选"国家千人计划",分别位居全省、全国地级城市首位。国家"千人计划"中创业类人才 80 人,约占全国总数的 14%、全省总数的 46%,在全国城市排名中与北京并列第一。2012 年领军人才创办企业达 400 多家,实现主营业务收入超过 130 亿元,同比增长 20%。为了服务好领军人才创办的企业,苏州成立了科技服务中心(姑苏人才计划服务中心)和千人计划专家联合会,负责高层次科技人才的联络咨询、项目申报、日常管理等工作,积极为他们提供沟通交流的机会和平台,让各类人才各得其所、人尽其才、才尽其用。当时苏州人才资源总量已达到178万人,其中高技能人才总量38万人,年增长率连续10年保持15%以上。

苏州还强化创新载体建设,提高科技支撑能力。一是以培育创新源为重点,加强重大创新载体建设。通过深化院地合作,先后启动建设了中科院苏州纳米所和中科院苏州生物医学工程研究所,为新兴高技术产业布局打下基础。江苏(沙钢)钢铁研究院、江苏省龙腾平板显示技术研究院、江苏省(昆山)工业技术研究院等项目相继建设,当时全市拥有省级产业研究院5家,企业研究院4家,支柱产业研发机构提升到国家和省级领先水平。二是以支撑产业发展为重点,加强公共平台建设。在新兴产业和高科技企业集中的高新园区、科技创业园、特色产业基地,面向中小企业建设了纳米加工、集成电路设计、软件测评、新药创制等146家科技公共服务平台,充分发挥了平台对企业研发的支持作用。三是以提升企业创新能力为重点,普及企业研发机构建设。当时全市大中型工业企业研发机构总数达1 703家,建有率从2011年的52%上升到目前的80%。

在科技服务和科技成果转化方面,苏州大力推动科技合作交流。围绕产业、企业技术需求,持续组织开展科技企业科技行,不断深化产学研合作领域和范围,加快重大科技成果向现实生产力转化。当时苏州企业已与全国150多家高等院校、科研院所建立960多个产学研联合体,开展了6 700多个项目合作。二是全力建设科技服务集聚区。全力推进自主创新服务广场建设,集聚一大批从事技术转让、科技咨询、信息服务、科技投融资等方面的科技服务机构,建成专业化、规模化、品牌化的科技服务集聚区。当时广场基建工程进展顺利,业态设计和布局方案制订完成,并成功入选全省首批科技服务示范区。三是加快发展科技企业孵化器。当时全市拥有省级以上科技企业孵化器63家,其中国家级科技企业孵化器达到23家,省级孵化器40家;孵化面积超过400万平方米,在孵企业4 300余家,为中小企业创新创业提供了良好的环境。2012年,全市科技服务业收入达120亿元,同比增长20%,基本形成了以创业孵化、专利代理、技术市场为主的科技服务体系。

四、苏州科技金融发展现状

科技金融包括政府科技金融投入和政策、科技信贷市场、创业投资和资本市场、科技保险和科技担保市场,以及科技金融中介机构等,本课题组基本上按照以上方面调查了苏州的科技金融体系,主要内容如下。

(一)政府的政策支持和财政投入

1. 政策支持

科技金融是一项非常复杂的系统工程,需要各个部门通力配合,苏州市科技、财政、人民银行、银监、保监等部门加强协调与沟通,积极发挥各自职能作用,研究落实促进科技创新和金融创新的各项政策措施,形成了政策合力。2009 年苏州市领先全国下发了《关于加强科技金融结合促进科技型企业发展的若干意见》,并制定了《苏州市科技型中小企业信贷风险补偿专项资金管理办法》《苏州市科技保险费补贴资金使用管理办法》等 5 个办法,2012 年出台了 3 个实施细则以及《苏州市科技支行风险池专项资金管理办法》,2013 年出台了《苏州市关于推动中小科技企业快速发展的若干措施》《苏州市新三板挂牌企业三年扶持计划》等文件,形成了覆盖金融机构引进、股权投资发展、科技金融服务、信贷风险补偿等具体内容的政策支持体系,从政府层面营造科技与金融融合发展的氛围。

2. 科技金融服务平台搭建

2012 年经江苏省科技厅等部门批准,苏州成为首批省级科技金融合作创新示范区;2013 年,经保监会批准,苏州高新区成为全国首个"保险与科技结合"综合创新试点地区;工业园区、高新区和昆山开发区还相继获批国家知识产权试点园区。当时全市搭建了 3 家科技支行、1 家科技保险支公司、5 家科贷公司、1 家科技担保公司,6 家科技金融服务中心、2 家科技金融超市,60 家科技型上市企业累计融资 500 亿元。其中,交通银行苏州科技支行为全市性的专业平台,参照硅谷银行的原理,集合了"政府+银行+担保+保险+创投"的力量,形成综合性科技支行。涵盖实体、网上两大平台的"苏州市科技金融超市"初步建成,并引进农业银行、交通银行、浦发银行、人保财险等合作机构入驻。

3. 财政投入

除了政策引导和支持外,政府还不断加大对科技金融的投入。政府财政对科技的投入包括直接投入和间接投入。2012 年苏州市财政科技投入超

40亿元,财政科技支出占财政支出比例达4.5%,全社会研发投入超过300亿元,同比增长20%以上,占GDP比重达2.6%,创历史最高水平。另外,科技政策累计为企业减免税收37.8亿元,同比增长65%。争取省级以上科技项目1 009项,经费10.5亿元,同比增长33%。

苏州市政府对科技的支持,还体现在对金融机构开展科技金融的引导、风险补偿等方面。2009年以来,财政先后出资设立科技型中小企业信贷风险补偿("科贷通")以及科技支行风险池专项资金,2014年后其总规模达3亿元。其中,纳入科技支行风险补偿的科技型企业贷款如发生损失,则按"风险池"80%(市、县政府各40%)、银行20%或政府40%、保险40%、银行20%进行风险共担。2010年至2012年,依托上述两项资金,相关银行分别向211户、153户中小型科技企业发放信贷风险补偿专项贷款和科技支行风险池专项贷款20.1亿元、5.4亿元,政府资金的放大倍数达12.9倍和5.4倍。2010年以来,苏州市财政分别对182家企业发放科技贷款贴息1 796.3万元,对19家企业发放科技保险费补贴29.2万元。

在促进创业投资发展方面,政府还设立了苏州创业投资引导基金,专门用于创投机构投资苏州初创期科技型企业的补贴。补贴比例为创投机构实际投资金额的2%,补助金额最高不超过100万元人民币。2012年,一共补贴16家创投机构29项投资项目(投资额1.17亿元),补贴金额235万元。

(二)商业银行的科技信贷

1. 开发"科贷通"及其系列金融产品

科贷通是科技支行与苏州市财政局、市科技局合作搭建银政平台推出的贷款业务品种。以批量培育优质科技型企业为目的,向市科技局、市财政局、银行共同审核同意的科技型中小企业发放的信用贷款。贷款风险按照信贷风险补偿专项资金和科技支行风险池资金规定的方法分担。各金融机构在"科贷通"等产品的引导和启发下,创新金融产品,一批专门面向科技型中小企业的"知识产权质押贷款"、"创业通"、"基金宝"、"履约保证保险贷款"、"合同能源管理"等产品纷纷投放市场,丰富了企业的融资选择。交通银行还设立总行级科技金融产品创新实验基地,研发推出一系列创新性融资产品。面向科技企业提供"科技之星"、"订单贷"、"股权质押"等科技金融产品,满足科技企业不同阶段融资需求。

面向科技企业的科贷通及其系列金融产品已取得良好的经济和社会效益。具体体现在以下几个方面:一是政策体系不断完善。政府出台的《苏州市科技型中小企业信贷风险补偿专项资金操作细则》,细化和明确了"科贷通"项目具体操作中的各个环节。二是合作机构不断增加。合作银行从2011年的10家扩大到2012年底的17家,并新增保险公司、科技小贷公司等金融机构2家。三是信贷规模不断扩大。运用风险补偿专项资金2.5亿元,累计支持企业636家,累计发放贷款总额53.66亿元,其中2012年发放贷款31.17亿元。四是产品系列不断创新。与5家合作银行推出"姑苏领军2号"集合信贷产品,为30家人才企业解决融资需求3.98亿元;开展科贷通"微小贷"试点工作,为3家创业园内24户小微企业首次获得银行贷款支持1170万元。五是配套支持不断丰富。截至2012年底,对科贷通获贷企业等科技型企业补贴利息支出1221万元,进一步降低了企业融资成本;首次开展包括履约保证保险等13种险种的科技保险费补贴,涉及承保金额7.35亿元。

2. 创新科技信贷服务模式

针对科技型中小企业融资"短、小、频、快"的特点,交通银行、中国农业银行等在苏州设立科技支行,拥有专门的运营团队,实行独立事业部制的运营模式,采用了人财物相对独立的专营模式,单独授权、单独核算、单独考核、单独管理。在政府对科技支行的扶持政策下,科技支行对科技型中小企业提供"低门槛、低利率、高效率"的贷款,担保公司、典当行等机构对科技型中小企业实行优惠的担保措施,保险公司对银行贷款进行信用保险,创投、风投公司和银行合作进行银投联贷。科技支行专门设计审批流程,在速度上突出一个"快"字,在程序上突出一个"简"字,在效率上突出一个"高"字。在授信审批上逐步建立起"一看团队,二看产品,三看商业模式,四看现金流"的服务新模式,业务办理时间平均缩短3~5天。金融机构开发了专门的信用评审工具,除财务因素外,重视发展前景等非财务因素,帮助更多的优质中小企业客户解决融资问题。对于初创期科技企业,金融机构除信贷支持外,还利用自身优势,为企业提供全方位的金融服务。

(三)创业投资

创业投资业是苏州金融体系的重要组成部分,为初创和成长期企业特别是科技中小企业的直接融资发挥十分重要的作用。为全面深入了解苏州创投业近年来的发展状况,在苏州市发改委的协助下,本课题组配合苏州市创业投资协会,对苏州市2012年创投业的最新发展做了3个多月的调查分析。本次调查共收到有效统计报表164份,涉及的创投机构225家。剔除基金公司和管理公司数据重复因素后,列入数据采集的统计报表125份,涉及的创投机构170家(167家基金类公司＋3家服务机构)。基本情况如下。

1. 总体状况

截至2012年12月31日,全市共有各类从事创业投资业务且比较活跃的机构245家,比上年净增36家,其中：基金类机构184家,管理类机构58家,有创投业务的服务机构3家。管理的资金规模690亿元,比上年净增40亿元。

苏州市在发改委备案的创投机构有106家,注册资本金238亿元,分别比上年增加18家和58亿元,增幅分别为20.45%和32.2%。

据调查统计的225家创投机构来看,这些机构的注册资本金516.7亿元,实收资本340.5亿元,管理的资金规模670亿元。累计投资项目1 440个、投资金额261亿元,其中2012年当年投资项目303个、投资金额38亿元,分别比上年下降了24.1%和48.6%。全年新增被投企业上市9家,累计被投企业上市达到42家。

2. 机构分类

在统计调查的225家创投机构中,按机构类别分：基金类创投机构167家,管理类创投机构55家,有创投业务的服务机构3家,分别占74.22%、24.44%和1.33%；按机构组织形式分：公司制企业145家,有限合伙制(含中外合作非法人企业和外资非法人企业)企业80家,分别占64.44%和35.56%；按企业性质分：内资企业220家,经商务部批准的外资(含中外合作)创投企业5家,分别占97.78%和12.22%。

表1：2012年苏州市各类创投机构分类表

	基金类创投机构		管理类创投机构		有创投业务的服务机构	
按机构类别分	家数	比例数	家数	比例数	家数	比例数
	167	77.2%	55	24.44%	3	1.33%
按组织形式分	公司制企业		有限合伙制企业			
	家数	比例数	家数	比例数		
	145	64.44%	80	35.56%		
按企业性质分	内资企业		外资(中外合资)企业			
	家数	比例数	家数	比例数		
	20	97.78%	5	2.22%		

资料来源：研究团队对苏州市调查统计取得。

3. 发展特点

(1) 投资科技企业力度加大

在累计投资项目中,投资的高新技术企业数为628家,投资金额为121.88亿元,分别占累计项目数和累计金额数的43.61%和46.7%。

在2012年当年投资的项目中,投资的高新技术企业数为115家,投资金额为22.25亿元,分别占当年投资总项目数和总金额数的37.95%和58.55%。与上年相比,项目数比例从上年的46.61%下降到37.95%,下降8.66个百分点,但金额数比例从上年的46.24%上升到2012年的58.55%,上升12.31个百分点。再结合2010年以来数据,总体趋势上,苏州创投机构对高新技术企业的投资力度有不断加强的趋势,苏州创投业支持科技型企业的作用越来越显著。

(2) 平均投资强度有所下降

在2012年当年的投资项目中,平均每个项目的投资强度为1 254.13万元,比2011年平均投资强度1 855.89万元低了601.76万元,降幅32.42%;比2010年平均投资强度1 789.47万元低了535.34万元,降幅29.92%。

2012年度当年单个项目的平均投资强度有较大降幅,一是由于世界经济低迷和国内结构调整双重压力,带来宏观经济下行和信心下降,迫使投资者加强风险控制意识,导致投资额度减少;二是在严峻的外部环境下,苏州创投业积极调整发展思路,加快转型升级,将投资目标重点放在初创期的科技型企业上,这也在一定程度上使得投资强度下降。

(3) 投资阶段前移,投资轮次由第一轮向第二轮转移

在2012年当年投资的项目中,实施本课题调查统计的项目共213个,其中,初创期(包括种子期和起步期)项目为102个,占比47.89%,比上年28.69%上升了19.2个百分点;成长期项目83个,占比38.97%,与上年39.14%基本持平;成熟期(含重建期)项目28个,占比13.15%,比上年32.17%下降了19.02个百分点。2012年投资初创期项目的比例出现大幅回升,达到将近总投资项目的一半,而成熟期项目则相应大幅回落,主要原因是在2012年创投业整体遇到寒流的困境下,苏州创投业积极应对,迅速转型向初创期企业投资,使得投资阶段大幅度前移。

在投资项目的轮次上,本课题调查统计的项目211个,其中,2012年第一轮投资项目167个,占比79.15%;第二轮投资项目42个,占比19.91%;第三轮投资项目2个,占比0.95%。从总体来看,变化不是很大。但是,如

果结合前两年数据来看,会发现有以下趋势:第一轮投资数虽然仍高居榜首,但自2010年以来一直呈下降趋势;第二轮投资比例已连续两年上升,累计已有近10个百分点;由此可见,投资轮次正逐渐从第一轮向第二轮转移。

(4) 放慢扩张步伐,以市内投资为主

在投资项目的地域上,本课题调查统计的项目227个,其中,2012年苏州市内项目138个,占比60.79%,比上年44.73%增加了16.06个百分点;江苏省内苏州市外项目27个,占比11.89%,比上年14.14%减少了2.25个百分点;江苏省外项目62个,占比27.31%,比上年41.13%减少了13.82个百分点。2012年苏州市外(包括省内市外和省外)项目都有所减少,其中省外项目下降幅度较大。原因在于,受整体经济环境低迷影响,苏州市创投机构放慢了向外扩张的步伐,采取了更加谨慎的投资策略,放弃了市外一些高投入、高回报、高风险的项目,转而选择了市内一些投入相对较低的初创期企业,这是苏州创投业转型升级的重要体现。

(5) 投资方向有调整,农业大幅度下降,通信行业大幅度上升

在23个行业类别中,投资项目比例排在前几位的依次是:① 医药保健14.75%;② 新材料工业14.21%;③ 新能源、高效节能技术8.74%;④ 其他(食品、文化传媒等)8.74%;⑤ 传统制造业7.1%;⑥ 生物科技6.56%;⑦ 通讯5.46%;⑧ 软件产业3.83%;⑨ 网络产业3.83%;⑩ 环保工程3.83%;⑪ 消费产品和服务3.83%;⑫ 金融服务3.83%。

与上年相比,除有个别行业排名变动较大外,其余行业变动都不大。其中变化较大的主要有,上年排名第5位的农业,2012年排名跌至第16位;上年排名第17位的通信行业,2012年有大幅度提升,上升至第7位;医药保健行业、网络产业、新材料工业、金融服务等行业排名都有小幅度上升,分别上升5位、4位、5位。

(6) 退出项目有所下降,上市退出比重加大

截至2012年底,苏州创投业投资的企业累计已有42家上市,比上年新增9家,这9家上市企业涉及苏州创投业16个项目。在累计投资的1 440个项目中,至2012年底,已上市退出的有92个项目,被境内外其他机构收购的有13个项目,原股东或管理层回购的有46个项目,清算退出的有4个项目,退出的项目合计155个,占投资项目总数的10.76%。

从退出情况看,上市退出仍为首选,比例数比上年增加19.75个百分点,占比达到59.35%;原股东或管理层回购次之,占比29.68%;再次,为被其

他机构收购退出,占比8.39%;另有4个项目清算退出,占比2.58%。

(7) 机构平均规模有所下降,呈大规模化发展态势

在机构规模上,就列入统计数据采集的170家创投机构而言,平均每家管理资金3.095亿元,比上年平均规模4.53亿元减少0.58亿元,降幅12.8%。其中资金规模在1亿元(不含1亿元)以下的机构40家,占比23.53%;1亿元到2亿元(不含2亿元)的机构63家,占比37.06%;2亿元到3亿元(不含3亿元)的机构27家,占比15.88%;3亿元到5亿元(不含5亿元)的机构17家,占比10%;5亿元以上的23家,占比13.53%。结合前三年的数据可见:苏州资金规模在2亿元以下的创投机构比重不断减少,2亿元以上的机构比重不断增加,表明苏州创投业呈大规模化发展态势。

(8) 从业人员略有增加,各类别人员比重与上年基本持平

在机构人员上,调查统计显示,参加本次调查的225个创投机构分属121个管理团队,剔除34家未填报人员情况的机构,实际收到有效报表87份。

这87个管理团队共有员工941人,平均每家10.82人,比上年9.65人增加1.17人,增幅12.12%。结合前三年数据来看,平均从业人员呈不断增长的趋势。

2012年的从业人员中,专职VC人员557人,比上年增加117人,占员工总人数的59.19%;从事VC 5年以上人员300人,比上年增加58人,占总人数的31.88%;硕士及以上人员431人,比上年增加81人,占总人数的45.80%;具有海外工作经验的人员110人,比上年增加20人,占总人数的11.69%。此外,结合2010年数据,我们还可发现:专职VC人员比例呈下降趋势,而具有海外工作经验人员比例呈上升趋势。

综上,整体来看,2012年苏州市创投业对科技企业的支持力度加大,投资项目平均投资力度有所下降,投资阶段前移,投资轮次由第一轮向第二轮转移,在国际国内经济影响下,苏州创投放慢扩张步伐,谨慎投资,主要以市内投资为主。投资方向上,农业大幅下降,通讯行业则大幅上升。就退出情况而言,由于苏州创投退出机制不完善,仍主要依赖上市退出,而2012年证监会加大了IPO监管力度,降低IPO企业数,使得苏州退出项目下降。就创投机构基本情况而言,平均规模有所下降,呈大规模化发展态势;从业人员略有增加,各类别人员比重与上年基本持平,海外工作经验者及硕士以上高学历从业者比重总体上呈上升趋势。

(四) 科技保险和科技担保

1. 科技保险

从时间上来看,科技保险是苏州地区科技金融的"先行者"。早在2007年7月,苏州高新技术产业开发区成为全国首批科技保险试点地区,同时也是首批唯一开展科技保险试点的国家级高新区。

将科技与保险相结合是探索科技金融的一项有力举措。苏州高新区探索实践"政府引导、市场化运作"的科技保险模式,与保险公司、保险经纪公司等合作,出台相关扶持政策,以政府信用撬动商业信用,赋予了科技保险"政府信用＋商业信用＋专业保险经纪服务"的创新特点。2007年10月,高新区出台《关于支持科技保险试点补贴企业保费的通知》,明确了科技保险的保费补贴条件、方式以及补贴额度的比例。2010年11月,高新区重新修订并颁布《苏州高新区科技保险补贴企业保费的实施办法(实行)》,支持对象由高新技术企业扩大为近三年内在各级主管部门科技项目计划中获得立项的企业、区内孵化器基地内科技企业,各级领军人才计划项目企业、经认定的服务外包企业,扩大了优惠政策的受益面。

新出台政策的保费补贴比率也按不同险种区别对待：投保出口信用保险的企业,按其保费支出的30%予以补贴;投保其余险种的企业,按其保费支出的20%~80%予以补贴;研发类保险、环境责任及职业责任类保险和科技金融类保险补贴比率从高享受。保费补贴限额根据企业承担国家、省、市级不同级别科技项目区对待。近三年内在各级主管部门获得科技项目计划立项的企业每年最高补贴不超过30万元,其他企业每年最高补贴额不超过15万元;企业每年申请出口信用保险的最高补贴额不超过10万元。新政策无论在广度、力度和针对性方面均都比过去加强。

截至2012年底,苏州高新区共有65家(次)高新技术企业投保科技保险。科技保险险种有：高新技术企业产品研发责任保险、关键研发设备保险、营业中断保险、出口信用保险、财产保险、产品质量保证保险等,总计投保保费达1 884万元,总保险金额达208亿元,对已参保企业发放保费补贴近204.3万元。就苏州全市来看,截至2012年底,全市共有184家科技型企业参加科技保险、累计投保金额584亿元,2012年当年科技保费收入819万元。

2. 科技担保

作为科技创新的主力军,科技型企业处于技术开发和产业发展的前沿,具有轻资产的特点,无形资产占比更高,"人脑加电脑"是普通状态,具有良好的成长性,发展潜力巨大,同时也意味着更高的经营风险。普遍的观点是,担保是科技金融体系中非常重要环节,因为众多高成长性的科技型企业对应的是高风险,如何建立完善的科技担保体系来保障科技金融快速健康发展,是苏州近年来不断探索的课题。

从苏州市担保机构按其出资情况来看大致有两种类型:一类是主要由政府出资,加上部分社会资金成立的担保信用机构,这类担保机构带有政策性担保的性质;另一类是商业性担保机构,一般是以企业和社会个人为股东出资建立的,该类担保机构(一般为有限责任公司或者股份责任公司)基本以盈利为目的。截至2012年底,苏州纳入统计的担保公司共计161家,注册资本204.6亿元,净资产210.9亿元,在保余额为833.1亿元,其中融资性担保787.1亿元。不管是带有政策性的担保机构,还是商业担保机构,其主要客户为中小型企业,大量科技型企业在担保体系的有力支持下才得以生存发展。

作为一种新兴的融资渠道,苏州融资性担保体系的规模不断壮大,银保合作不断深化,推出了具有创新性的产品。2011年8月,苏州市农业担保有限公司对苏州森合能源投资管理有限公司"合同能源管理项目"流动资金贷款1 000万元进行了担保,用于向节能设备生产商江西华电采购设备。森合能源作为节能服务商将根据合同分享节能服务产生的效益,并以此偿还银行贷款本息。这是苏州第一笔"合同能源管理"业务。

(五)科技中介机构和服务

围绕科技型中小企业投融资需求,苏州市注重打造企业与金融机构融资对接合作的各类服务平台和服务综合体,实现资源聚集、优势互补、风险共担、合作共赢,为企业提供全方位、综合性科技金融服务。

在政策性平台方面,苏州市成立了科技金融服务中心,一方面通过管理风险补偿、贷款贴息、保费补贴等财政专项资金,不断集成企业融资需求;另一方面通过签订合作协议,有效整合银行、创投、担保、保险等金融资源。通过平台缓解企业与金融机构的信息不对称,实现科技资源与金融资源的集聚共享,科技和金融业务高效衔接。2012年苏州市科技金融服务平台注册企业4 592家,合作金融机构包括了工、农、中、建等17家银行机构。

在信贷平台方面,交通银行苏州科技支行作为苏州地区首家科技支行,创新金融服务手段,创建了"政府+银行+担保+保险+创投"的"苏州模式",由银行提供"低门槛、低利率、高效率"的贷款,担保公司、典当行等机构实行优惠的担保措施,保险公司对银行贷款设计专门的信用保险产品,创投机构和银行合作进行银投联贷,努力解决科技型中小企业融资难问题。

在统贷平台方面,苏高新创投集团与苏州农行合作,采用债权融资与股权融资相结合方式,以创投集团为统贷平台,2010年获得苏州农行二年期授信3 000万元。苏州科技城管委会,以科技城创投为主体,与国家开发银行合作建立统贷平台,规模1亿元。苏州工业园区管委会与国家开发银行江苏省分行合作,建立专门为苏州工业园区内科技型中小企业,尤其是处于种子期、初创期的企业提供资金支持的统贷平台,注册资本为人民币2 000万元,委托中新创投定向投资。在此基础上,"统贷平台"向国开行申请授信额度人民币6 000万元,初定期限为5年。其中当年申请实际操作额度不超过人民币3 000万元,其余将在次年追加申请。同时,该授信额度由"中新创投"提供相应的最高额连带责任担保。

为了更好地推动"统贷平台"在中小企业融资中充分发挥预定作用,提高"统贷平台"的经营能力,降低经营风险,苏州工业园区管理委员会对于"统贷平台"给予一定的财政资金支持:由园区管委会按照"统贷平台"向国开行贷款的年实际融资成本给予50%的财政贴息。由园区管委会对"统贷平台"放款项目损失以财政补贴方式进行补偿,补偿比例为贷款损失额的25%。"统贷平台"与"苏州工业园区中小企业创业担保有限公司"签订《委托管理协议》,委托其进行管理。

在科技保险方面,阳光财险、国泰财险、太平财险等六家保险公司,联合交通银行苏州分行组成的"苏州科技型中小企业贷款保证保险共保体",是全国第一个科技型中小企业贷款保证保险共保体,银行、保险、保险经纪等金融机构联手提供创新的集成金融服务,在全国同类项目中属破冰之举。

(六)科技型中小企业融资需求及其满足状况

除了从金融机构角度对苏州科技金融的供给情况进行上述调查分析外,课题组还在苏州市科技局的协助下,从科技中小企业角度进行融资需求及满足程度调查,共向2 000家发放调查问卷,收回有效问卷1 526份,统计情况显示,有57.5%的企业有过融资申请或正在申请融资。在这些企业中,58%的企业所获资金仍无法满足企业发展需要。绝大部分企业既关注贷款时效又关注融资成本。

问卷分析显示,目前,苏州科技企业的融资渠道主要还是来自银行,但满意度最高的是小贷公司,达到了92%。企业融资办理的平均时长为33.4天,表示满意的占49%。此外,样本显示,企业的平均融资成本为9.03%,仅有40%的企业表示满意。对企业融资难的原因分析显示,由于是科技型企业,所以缺乏有效抵押物是这些企业融资难的最主要原因,其次是因企业规模过小而被认定为抗风险能力低。

此外,在针对企业未来是否有融资需求以及成本和时效敏感性等方面所做的调查显示,79.2%的企业在未来一年内有融资需求,倾向于债权融资是主流,占77%。其中希望通过银行渠道获得资金的超过半数。绝大部分企业既关注贷款时效又关注融资成本,可以接受的融资综合成本范围在6%~8.98%,过低的成本在企业看来不是十分可信,而过高的成本又是企业无法承受的。

五、苏州科技金融创新中存在问题的分析与讨论

(一)指导思想

科技创新对于调整产业结构、转变发展方式、全面提升产业水平、增强核心竞争力,发挥着至关重要的作用。因此,需要政府及有关部门进一步解放思想,切实保证国家促进科技创新相关政策的落实到位,通过一系列鼓励、优惠的政策、措施引导和扶持企业科技创新,发挥企业在科技创新中的主体作用。

1. 政策应支持科技初创期科技创业企业

科技创业企业处于初创期的科技型企业是指由科技人员创办或以科技人员为主体合办的,主要从事高新技术及其产品的研制、开发、生产、销售和服务,以发展科技产业为目标的创业企业。科技创业企业兼具科技型企业和创业企业的特点,是知识技术密集型、处于初创期和成长前期的企业,科技创新是科技创业企业的本质特征。科技创业企业主要分布于高新技术产业及传统产业技术含量较高的产业链环节,是新产业形态和新经济形成的天然追逐者,具有不可替代的战略地位和优势,但其成长过程具有高度的不确定性和风险性,科技创业企业失败率较高,高风险性是其面临的首要问题。所以,政府科技政策支持对象应该选择初创期科技创业企业。

2. 依托政府资源,按照市场化规则运行

企业是科技创新活动的主体,高校和科研机构是重要的科技创新源,政府则是整个创新体系的引导者和服务者。创新不是单一环节能推动的,而

是各个环节共同作用的结果。创新体系的各个环节在运行中形成有机联系,促使技术不断演变、新生。如果各个环节在运行中产生某种不协调,就会影响创新的效率。从基础研究到市场化的过程中什么时候该管,什么时候不该管,取舍之间不太容易做得到,因此政府应该站在一个比较长远的立场去做一些持续时间长、打根基的事情,在科学与技术的研究方面做些打根基的事情,对政府是很合适的;而在具体投资项目选择上,政府应主动让贤,交给市场去做。依托强大的政府资源,完全按照市场化规则运行,根据政府科技管理的相关规定,依据投资对象、投资目的、外在环境制定规范的投资管理程序进行选项、投资、投资后管理和退出。

政府应着力为企业打造创新平台,优化创新环境。首先,在政策扶持、资金支持及税收政策方面,为中小企业提供宽松的环境,同时要成为企业、院校、科研机构及工业园区合作的中介和桥梁,为企业打造信息平台;其次,政府不可直接干预企业运作,最好把政策的执行交由专门的机构以市场的方式进行管理,避免外行管内行;再次,政府应该确立一种"有所为,有所不为"的观念,积极为企业创造创新的环境。

3. 应支持创新前期科技型企业发展

按照企业生命周期理论,企业的成长需要经历种子期、初创期、成长期、成熟期四个阶段。伴随着企业成长周期而发生的信息约束条件、企业规模以及资金需求的变化是影响企业融资结构变化的基本因素。越是处于早期成长阶段的企业,外部融资的约束越紧,融资渠道越狭窄,资金对企业发展的约束越强;越是处于生命周期后阶段的企业,外部融资的约束越小,融资渠道也越宽,企业可选择的融资工具会逐渐增多,资金的获取问题逐步退居为次要矛盾。

由于政府对处于创业早期阶段的科技企业投入的资金较为有限,信贷资金难以介入,风险投资"后期化",使处于种子期、初创期甚至成长初期的科技创业企业的融资问题难以解决。特别是很多从孵化器孵化出来的科技企业,虽然技术已基本成型,但由于产品的市场前景还不明确,企业盈利模式尚未建立,商业风险投资不愿意介入,银行的信贷难以支持,致使很多极具潜力的企业中途夭折。先进技术和科研成果由于缺乏资金支持无法转化应用产品的现实。因此,完善政府向科技中小企业创新前端环节前移的政策研究就具有更为突出的意义。

4. 政府投资应有偿使用，且不以营利为目的

科技型中小企业需要政府的财政扶持，而政府财政支持不外乎可归纳为直接的拨款资助、贷款担保、贷款贴息和权益投资等几种类型。直接拨款资助，是指政府通过所设立的一些专项资金中，以直接拨款的方式用于资助科技型中小企业的研发、创新活动的资助方式，其目的是鼓励创新，帮助解决企业在研发阶段所遇到的资金紧缺问题。直接财政拨款资助又可分为无偿资助和有偿资助两种方式。信用担保和贷款贴息则是政府为科技型中小企业创新融资提供支持的行为，旨在解决科技型中小企业融资难或融资成本高的问题。信用担保中，政府可以直接为企业提供贷款担保，或为贷款担保机构提供再担保，也可以为风险投资公司提供担保。本课题组认为政府资金对科技创业企业的投入应该倾向有偿使用，但不以营利为目的，不追求高额回报（或以保本微利为原则），并发挥对社会资金的引导作用。尤其是可以帮助初创期的企业度过融资难关，为创业板孵化和培育更多的上市资源，为国家未来经济发展造就更多的新兴企业，创造更多的就业机会和税收来源。

（二）政府科技支持政策的创新

1. 科技金融政策和制度创新

（1）科技金融机制创新与政策协调

科技创新所涉及的政策不是独立的，政策的制定和执行涉及不同的部门，科研需要跨部门合作，所以要加强交流沟通，协调好各部门之间的关系，才能达到政策优化整合的目的。建议设立一个专门的协调机构，促进跨部门合作。只有协调处理好科技创新政策之间的关系，做好政策的使用和配合使用，加强政策之间的协调，才能实现提高科技创新能力的目的，区域科技创新配套政策之间的协调配合。

① 宏观与微观的协调配合。一方面，做好科技创新配套政策和宏观科技政策的衔接、配套和支持工作；另一方面，制定具有苏州市特点的配套政策，作为国家宏观科技政策的补充和丰富。

② 科技创新政策之间的协调配合。科技创新政策涉及不同的领域和科技创面，比如，在科技投入方面，要综合运用财政投入、金融、税收和风险投资，保持政策之间的相互支持和促进的作用。

（2）强调集体决策，引入专家咨询和评审机制

强调集体决策机制，所有项目都必须经过专家评审。对通过专家评审

的项目才能给予支持。强调要建立项目跟踪考评制度,对于重大项目实施过程中要加强监督管理,出现问题要及时报告。

以科技型中小企业发展专项资金为例,由相关技术、管理、金融、投资等领域的相关专家,建立科技型中小企业发展专项资金专家库。负责对资助科技型中小企业发展专项资金项目进行评审,并提出立项建议。把专家库放在科技型中小企业服务网上,各功能区可以共享。

(3) 强调资金支持与引导和服务结合

提高科技型企业快速形成运用市场化资源能力是政府制定政策的基本依据。因此,政府不但强调资金支持,而且强调对科技型中小企业的引导和服务。目前苏州市已设立许多中小企业服务中心,下一步在于如何细化工作,如何更好地为科技型中小企业服务;另一方面,由于科技中小企业进入市场难,政府应在科技中小企业创业时简化手续降低门槛,让科技型中小企业轻松进入市场。

2. 针对企业的不同阶段,采取不同的支持政策

如果以"研发活动到生产经营活动"的线性模式划分,政府财政资助的形式取决于企业在不同阶段的市场失灵原因、程度和资金需求规模。在企业发展的不同阶段,企业遇到的主要问题大致也分为三类。

一是研发资金不足。在尚未形成产品原型的研究开发阶段,虽然企业资金需求规模并不大,但由于这一阶段技术风险和市场风险很高,企业很难从外部获得资金支持,特别是科技型中小企业。因此,政府应该直接资助企业研发。

二是缺少成果转化资金和早期生产阶段。在形成产品原型后,即进入R&D成果应用阶段。这一阶段技术风险已有所降低,但仍具有较高的市场风险,而且资金需求规模比研发阶段大。这一阶段也即风险投资中的种子期。研究成果转化后即进入早期生产阶段。这一阶段技术风险已基本消除,但由于市场不确定引发的市场风险仍然存在,资金需求量比成果转化阶段更大,即风险投资中企业的初创期。

种子期和初创期,是传统风险投资的主要投入阶段。这两个阶段由于资金需求大,而且已进入竞争阶段,政府通常不采取财政直接资助的方式,而是通过投资建立政府引导基金或参股风险投资机构等方式,鼓励早期阶段的风险投资投入企业。

三是缺少生产经营资金。渡过早期生产阶段,企业进入大规模生产阶

段,即对应风险投资的成长期和成熟期。这一阶段企业的市场风险进一步降低,是风险资本最热衷进入的阶段。政府应投资建立风险投资基金来鼓励风险资本市场的建立和发展。另外,中小企业由于信用不足,仍难以获得银行信贷,政府应提供信用担保,帮助相关企业。

3. 完善科技型中小企业创新前期支持政策

(1) 将初创期科技型中小企业纳入政府科研项目承担主体

在国家科技计划体系中,有多项支持科技发展的安排,是国家支持科技创新体系中较完整的体现方式,也是我国财政对科技投入的重要组成部分。但是其对资金的承担主体都有明确要求,中小企业特别是处于初创期的中小企业很难取得科技计划相关项目的支持。初创期科技型中小企业往往在某一技术应用领域具有理论上的相对优势,在关键技术、重大公益技术、新产品开发等方面有很大的潜力,在跨行业研发、产学研合作中可以弥补大项目的技术不足,却需要外部资金扶持。因此,在我国科技计划中应留出一定比例专门用于支持初创期科技型中小企业,或设立支持初创期科技型中小企业的专项引导资金。在政府经费有限的情况下,可以减少对其他生命周期企业的直接资助。缩小初创期企业的资金缺口。专项资助资金一方面可以用于提高对于单一企业的资助额度,有效地缓解初创期企业应对新技术转化的风险、新产品的市场风险以及企业的管理风险;另一方面可以用于培育更多的初创企业,让更多的科技型中小企业从中受益。

(2) 财政支出加强引导创业投资机构向创业企业前期投资

为培育和引导初创期企业的投融资市场,我国政府应进一步加大对创业风险投资向初创企业投资的引导力度。除加大创投引导基金的规模和支持力度外,在现有政策基础上,应积极探索财政对创业风险投资的直接支持方式。比如,对用于创业企业前端的风险投资,可以通过风险补偿基金或股权投资担保等方式降低投资风险。即应该建立一种风险分担机制,由财政、风险投资人、担保机构按比例承担风险投资损失。同时,应进一步加大对初创企业投资的税收优惠力度。

(3) 引导银行资金进入初创期科技型中小企业融资体系

针对科技型中小企业,应该采取允许银行用提取的呆账准备预核销的办法,以鼓励银行对高风险创业企业的贷款。同时,银行监管部门要落实上述政策中鼓励银行创新贷款和担保模式的尝试,支持初创期科技型中小企业的发展。

4. 完善科技创新税收激励政策

(1) 实现税收优惠方式的多样化

从苏州市来看,现行的税收方式过于单一,对于区域科技创新的长期刺激效果呈下降趋势,这将非常不利于经济的持续发展。借鉴发达国家的经验,结合苏州具体情况,可以向国家税务总局申请,采用试点运作渐进推广的方式逐步实现税收优惠方式的多样化。改变以往单纯的税额减免与低税率的优惠政策,增加发达国家普遍采用的加速折旧、投资抵免、技术开发基金等税基式优惠手段的运用。实现由直接的税率或税额优惠为主向间接的税基优惠为主转变。税收直接优惠方式包括税率式优惠与税额式优惠,主要是一种对赢利企业的事后利益让渡,不但易造成税源流失,而且也不利于从创立初期鼓励中小高新技术企业的发展。而税收间接优惠方式即税基式优惠,则侧重于税前优惠,主要表现对企业税基的减免。如 R&D 费用扣除、固定资产加速折旧、再投资税收减免、延期纳税等方面,对事前引导企业进行技术进步和科研开发的作用较好。做到税基减免、税额减免与优惠税率三种方式相互协调配合,使税收优惠遍及自主科技创新的研发、风险投资、设备更新、科技成果产业化等各个环节,促进科技创新的发展。

(2) 完善企业所得税

① 对于使用先进设备的企业以及为研究开发活动购置的设备或建筑物,实施加速折旧,并在正常折旧的基础上给予特别折旧,即在折旧资产使用的第一年允许按一定比例特别折旧扣除。

② 对从事科技开发的投资与再投资实行投资抵免政策,允许企业按研究开发费用的一定比例从应纳税额中抵缴所得税,提高企业从事技术开发的积极性。

③ 准许高新技术企业按照销售或营业收入的一定比例设立各种准备金,如风险准备金、技术开发准备金、新产品试制准备金以及亏损准备金等,用于研究开发、技术更新等方面,并将这些准备金在所得税前据实扣除。上述这些税收优惠措施均允许亏损或微利企业在规定年限内向前或向后结转,增强企业抵御风险的能力。

④ 健全关于鼓励风险投资的税收优惠政策。对风险投资基金投资符合产业政策的高新技术企业的项目收入,实行低税率;对参股风险投资公司所获得的利润,减征企业所得税;允许各类风险投资基金按投资风险比例提取风险准备金。

5. 完善科技金融政策

(1) 克服科技银行风险与其收益不匹配问题

商业银行适合发放贷款的对象是低风险与低收益组合的企业，但一般处于这一区间的企业相对资金较为充足，并不十分需要资金。而初创期高科技企业处于风险性极高而收益性极低的状态，又需要资金支持，商业银行对这一区间的高科技企业却几乎无法发放信贷。

因此，从商业理性看，目前的科技银行只可能给成长后期、成熟期的科技型企业放贷，但从设立初衷看，科技银行要起到扶持科技企业创业的作用。所以，目前的科技银行在运用中存在较为严重的风险收益不匹配问题。虽然政府提供了"风险池"来吸收一部分信贷风险，但有限的"风险池"规模必然无法在长期内支持科技型中小企业的资金需求。而按照现有《商业银行法》规定，即便是科技银行，也仍然不能进行股权投资及相关业务，银行贷款缺乏转化渠道，风险与其收益严重不匹配，一旦出现违约，只能进行清算，最终会形成银行和企业双输的局面。为此，苏州市需要探索出更为合理的科技银行风险分散和补偿机制，促进银行扩大放贷规模，真正满足科技型中小企业的融资需求。

(2) 充分利用担保和保险为科技银行分散风险

2008年开始，苏州市开展科技保险试点，探索科技与保险相结合的有效途径，施行"政府引导、市场化运作"的模式，以政府信用撬动商业信用，赋予科技保险"政府信用＋商业信用＋专业保险经纪服务"的创新特点。3年来，共为科技企业提供的风险保障累计支付赔款达3 000多万元。截至2011年10月底，园区已有23家担保机构入驻。这些担保机构为各类企业提供了广泛的信贷担保，但专门定向为科技银行服务的担保机构尚属少数。根据美国和日本的经验，为中小企业，尤其是初创期科技企业贷款的担保不能纯粹依靠市场自发进行，而需要政府的引导和支持。以日本为例，担保过程中，政府需要支出两部分资金，一部分是担保机构自身的资金，由地方政府和公共团体共同出资，这部分资金直接为创业期小微企业提供担保；另一部分资金则由中央政府提供，为担保机构提供再担保。

目前，交通银行苏州科技支行的科技贷款业务实质上依靠苏州工业园区政府当局提供的"风险池"来提供担保，这在可担保资金的数量上存在一定局限，可以考虑将"风险池"中的资金杠杆化，将它作为政府投入的初始担保资金，并吸引社会资本、民间资本共同投入，建立几家专门服务于科技银行的担保机构。这些机构的日常运营可以通过收取担保费来维持,资本只需要在必要时进行代位补偿即可。

由于目前我国全国范围内的中小企业担保机制尚未建立,所以无法依靠中央层面提供再担保的资金。苏州工业园区中小企业服务中心已设立了"苏州工业园区信用再担保基金",为担保机构提供再担保,在未来需要完善这一再担保基金的管理机制,制定适当的担保比例和费率,既要为担保机构提供合理信心和保障,又要防范担保机构的道德风险。同时,在适当的时候,应当向上争取更多的资金,尽量将再担保的资金来源上移。

此外,目前中新创投为园区"统贷平台"提供的连带担保,以及苏州工业园区中小企业创业担保有限公司为"统贷平台"提供的损失补偿资金管理业务,都具有一定的专门服务性质,但与现有的科技银行没有直接关系。在未来可以将这种担保公司与科技银行之间的合作关系巩固化、正式化。

(3) 与产权交易机构合作化解风险

目前苏州工业园区已有产权交易机构入驻。鉴于科技型企业在初创期和成长期固定资产较少,无形资产占比较大的特点,可以进行抵押品创新,集结投资专家、银行、技术专家、金融中介公司、担保公司等共同评审无形资产的技术、风险和效益,作为贷款抵押品,并通过产权交易机构,提高无形资产的流动性。

银行在向拥有知识产权的企业放贷之前,还可以与下家企业(拍卖公司或申贷企业的竞争对手)达成合作意向,并以与下家企业达成的价格意向作为参考发放贷款。申贷企业一旦无法偿贷,下家企业即可接手相关知识产权。期间若产生风险,银行和下家企业各承担50%。这一机制可使银行顺利变现,也增加了申贷企业的违约成本。

(4) 曲线实现债权和股权的转换

美国的硅谷银行是融产业与资本市场运作于一体的新型商业银行,拥有其信贷服务对象——未上市高科技企业的股权;但在我国商业银行现有经营法规体系下,商业银行是无法直接持有企业股权的,即便是针对科技企业开展业务的科技银行也不例外,这就给科技银行放贷的收益和风险补偿设置了上限,不利于银行扩大信贷规模和优化效益。

在这种背景下,科技银行只有通过曲线方式实现从债权到股权的近似转换。主要的方法包括两类,一是科技银行将需要放贷的资金批发给合作的创业投资公司,然后由创业投资公司进行投资,创投公司虽然投资风险较高,但一批投资目标中总能有一些高收益项目,可以用它们来偿还银行资金,而同时银行也就可以直接向创投公司要求较高的利率,而不必担心高利率给刚起步的科技企业带来太多压力。这种方法的缺点是,银行的收益仍然是债权收益,无法获得股权性质的收益。二是科技银行与担保机构合作,当科技企业出现违约时,就由担保机构获得科技企业股权,并代偿债务,然后如能获得股权溢价的话,再由担保机构和银行协商,返还部分盈利给银行。这种方法的缺点是,只有当企业出现违约时,债权才可能转换为股权,而此时的股权风险已经较大。上述两种方法都只是权宜之计,从根本上还是要设法争取某些针对科技银行的金融创新政策,但这已超出了本课题所分析与讨论的范畴。

六、苏州金融支持科技创新的状况与不足

(一)科技企业融资担保问题

科技企业的融资担保过程中,民营资本担保机构出于风险控制和盈利回报的考虑,担保条件比较高,部分科技型中小企业必须提供反担保或抵押,提高了融资担保门槛。苏州市虽然建立了"政府＋银行＋担保＋再担保"的科技贷款合作体系,健全了区级担保公司、市级担保公司、省再担保公司组成的多层次风险分担管控机制,但在操作过程中,各层次担保机构依然以市场化运作为主,未单独针对科技担保制定更加明确的扶持优惠政策。同时,目前由市再担保公司与各区政府背景担保公司组成的担保体系存在资产规模小、担保能力弱等问题,未能形成集团优势,担保总量和服务对象还有待扩大。

(二)科技企业无形资产价值评估问题

1. 无形资产评估成本较高

目前针对科技型企业的股权、专利权、商标权、著作权等无形资产的评估体系尚不健全,国内具有一定权威性的无形资产评估机构总部大多设在北京,苏州地区仅有极少数几家资产评估公司。同时,目前科技企业普遍的评估费用为贷款实际投放额的1.5%～1.8%,评估成本对于科技型企业相对较高。

2. 无形资产交易流转变现困难

由于无形资产技术专业性较强,对于时效性要求较高,导致了无形资产交易转让下家的受众面较小,一旦发生信贷风险,如果在较短时间内无法实现交易流转,可能会出现资产价值急剧下降的情况。

（三）银行科技信贷风险问题

1. 体制机制问题

在风险与收益匹配方面，根据目前交通银行苏州科技支行的运作模式，虽然该行已经探索多种途径来增加收益并降低风险，但按照现有《商业银行法》规定，该行仍然不能进行股权投资及相关业务，这就造成了该行贷款所承担的风险与其收益的严重不匹配状况。虽然政府采取"风险池"方式为其进行补偿，但从长期来看随着科技型中小企业资金需求量的增加，商业银行的贷款风险也会增大，资金"风险池"运作方式并不能解决根本问题。在贷款管理方面，目前商业银行对科技型中小企业的贷款管理仍然是粗放型管理模式，尚不能适应贷款风险防范。在科技型中小企业贷款奖励方面，目前商业银行还没有建立起对科技型企业贷款的奖励机制，因此，不能很好地激励商业银行支持科技型企业贷款的积极性。在与担保公司和保险公司的利益关系上，当商业银行对高科技企业贷款时，要求贷款企业找一家担保公司或保险公司，尽管这样可以减少银行的贷款风险，但中小科技企业由于实物资产少和经营风险大，会增加担保公司和保险公司的风险，一般很难找到担保公司或保险公司，由于银行和担保公司、保险公司之间潜在的利益冲突，造成科技企业要么贷不到款，要么贷款成本高。

2. 银行缺乏专业科技型人才

银行信贷营销人员与信贷审查人员主要为经济金融专业人才，缺乏既懂金融又懂科技型的高级专门人才，因此对科技创新的规律以及发展方向把握能力不强，对科技企业成长性和科技项目的前景认识不足，面对科技企业的融资需求，无法依据自身的知识储备与经验识别信贷风险，导致科技信贷依然注重抵押、质押、担保。

3. 银行与科技企业之间信息不对称

科技企业所从事的业务或开发的产品大多是现存市场中较少涉及的，商业银行也不具备深入各领域调研的能力，致使科技企业的经营状况和前景不能被商业银行所掌握，虽然部分银行引入了外部专家技术评审和鉴定机制，但银行仍难以完全把握其风险评价的有效性，导致银行在贷前贷后存在管理盲区。

（四）创业投资存在的问题

1. 风险投资领域过于集中

就风险投资领域来看，苏州产业结构转型是苏州金融创新的强大推动力。如2012年苏州工业园区对高科技企业给予大力资金支持,全年下拨科技发展资金四批,共计经费约4亿元,使科技资金更有效地发挥引导作用,吸引更多创新资源向园区集聚。但从投资项目分布中发现一些不足之处：投资项目主要集中在广义IT、生物医药及传统行业方面,而对集成电路、光电、通讯、动漫、精密机械、新材料等高新技术产业的投资相对较少;从项目阶段分布来看,其投资主要集中在初创期、成熟期和成长期,而在种子期和扩张期则较少。

2. 民间风险投资基金进入较少

调查表明,苏州沙湖股权投资中心中,民间资本构成的创业风险投资基金数量较少,这就会使投资偏离市场化运作。一方面,使政府投资承担巨大投资风险;另一方面,压制了民间风险投资的积极性,限制创业风险投资资金规模的扩大,对苏州高科技企业迅速产业化形成阻力。

3. 税收结构不够合理

与合伙制创投机构相比,公司制创投机构存在着企业所得税和自然人股东个人所得税双重缴纳的问题,两道税合计达到40%的税率,这无疑是比较重的。在委托(代理)投资退出时,创投企业缴纳25%的所得税后,委托(被代理)机构或个人还要缴纳所得税,这就造成了双重纳税、甚至多重纳税的问题。还有,初创期企业大多规模较小,创投机构溢价进入时,由于股东权益和股权结构的要求,往往小部分资金计入注册资本,大部分资金计入资本公积。而企业因开展业务合作、参加招投标、申请政策支持等,又需要将资本公积转增注册资本,以改变企业注册资本过小而影响形象的问题。但在资本公积转增注册资本时,就遇到了缴纳高额个人所得税的问题。而在早期企业创办过程中,创新创业团队一般个人资金都比较少,特别是一些核心成员,有的还是以专利技术等无形资产作价的,无法承担这么高的税负,这一问题的存在,无疑会打击创投机构对早期项目投资的积极性,不利于贯彻国家关于扶持科技创新的发展战略。

（五）财税体制问题

目前,苏州市金融企业的所得税全额上缴(国家60%,江苏省40%),金融企业的营业税也作为省级收入入库。这种财税体制,不利于调动地方发展金融产业的积极性,也抑制了地方加大金融投入和扶持的热情。在科技金融创新方面,省里没有相关财税优惠扶持政策,无法发挥税收对科技金融业务的调控和政策导向作用。此外,在实际操作中,不良贷款的核销不能全部确认,银行不能实现全部税前扣除,在一定程度上加重了银行的缴税负担;在各类创业投资机构中,创业投资出资人和管理人税负不均衡,也限制了有限合伙制度在创业投资业界的推广。

七、对策建议

根据本课题组对苏州科技金融发展中存在的不足与问题的分析提出以下对策建议。

(一)完善科技担保与风险补偿体系

由财政出资,成立政府主导的专业化科技担保公司,为科技企业提供担保。或者整合各层级科技担保与风险补偿资金,统一规章、统一使用,做大做强国资背景的科技担保机构,增强担保能力,提升风险补偿能力,完善科技担保与风险补偿体系,扩大科技企业贷款风险补偿基金的覆盖面,同时制定鼓励担保行业发展的优惠政策,推动各类融资担保机构对科技企业的支持,吸引更多银行参与"风险资金池+信贷+担保"的科技信贷服务体系。

(二)降低企业无形资产质押融资成本,完善产权交易市场

积极出台鼓励无形资产评估中介机构发展的政策,吸引国内外优秀评估、评级、会计、律师等中介机构落户苏州,为科技企业提供股权、知识产权等无形资产的登记、评估、交易、结算等中介服务,多渠道降低企业无形资产质押融资成本。同时依托苏州产权交易市场,重点开展技术产权交易市场建设,为非上市公司专利权等知识产权投资交易提供市场平台,促进知识产权转化交易,使产权交易市场在资产评估、资产转让和交易等方面的功能充分发挥。

(三)健全科技贷款风险识别体系,完善科技金融平台

1. 健全科技信贷风险识别体系

加强各金融机构科技信贷人员专业能力建设,结合苏州市科技产业发展特点,招募部分具有技术特长的信贷营销与管理人员,开展有针对性的培训学习活动,提升信贷人员信贷风险识别能力。同时银行可加大与高校、研究机构、专业中介机构的合作,借助外部专家评审委员会等智力支持模式,提升科技信贷风险识别评估能力,健全全面客观科学的科技信贷风险综合识别体系。

2. 推动科技金融机构积极开展跨业合作

鼓励银行机构、信托机构、保险公司、担保机构、创投机构等各类科技金

融组织开展互惠合作，有机整合贷款和投资等各类科技金融资源，开展信贷、投资、债券、信托、保险等工具相融合的一揽子金融服务，实现相互间的优势互补，推出符合科技中小企业不同发展阶段需求特点的金融服务方式。

3. 构建金融机构与科技企业的合作平台

深化政银企信息沟通和融资联动机制，构建金融机构与科技企业的合作平台。推动科技部门与金融部门加强信息共享，建立科技企业信息发布平台、科技金融产品信息库，做好各类型科技企业名录管理，跟踪科技企业经营发展状况，加强科技项目融资需求和金融产品服务的对接，方便银行等各类科技金融组织与科技企业主动进行双向选择，为科技成果的转化创造融资条件。借助"苏州自主创新广场"即将运营的契机，发挥涵盖网络、实体两大平台的"苏州市科技金融超市"的优势，通过超市整合管理部门、中介机构、金融机构、科技企业等要素以及其产品和服务，实现政策咨询、荟萃金融资源、实现便捷服务、降低交易成本的目标。

4. 完善科技企业信用体系建设

进一步完善科技企业信用体系建设，促进银行与科技企业信息对称。推动地方政府积极协调工商、税务、海关、法院等部门，方便金融部门及时查询了解企业注册登记、纳税、进出口、司法等非银行信用信息。同时，加快科技型企业信用档案建设，促进科技企业融资金融服务便利化，有效防范科技企业信贷风险。

（四）通过机制和制度创新支持创投业发展

1. 完善现代金融体系，形成创投业资金的良性循环

创投基金的显著特点就是投入实体经济，特别是一些国家重点扶持产业的科技型中小企业。因此，在健全现代金融体系中，要积极推进银行资金、保险资金、社保基金等有序进入创投业，在控制风险的前提下，通过市场化运作、专业化管理，以"股权＋债权"的形式支持实体经济发展，既为这类长线资金确立一个长期安全的投资方向，也使创投资金的来源更加稳定。为了鼓励创业投资投向初创期科技企业，应发挥政府创业投资引导基金的引导作用，并从税收优惠和大力发展天使投资等方面采取措施。

2. 完善多层次资本市场，进一步拓宽创投业退出渠道

目前，退出渠道不畅已经成为创投业发展的瓶颈制约。目前新三板的上市范围已经扩大到苏州，并且苏州企业在新三板上市公司增加迅速，但仍然无法满足苏州科技型中小企业的上市需求，因此应积极推动苏州股权交

易中心这一区域性市场的股权交易量增加。苏州产权交易中心要进一步提升服务水平、扩大辐射范围,加快形成长三角地区有影响力的区域性产权交易场所,为企业并购重组创造条件,也使其成为创投业资金退出的一条重要通道。

3. 完善工商财税政策,适应创投行业发展的实际情况

创投基金公司不同于工商实体企业,在组织构架、运作方式、机制体制等方面都有自己的特殊性,但现行的工商、财税管理政策都把它按一般工商实体企业对待,由此带来一系列亟须解决的问题。除了合伙制企业工商登记首期出资问题和合伙制企业自然人合伙人投资收益所得税税率问题之外,还有公司制创投企业自然人股东的双重纳税问题;公司制创投基金退出时的资本金分配问题;委托(代理)投资的重复纳税问题;投资的初创期企业在资本公积转增注册资本时要缴纳高额个人所得税的问题;关于享受创投优惠政策,必须符合"中小"和"高新技术企业"双重标准,条件过于苛刻的问题;关于业务招待费税前计列比例过低的问题;国有创投股权转让必须通过产交所挂牌,致使与原股东(管理层)签订的股权回购协议无法执行的问题;以及投资早期项目风险较大,盈亏不能相抵,能否参照担保企业提取风险准备金的问题;等等。这些政策问题如不妥善解决,将会影响创投业的健康发展。此外,我们还建议财税部门尽快研究鼓励个人"天使投资"的政策,鼓励高资产净值的人士进行天使投资。当然,要解决这些问题,权限大多不在地方,但希望市各有关部门能积极向上反映争取,同时在可能范围内,采取一些适当变通的办法。

(五)推动税负均衡化和合理化,发挥政府资金的引导和放大功能

一是建议江苏省应将金融机构的所得税和营业税收入与地方共享,实现"存量不变,增量共享",一方面调动地方发展金融产业的积极性,另一方面也有利于地方加大对金融业的可持续投入。二是建议税务部门应对银行坏账的核销给予扶持,实现在税前全额扣除,减少银行税收负担。三是建议江苏省应研究政策,促进各类创业投资机构中的出资人和管理人所得税税负均衡化和合理化,不断推动股权投资健康发展。

目前财政科技经费主要采取拨付给企业的形式,受益面小且放大效应不明显。建议将财政科技经费通过各级政府的相关科技创新平台,如科技投资、产业投资、创业投资等公司,采取"拨改投"、"拨改保"等方式,支持科技企业和项目,充分发挥政府资金的引导和放大功能。

CHAPTER 2

中篇 海外科技金融发展的借鉴与启示

第七章 发达国家中小企业政策性融资机制优劣比较与启示

■一、引言

许多国家都把中小企业政策性融资机制当成解决中小企业融资难问题的灵丹妙药,但比较分析美、法、德、英、日五国中小企业政策性融资机制后发现,其模式存在较大差异,并且对中小企业政策性融资所发挥的作用也大不相同。因此,深入研究这些发达国家在解决中小企业融资难问题中所采取的一系列政策性融资措施及其产生的问题,对构建适合我国国情的中小企业政策性融资机制具有重要借鉴意义。

■二、发达国家中小企业政策性融资机制基本状况比较

在发达国家中,对中小企业的定义各不相同,其中,美国和德国都将企业人数限定在500人以下,但美国只针对制造业,而对建筑业则主要以销售额来判断,一般销售额在2 850万美元以下的可称为中小企业,但德国是在全产业中企业职工数在500人以下且销售额在5 000万欧元以下的才算中小企业;法国和英国则都规定全产业中企业职工人数少于250人为中小企业。而日本中小企业定义为资本金3亿日元(零售及服务业5 000万日元、批发业1亿日元)以下,300人(零售业50人、批发业及服务业100人)以下。

从1999年至2003年期间的统计数据可以看出,欧美发达国家中小企业数和职工人数的比例都占绝大多数,其中,企业数达99.3%至99.8%,而美国、法国、德国、英国及日本的中小企业职工数则分别占48.4%(2001年)、60.2%(1999年)、70.2%(2003年)、57.4%(2003年)及99.7%(2001年)。

从政策性融资类型来看,美国一般不启动融资机制,而只有在发生灾害时才实施紧急融资;法国和德国分为直接融资和间接融资;英国没有政策

性融资;日本则采取融资与担保和保险相结合的做法。从信用补偿制度来看,美国、法国及英国都通过担保形式对中小企业融资进行金融支持;德国联邦政府和州政府只对担保银行的中小企业融资担保进行再担保;日本采取融资、担保及保险三者协调式融资对中小企业进行金融支持。在政策性融资特点上,美国是以联邦政府的间接融资为主导,州政府实施融资等金融支持,联邦和州政府对民间担保制度给予有力的支持,并且联邦政府的担保和州政府的融资和担保在各州都有不同规定;法国是以直接融资和担保两种形式对中小企业进行资金支持;德国是以联邦间接融资为主,州政府也采取融资等形式支持中小企业发展,同时联邦政府和州政府还通过完善民间担保制度来扩大中小企业融资空间;而英国的政策性融资形式为比较单一的担保形式。

从政策性融资占中小企业融资比例来看,除德国没有统计数据外,法国所占比例最高,2003年其融资和担保额占总融资流量的比例为16%～20%;其次是日本,为9.6%(2007年);第三是美国,2003年其担保额存量的比例为4.6%;而英国占比最少,2004年其担保额的比例仅为2%。

从政策性融资实施机构来看,美国和英国分别是小企业局(SBA)和小商务服务机构(SBS);而法国则是在中小企业开发银行(BDPME)下设立中小企业设备金库(CEPME)和中小企业融资担保公司(SOFARIS);德国则是由复兴信贷银行(KfW)和联邦及州政府共同协作实施融资业务;日本为中小企业金融公库和信用保证协会两个机构。

从监管机构来看,除美国没有监督机构外,法国由经济财政产业部(MINEFI)监督;德国由联邦财务部(BMF)和联邦经济劳动部(BMWA)共同监督;英国由贸易产业部(DTI)监督;而日本为金融厅。

从主要融资方式来看,美国和英国都只以担保形式为主要方式;法国以直接融资与担保融资结合方式;德国以间接融资与再担保结合方式;日本以融资、担保和保险结合方式。

从融资规模和企业数来看,美国的担保为125亿美元(2003年担保贷款额)、融资企业数为74 825家;法国的直接融资和担保分别为13.4亿欧元和40.0亿欧元,直接融资企业数不详,而担保企业数为58 800家;德国的间接融资和再担保分别为100.0亿欧元和6.2亿欧元,其中间接融资企业数和再担保企业数分别为46 000家和5 284家;英国的担保为4.1亿英镑,融资企业数为5 986家;日本的担保为75 000亿日元(2004年)和融资企业数为

4 382家。

从担保比率来看，美国为贷款额的75％和85％两个档次；法国的担保分为40％、50％及70％三个档次；德国的担保为50％～80％，再担保为60％；英国为贷款额的75％；日本为包括保险契约(补偿率)的70％、80％或90％。

从担保费率和担保手续费率来看，法国最低，分别为融资额的年率0.6％和融资额的年率0.66％；日本的担保费率为0.4％，其保险费(年率)为0.87％；德国的两者分别都为担保额的年率1％；英国担保费率为融资额的年率2.0％，而担保手续费率不详；美国的两者都为最高，其中担保费率为担保额的年率3.0％(融资额15万～70万美元)，担保手续费率为担保债务额的年率0.5％(如表1所示)。

表1：欧美中小企业政策性融资概况

表1 欧美中小企业政策性融资概况

	美国	法国	德国	英国	日本
中小企业的定义	500人（制造业）销售额2 850万美元（建筑业）以下	250人以下（全产业）	500人以下，销售额5000万欧元以下（全产业）	250人以下（全产业）	资本金3亿日元，300人以下。（注3）
中小企业数（%）	99.3%（2001年）	99.8%（2001年）	99.7%（2002年）	99.8%（2003年）	99.7%（2001年）
中小企业职工数（%）	48.4%（2001年）	60.2%（1999年）	70.2%（2003年）	57.4%（2003年）	70.2%
政策性融资类型	灾害融资	直接融资	间接融资	无融资	融资、担保及保险
信用补偿制度	担保	担保	再担保（对银行担保）	担保	信用补偿
政策性融资特点	联邦政府担保、州政府融资和担保，各州不同	以直接融资和担保支持	联邦政府间接融资、州政府融资及民间担保配合	单一	双层担保及保险结合
政策性融资占中小企业融资比例	4.6%（2003年，存量）	16%~20%（2003年，流量）	NA	2%以下（2004年，流量）	9.6%（2007年）注4
政策性融资实施机构	小企业局（SBA）	BDPME	KfW	小商业服务机构（SBS）	中小企业金融公库和信用保证协会
		CEPME / SOFARIS	联邦和州政府		
监管机构	无	经济财政产业部（MINEFI）	BMF	贸易产业部（DTI）	金融厅（FSA）
			BMWA		
主要融资方式	担保	直接融资	间接融资	担保	融资、担保及保险
		担保	再担保		

续表

	美国	法国	德国	英国	日本
融资规模	125亿美元（2003年担保贷款额）	13.4亿欧元	40.0亿欧元	100.0亿欧元	4.1亿英镑	75 000亿日元（2004年）
融资企业数（家）	74 825	NA	58 800	46 000	5 986	4 382
担保比率	贷款额的75%和85%	无	40%，50%，70%	无	贷款额的75%	包括保险契约（补偿率）70%，80%或90%
担保费用率	担保额的年率3.0%（融资额15万~70万美元）（注2）	融资额的年率0.6%（由利用担保企业负担）	担保额的年率1%（由担保利用企业负担）	担保50%~80%，再担保60%	融资额的年率2.0%（由担保利用企业负担）	担保费率0.4%
担保手续费率	担保债务额的0.5%	融资额的年率0.66%（由利用担保企业负担）	担保额的年率1%（由担保利用企业负担）		不详	保险费（年率）0.87%

注1：BDPME为中小企业开发银行，CEPME为中小企业设备金库，SOFARIS为中小企业融资担保公司，KfW为复兴金融公库，BMF为联邦财务部，BMWA为联邦经济劳动部。
注2：美国对于小额担保中低但保险费率规定（融资额15万美元以下为2%，而70万美元以上则为3.5%）。
手续费为担保债务额的年率0.5%，由金融机构征收（可向利用企业转嫁，但保费也相同）。
注3：日本中小企业定义为资本金3亿日元（零售及服务业5 000万日元，批发业1亿日元以下，300人（零售业50人，批发业及服务业100人）以下。
注4：三家中小企业政策性金融机构为9.6%，其中：中小公库2.6%，国民公库3.3%，商工中金3.7%。
资料来源：SBA,BDPME,KfW,SBS及日本中小企业金融公库 http://www.cig.jasme.go.jp/3-3.html。

三、发达国家中小企业政策性融资模式比较与效果分析

(一)美国中小企业政策性融资模式与效果

美国中小企业政策的相关法律是《中小企业法》,美国中小企业政策由小企业局(Small Business Administration, SBA)①担任,它是一独立政府机构。其目的是通过支援中小企业促进美国经济发展,除进行金融支持外,还通过提供多种信息等进行支援,其中最具代表性的支援对策是融资担保。SBA 以担保、州政府融资和担保等方式对各种中小企业进行金融支持。州政府同时委托非营利机构(NPO)代理融资业务,具体各机构之间的业务关系如图 1 所示。美国对中小企业政策性融资的模式是,联邦政府和州政府共

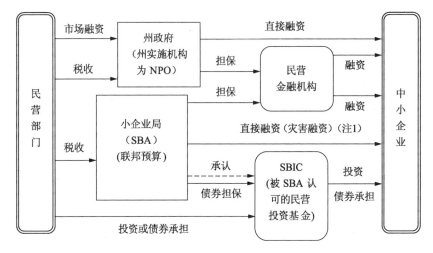

图 1 美国中小企业政策性融资模式

注1:SBA 的直接融资仅限定为灾害融资,也存在通过地方开发 NPO 实施间接融资。
资料来源:http://www.jasme.go.jp;http://www.treas.gov/offices/domce/等整理。

---

① 中小企业厅(Small Business Administration, SBA)的业务是融资、担保等金融业务、技术支援、提供信息及实施进修等。1953 年根据《中小企业法》设立的政府直属独立机构,其总部设在华盛顿,有 10 个地方机构和 70 个区域办事处(职员约 4 000 人),2004 年度其担保融资额为 125 亿美元,担保次数 74 825 次,其担保比例为融资额的 75%(融资额 15 万美元以下时其比例为 85%),担保费为担保额的 3.0%(融资额 15 万~70 万美元),其担保限额为 150 万美元(担保对象的融资金额限额为 200 万美元)。资料来源:SBA。

同对中小企业进行金融支持。联邦政府的金融支持是以为民营金融机构贷款担保为主,直接贷款只在发生灾害时进行。另一方面,州政府对中小企业的金融支持是通过融资中心、担保中心具体开展融资和担保业务,其融资方式多种多样。

SBA的业务是:第一,融资和担保等金融业务;第二,技术支援、提供信息及组织进修;第三,对中小企业经营环境进行调查;第四,支援对象为风险企业、创业企业及一般企业。

根据NFIB[①](2005年)关于美国SBA担保制度对中小企业政策性融资效果进行问卷调查表明,企业方普遍反映:第一,利用担保的代价过高。如表1注2所示,中小企业需要负担较高的保费和担保手续费,其担保利用成本是由担保费率乘以"担保融资总额"或"融资额中担保的部分",另外,有担保的融资中利率也有限制,因此不能单从费用上考虑,在欧美发达国家中美国SBA属于担保利用成本较高的。第二,担保和应征保证人的条件过严。担保要求必须由投资占企业资本20%以上的投资者作为担保人,这对中小企业来说比较困难。有人提出:即使这样苛刻条件下还必须利用SBA担保的企业多为风险较大的不良企业。因此,虽然美国建立起相对完备的中小企业政策性融资机制,但由于其在具体设计上存在着脱离实际美国中小企业经营现状的问题,所以,有必要予以进一步改进。

(二)法国中小企业政策性融资模式与效果

法国中小企业政策性融资可分为直接融资和担保两种方式,担当法国中小企业政策性融资的机构是中小企业开发银行(BDPME)。BDPME为股份有限公司,由其子公司中小企业设备金库(CEPME)进行直接融资,由其子公司中小企业融资担保公司(SOFARIS)负责担保职能(如图2所示)。当中小企业向CEPME和民营金融机构提出融资申请时,因其融资风险较大,民营金融机构不愿单独融资,民营金融机构承担部分融资需要,其他剩余资金需求由CEPME进行协调融资,协调融资的目标比率为融资总额的50%。并且,SOFARIS的担保按民营金融机构融资额的40%~70%为标准进行部分担保,因此,协调融资和部分担保的模式为法国中小企业政策性融资的特色。

---

① National Federation of Independent Business 全美国范围的中小企业协会。

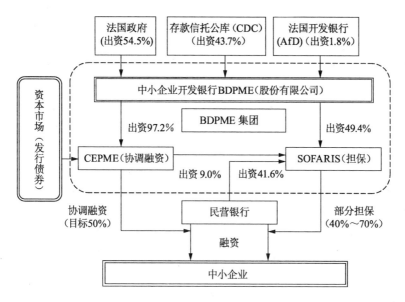

图 2　法国 BDPME 集团融资模式

资料来源：根据 BDPME Annual Report（2003）等整理。

法国中小企业政策性融资为直接融资和担保相互配合的模式，其形成的原因与其经济发展历史背景有关。首先，法国从第二次世界大战后至1985年金融自由化期间，截至20世纪70年代法国政府对发展前景不佳的中小企业金融支持曾采取消极的态度，没有将金融支持的重点放在中小企业上，而是放在大企业上。1973年石油危机使经营上缺乏灵活性的大企业陷入困境，而中小企业的灵活经营有力地带动了就业和消费，这使政府将金融支持的重点转向中小企业。但由于20世纪80年代法国中小企业融资多为超过其负担能力的高利贷，中小企业的中长期资金需求并不能很好解决，因此，1980年法国政府设立了CEPME对中小企业进行直接融资，1982年设立了为创新企业担保的中小企业融资担保公司（SOFARIS）。

其次，1985年金融自由化至1996年期间设立了BDPME，金融自由化使政府放松了对民营金融机构中长期融资的管制，CEPME的经营环境也发生了巨大变化，主要靠发行债券为资金来源的CEPME与吸收低息存款的民营金融机构形成业务竞争，又因20世纪90年代经济萧条，中小企业经营业绩下降等原因使CEPME一度出现亏损。并使以创新企业为主要担保对象的SOFARIS经营风险也明显上升。

其三,1996年设立BDPME后,通过探讨中小企业金融支持问题,1996年法国设立了股份有限公司形式的BDPME,并且其下设立CEPME和SOFARIS两个机构,BDPME对信用程度较低的企业融资时与民营金融机构共同承担风险,并与民营金融机构协调进行直接融资,并完善中小企业融资与担保机构相结合的信用补偿机制。CEPME被合并后通过业务改革提高业务效率。SOFARIS主要从事小额融资担保,其结果使担保融资额和担保企业数都有大幅度增加。

根据2005年法国中小企业联合会(CGPME)对法国监管机构、民营金融机构、中小企业及其协会等就CEPME的直接融资和SOFARIS的担保效果进行问卷调查表明,普遍认为CEPME对融资风险的分析能力高,协调融资对民营金融机构的支持发挥了抛砖引玉的效果,SOFARIS的担保起到了分散小企业融资风险的作用,法国现行中小企业政策性融资机制与民营金融机构形成了协作关系。

(三)德国中小企业政策性融资模式与效果

德国中小企业政策性融资主要是由复兴信贷银行(KfW)通过民营金融机构等(主银行)对中小企业进行政策性融资(如图3①所示)。间接融资是主银行从KfW等政策性金融机构借入资金加上手续费对中小企业进行贷款支持的模式。通常中小企业总是向其开户金融机构申请融资。政策性金融机构并不对主银行实行一揽子融资,而是在主银行审查和协助下对中小企业的借款申请实行逐笔审查和融资。如在KfW融资程序中中小企业发生倒闭时,除东德地区创业支持项目例外,KfW所承担风险比例原则上为0。虽然KfW的金融支持规模不到10%,而联邦政府和州政府对担保银行①(民营担保公司)所实施的中小企业融资担保为部分再担保(如图3②所示)。且各州政府根据其地区中小企业金融支持政策,由其州属政策性金融机构(州立投资银行等)实施包括直接融资在内的各种金融支持。但其对中小企业金融支持方式因州而异(如图3③所示),或是直接融资,或是间接融资。

---

① 担保银行是根据德国《信用制度法》成立的有限责任公司。投资方为手工业协会、工业、商业及服务业的或个体经营者联盟、各金融机构(储蓄银行、协同合作银行及商业银行)的上级部门、包括保险公司等非银行金融机构等构成。

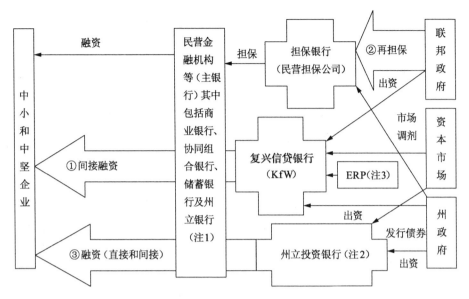

图 3　德国中小企业政策性融资模式

注 1：州立银行为各州（公营）储蓄银行的中央金融机构，作为各州的主银行担任区域财政业务，储蓄银行和州立银行在国内和国际市场与民营银行一样开展业务和服务，因此这里不包括在政策金融内。

注 2：州立投资银行也可能是州立银行的子银行。

注 3：ERP 为欧洲复兴计划特殊资产。

资料来源：根据 KfW 官方网站等资料制作。

德国对中小企业政策性融资主要通过政策性金融机构实施间接融资为主，其背景与德国社会经济发展历史状况有关。1948 年德国设立 KfW 是由于战后经济复兴期出现巨额资金缺口问题，并需要政府进行金融支持。设立 KfW 时曾有过设立实施直接融资型政策性金融机构的议论，但由于以下两个原因促成其采用了现行间接融资模式。其一，德国具有诸多金融机构网点。1840—1860 年德国产业革命时期创设了公营储蓄银行和民营协同合作银行等多种金融机构，因此，在设立 KfW 时已存在足够数量的金融机构网点。这些金融机构成为既办理储蓄和贷款业务又办理证券等业务的全能银行，并根据客户需求提供多种金融服务。通过对居民、地方企业及团体办理储蓄、销售证券及住房贷款等业务形成了较完善的审查机制和客户信用征信体系，充分利用这些金融机构的资源可更加有效地为中小企业提供金融支持。其二，ERP（马歇尔计划）财产安全运用的必要性。由于对设立政策性金融机构资金来源的 ERP(马歇尔计划)财产安全运用的需要,政策性金融机构对高风险的中小企业直接融资采取回避措施。

根据2005年德国联邦经济劳动部就 KfW 的间接融资效果对监管部门、金融机构、中小企业及中小企业协会的问卷调查,从中小企业经营者那里获得以下意见:今后在进行设备投资时想能够利用长期、低利率和稳定的金融商品;想从政策性金融机构得到直接金融支持;企业方需要直接与 KfW 工作人员接触;由于 KfW 的间接融资是通过主银行进行的,中小企业经营者不能与 KfW 工作人员接触;利用间接融资有可能左右中介机构主银行的意向。这些意见表明虽然德国的政策性融资模式在资金安全上得到一定的保证,但还有待进一步改进,以满足中小企业的融资需要。

(四)英国中小企业政策性融资模式与效果

英国政府通过担保制度对中小企业进行政策性金融支持,其实施机构为贸易产业部监督下的小商务服务(Small Business Service,简称 SBS)机构,该制度的正式名称为小规模企业融资担保制度(Small Firms Loan Guarantee Scheme,简称 SFLGS)(如图4所示)。英国的中小企业政策性融资只有融资担保形式,且其担保制度在欧美发达国家中最为简单,其规模也非常

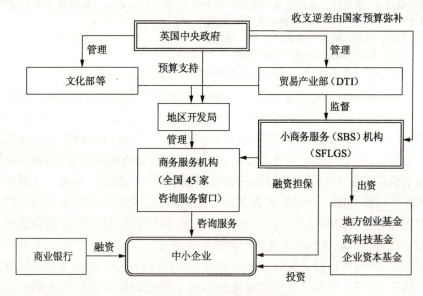

图4 英国中小企业政策性融资模式

资料来源:根据 DTI "BUSINESS SUPPORT SOLUTIONS"(2004)制作。

有限。英国的中小企业融资难问题早在1931年麦克米兰①委员会报告中提出过,但其并没有创设其他欧洲发达国家那样的政府型金融机构及在欧洲大陆流行的中小企业间互助担保制度。虽该委员会委员也多次提出过中小企业融资问题,但该委员会并没有采取任何应对措施。

改变以重视市场机制作用、排除政府干预政策的起因是英国出现被称为"英国病"的长期经济萧条。1972年撒切尔政府正式启动担保制度,1981年创设小规模企业担保制度。SAS认为英国中小企业中大多数不存在融资难问题。2003年SBS对英国中小企业实施调查的结果,每年希望从外部融资的企业数仅占17%,其中融资困难的企业为25%,也就是说,英国中小企业中只有不足5%的企业面临融资难问题。但创业期间的企业中有30%的企业希望得到外部资金支持,其中40%的企业难以得到融资的问题值得重视。与欧美其他发达国家比较,英国明显对中小企业政策性融资实行抑制政策。

英国对中小企业政策性融资是在贸易产业部(DTI)监督下的小商务服务(SBS)机构进行一元化管理,DTI所实施的企业支持制度是对中小企业进行金融支持,除补助金外只有小规模企业融资担保制度。2004年后SBS除通过小规模企业融资担保制度(SFLGS)对中小企业实施金融支持外,还通过对地方创业基金、高科技基金及企业资本基金出资方式,向不能通过发行股票形式筹集资金的中小企业所需成长资本提供资金支持。2005年英国SBS为改善中小企业融资环境,开始对中小企业经营计划和投资内容等向金融机构提供的资料进行咨询服务,并专门在全国设立了45家商务服务机构窗口提供服务,商务服务机构窗口由DTI、文化部等机构下设的地区开发局统一管理,并由中央财政预算进行资金支持,成为代替中央政府职能的地区行政机构。地区开发厅根据各地区实际情况独立开展业务,今后考虑使SBS具有联系中央政府和地方开发局的中介作用。

2005年根据英国商工金融会社(ICFC)对金融机构、中小企业及中小企业协会的问卷调查表明,英国政府的SBS虽然对民营金融机构贷款进行担保,但普遍反映英国与欧美其他发达国家比较对中小企业政策性融资的历史较短,实际对中小企业进行政策性融资的力度小,支持中小企业的业绩也

---

① 麦克米兰(Harwin McMillan):1894—1986年,英国政治家,1957年任首相,1963年因交涉加入西欧共同体失败而辞职。

较少。

（五）日本中小企业信用补偿制度的运行机制

日本中小企业信用补偿制度是中小企业从金融机构借款时对借入债权进行担保,对担保能力和信用程度不足的中小企业进行资金融通的制度。它由信用保证制度和信用保险制度两部分组成。其中,信用保证制度是当中小企业从金融机构融资时,由信用保证协会①作为公共保证人,使中小企业能够顺利融资的制度。其运作机制是先由中小企业向金融机构提出借款申请,再由信用保证协会对提出申请融资的中小企业进行信用调查,经审查信用保证协会同意保证时,向金融机构签发《信用保证书》,然后金融机构根据《信用保证书》对中小企业融资,此时,中小企业将约定的保险费通过金融机构支付给信用保证协会。中小企业根据借款协议按期向金融机构还款。如中小企业因故无法归还银行贷款时,信用保证协会替借款中小企业代位清偿银行本息。信用保证协会成为中小企业未偿还贷款的债权人,由中小企业改向信用保证协会偿还其被代位清偿的债务。

为了补偿信用保证业务中存在的风险,以充分发挥信用保证制度的作用,信用保证协会承诺保证,中小企业从金融机构融资后,其保证承诺被中小企业金融公库②对信用保证实施再保险的制度称为信用保险制度。信用保险制度是以政府全额出资的中小企业金融公库和信用保证协会为基础的制度。由中小企业信用公库和信用保证协会之间签署信用保险契约,根据保险契约中小企业信用公库对信用保险协会的保证进行再保险。信用保证协会从中小企业接受信用保证费再支付给中小企业信用公库。当信用保证协会对金融机构代位清偿后向中小企业信用公库申请保险费。中小企业金融公库根据信用保险种类,向信用保证协会代位清偿本金70%或80%的保险金。信用保证协会从中小企业金融公库得到保险费,并负责从中小企业收回债权,根据从代位清偿的中小企业收回资金和保险费的比例支付给中

---

① 1937年（昭和12年）由东京府、市、工商团体、金融机构等出资成立日本最初的信用保证协会,简称保证协会。资料来源:日本内阁府《信用補完制度のあり方に関する検討小委員会とりまとめ(案)》。

② 中小企业金融公库为1953年8月（昭和28年8月）根据日本中小企业金融公库法设立的政府全额出资的政府金融机构,现在日本中小企业金融公库通过融资、证券化支持、信用保险三种业务与区域金融机构协作,为中小企业政策性融资发挥重要作用,为区域中小企业和区域振兴做出了贡献。资料来源:《中小企業金融公庫 ディスクロージャー誌》2004年4期 P.5. http://www.jasme.go.jp/jpn/summary/disclosure/disclosure.html。

小企业金融公库(如图5所示)。

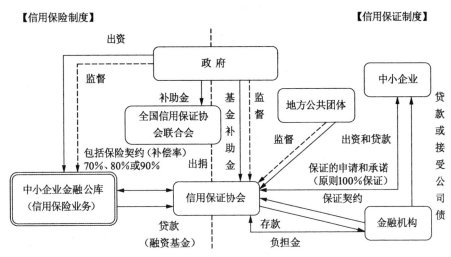

图5 日本中小企业信用补偿制度模式

资料来源：中小企业金融公库。http://www.cig.jasme.go.jp/3-3.html。

这样,信用保证制度在民营金融机构向中小企业融资时,通过作为政府机构的保证协会的保证承担民营金融机构的风险,对中小企业提供金融支持;而信用保险则通过补偿保证额70%~80%的风险,来分散保证协会的风险,支持信用保证制度能够稳定运行。

2004年日本金融机构对中小企业贷款余额约为260兆日元,保证债务余额约为30兆日元。从流量来看每年约15兆日元的保证承诺,从利用率来看占企业数的40%,从金额上看占12%。

日本的保证协会和金融机构为适当分担责任,采用金融机构也进行债权管理的部分保证制度(由金融机构按融资额的一定比例分担债务损失)。但是单纯实施部分保证的扩大使金融机构增加了债权管理的成本,金融机构从管理上和费用上都需要一定的付出。中小企业应对金融机构公开自己的经营状况,并与金融机构协商,从金融机构得到帮助。在部分保证制度中金融机构代位清偿后拥有对非保证部分的债权。

2007年10月日本担保制度进行改革实行《责任共担制度》,对中小企业的融资由信用保证协会和金融机构相互协作共同承担责任。根据该制度,原信用保证协会保证的贷款无法收回时由信用保证协会承担100%的损失,但根据《责任共担制度》则金融机构负担20%的损失,而信用保证协会负担

80%的损失。责任共担的方式有"部分保证方式"和"负担金方式"两种供金融机构选择。

2002年日本信用保险费收支出现了信用保险制度设立以来严重的亏损,这是由于日本金融体系不稳定时所采取的临时性措施,实施金融安定化特别担保等后所造成的结果。信用保险制度为中小企业调剂资金和防止企业倒闭及通过扩大被担保企业增加就业等为日本经济发展做出一定贡献。2006年信用保险收支中虽然保险费支出有所减少,但由于信用保证协会的回收资金业绩下降,与2005年比较其亏损额有所增加。今后为使担保收支好转,需要信用保证协会修改担保措施,增加回收金额,与相关机构紧密联系,充分利用CRD数据[①]和信用保险承担风险模型进行分析,从而使信用补偿制度正常运行。

四、扬长避短构建我国中小企业政策性融资机制

通过对发达五国中小企业政策性融资机制进行比较分析,我们认为,由于中小企业的自有资本量少、风险程度高、信用程度低及中长期融资困难等特点,各国政府为扩大国内就业和拉动内需都积极地对中小企业进行政策性资金支持是非常正确的。由于各国对中小企业政策性融资的担保和融资方式不同,因而产生出多种融资运行机制并得到不同的运行效果。这告诉我们,只有政策符合实际情况才能有效。发达国家中小企业政策性融资模式中有许多经验值得借鉴。其中,法国BDPME将民营金融机构融资担保(部分担保)和直接融资(协调融资)相结合,起到支持民营银行对中小企业融资的抛砖引玉作用,并受到中小企业的好评。德国联邦政府和州政府除为民营担保银行对中小企业实施融资担保进行再担保外,州政府还提供包括直接融资在内的各种金融支持。美国联邦政府和各州共同进行金融支持的同时,联邦政府通过小企业局(SBA)对民营金融机构和非银行金融机构实施贷款担保。各地州政府提供各种信息和政策服务,同时提供多种融资和担保。英国政府机构SBS除通过小规模企业融资担保制度(SFLGS)对中小企业提供实施金融支持外,还通过对地方创业基金、高科技基金及企业资本

[①] 中小企业信用风险信息数据库 Credit risk Database 简称 CRD,为日本国内中小企业数据库,2006年末CRD所收集并建立了债务人数超过(法人和个体业者)217万家,超过日本国内中小企业半数的数据库。资料来源:http://www.crd-office.net/CRD/topics/index_CRDkenkyu.html。

基金出资方式,对不能通过发行股票形式筹集资金的中小企业提供成长资本进行资金支持。虽然发达国家都相继组建了各自的融资机制,也在一定程度上发挥了作用,但其中小企业政策性融资中仍然存在许多问题。如美国 SBA 的担保条件过严,手续繁杂,使民营金融机构利用率极低;德国间接融资中民营金融机构经济效益不佳的中小企业的贷款控制较严;等等。

根据有关方面的调查,我国某些发达地区中小企业发展规模已经超过外资企业[1],因此,如何对我国中小企业进行金融支持将成为是否能够促进我国经济可持续增长的重要课题之一。因此,构建我国中小企业政策性融资机制和融资模式意义重大。

本章在研究发达国家中小企业政策性融资模式的基础上,设计出适合我国国情的中小企业融资模式,如图 6 所示。为解决我国中小企业融资难问题提出以下几点建议。

第一,建立有关中小企业政策性融资的一系列相关法律和法规制度,以明确在中小企业融资过程中所涉及的各金融、担保、保险机构之间的责权利关系。我们可以借鉴发达国家的相关法律制度,并参考这些国家在中小企业融资中存在的法律问题以及其改革的进程,结合我国的实际情况,建立和健全适合我国国情的《中小企业融资、担保及保险法》,以保证我国中小企业融资的顺利进行。

第二,明确我国中小企业的主要融资通道,建立能促进中小企业融资的专门政策性金融机构或创新机制。我们认为,我国四大国有商业银行及各股份制商业银行应成为我国中小企业融资的主力。由于这些机构所吸收的存款占绝大比例,而长期以来由于中小企业的高风险性和没有政策性金融机构的配合,使得这些金融机构对中小企业存在"惜贷"的状况。虽然我国的国家开发银行也开展中小企业融资业务,但其金融支持的重点是为国家基础设施、基础产业和支柱产业("两基一支")提供长期资金支持,引导社会资金投向,缓解经济发展瓶颈制约。另一方面,无论是从人力和资金力上来说,都无法满足我国将来中小企业发展所需资金需要。因此,需要尽快组建中小企业政策性金融机构或创新机制,其资金来源方式可有国家开发银行投资和指导、地方政府投资和监督并利用资本市场融资相结合组建(参考图6)。

---

[1] 陈希等.是自我意识的消弭,还是自我实现的觉醒?——"新苏州模式"下民营经济发展状况调研.《南风窗》中国调研,2007 年 11 月 5 日. http://news.sohu.com/20071105/n253065214.shtml.

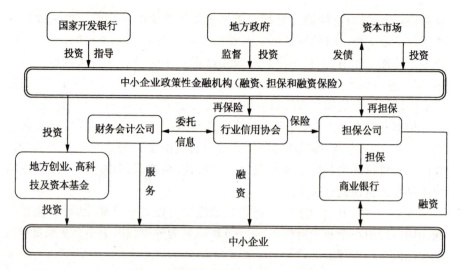

图 6　中国的中小企业政策性融资模式

资料来源：参考发达国家中小企业政策性融资模式及我国现状设计。

第三，建立风险预警和风险防范机制，最大限度降低风险，以保证中小企业政策性金融机构资金能够正常周转。可吸取德国的经验，一方面，地方政府加大对担保公司的投入，中央政府应对担保公司进行再担保，以提高担保公司在融资担保中的积极性；另一方面，中小企业政策性金融机构可以在资本市场上发行股票，既扩大了资金来源，又分散了风险，又能加大对中小企业进行间接融资的力度。同时，地方政府加大对专业投资银行的支持，并通过专业投资银行用直接和间接融资方式支持中小企业的发展。

第四，根据区域特点，构建适合地区性发展的中小企业政策性融资机构或创新机制。由于我国幅员辽阔，存在地区经济的差异性，因此，应构建适合地区性中小企业政策性融资机构。可借鉴和吸取美国各州根据不同情况安排中小企业政策性融资的经验，组建两级中小企业政策性融资机制。我国与美国都是幅员辽阔的国家，各地区有其不同的特点，因此，应组建以中央政府为核心，地方政府有相对独立对中小企业政策性融资的灵活性。因发达地区财政收入较高，中央政府可只做政策性指导和咨询，由各级政府自主建立中小企业政策性融资机构；而对那些不发达地区则由中央政府财政预算设立中小企业政策性融资专项基金，以加大对不发达地区中小企业发展的支持力度。

第五，建立政策性融资、担保及保险与利用资本市场和各种基金相结合的方式对中小企业进行金融支持。可吸取法国对中小企业政策性融资中,政府对中小企业政策性融资采取直接融资与担保相结合的方式。我国中小企业多,资金缺口大,如完全靠对民营金融机构融资进行担保的形式,由于中小企业风险较大,会对银行经营造成困难。因此,可以适当对中小企业开放发行证券市场融资,并使政策性融资机构与担保机构和商业银行相互配合,以实现协调性融资。同时吸取英国的经验,政府设立专门为中小企业服务的咨询窗口,采取资产证券化等方式搞活风险分散和资金周转。同时政府部门对地方创业基金、高科技基金及企业资本基金等风险基金加大出资力度,鼓励这些基金对中小企业发展进行金融支持。以构建和完善我国全方位、多层次、高协调性的中小企业政策性融资机制。

第八章 日本高校科技企业初创期的支援机制及启示

■ 一、引言

1998年日本高校技术转移(TLO)法实施以后,其高校设立科技企业数量迅速增加,2001年日本经济产业省宣布在2004年末日本高等教育机构要设立1 000家科技企业的"平沼计划"[①]后,在其政府部门、地方自治体、产业界和高校等高等教育机构推动下,2006年末高校等所设立的科技企业就已接近1 600家,远远超过了原计划。这些科技企业将其知识产权产业化后对日本产业结构转型升级发挥了积极的推动作用,但这些科技企业成长中也面临着需要得到资金融通、人才保障、市场开拓等诸多困境。

2006年3月日本制定了从2006年至2008年《第三期科学技术基础计划》,并提出"创造人类智慧"、"开发国力资源"和"保障健康安全"的三理念,政府在研发投资计划中对第一期投入17兆日元、第二期投入24兆日元、第三期投入25兆日元。根据日本总务省《2006年科学技术研究调查报告》,2006年日本所投入研究费总额为17兆8 452亿日元,从研究主体看,企业等占71.4%、非营利团体和公共机构占9.5%、高校等占19.1%。但从企业研究开发投资的类型来看,基础研究占6.3%、应用研究占19.6%、开发研究占74.1%,这些研究的四分之三处于可预期市场前景的开发研究阶段。因此,需要发挥高校等高等教育机构在基础研究和应用研究方面的作用。在国家创新体系中高校不仅发挥着教育和研究的作用,在为社会进步贡献方面也越来越发挥着重要的作用。在国际竞争日益激烈的背景下,开放式创新模式对高校等研究机构的开发知识产权活动产生重要影响。

---

① 平沼赳夫,「新市場・雇用創出に向けた重点プラン」,平成13年5月経済産業省,平成13年5月31日。

二、日本高校科技企业的发展状况

（一）高校科技企业的发展趋势

日本高校科技企业数如图1所示，截至1994年之前，日本高校科技企业累计47家，从1995年至1998年日本高校科技企业的数量增加幅度较小，从1998年《高校等技术转移(TLO)法》实施后日本高校设立的科技企业大幅度增加，在2001年日本政府公布了《高校科技企业1000家计划》(截至2004年高校科技企业1000家)后日本高校科技企业大幅度上升，据文部省调查，2006年末高校科技企业总数为1697家。而从各年度高校科技企业数来看，从1995年的9家到2004年增加至252家，这一时期处于上升阶段；从2005年以后转变为下降阶段，从2005年的252家到2010年下降至47家。日本高校科技企业设立数量下降的原因与其经济萧条、资金调剂困难、市场开拓困难、成功率低、创业风险大、高校和政府支持力度不足、教员教学和研究任务繁重等因素有关。根据日本科学技术政策研究所的调查显示，2007年日本高校科技企业中通过IPO上市企业有18家[①]，但其高校科技企业的大多数则在基础研究与市场开拓阶段就陷入清盘、倒闭、解散局面，即使没有停止，其经营业绩也处于下降趋势。

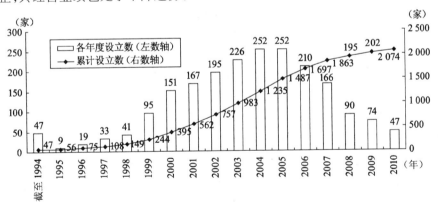

图1 日本高校科技企业各年度设立数和累计数的变化

资料来源：文部科学省科学技术政策研究所，第3調查研究グループ「No.189 高校等におけるベンチャーの設立状况と産学連携・ベンチャー活動に関する意識」，2010.09。http://www.nistep.go.jp/annual_rep/periodical02.html。

---

① 科学技術政策研究所「平成19年度大学等発ベンチャー一次調查結果」。

(二)日本高校科技企业的特征

日本高校所设立的风险企业是以高校研究和技术产权为基础,将其创新技术和知识产权商品化或产业化,从而最大限度地发挥科研成果的社会效益,促进新兴产业发展和产业结构转型,因此,日本文部科学省和经济产业省对高校科技企业给予积极的政府支持。

1. 高校科技企业的市场定位

高校科技企业的产品的技术优势有利于开拓新市场,据日本中小企业厅《中小企业白皮书(2005年版)》对日本高校科技企业与一般中小企业目标市场的调查分析发现,有36.4%高校科技企业开拓了新市场,而一般中小企业中仅占9.9%;有34.2%的高校科技企业处于市场成长和扩张阶段,而一般中小企业中则占27.3%;产品刚被市场接受的高校科技企业占17.9%,而一般中小企业则占34.5%;已处于稳定市场阶段的高校科技企业占9.4%,而一般中小企业则占24.1%;处于衰退市场阶段的高校科技企业占2.2%,而一般中小企业则占4.1%。

2. 高校科技企业产业领域及占比

据日本文部科学省资料显示,日本高校科技企业所开展的产业有八个领域,其中包括生命科学占27.7%、信息通讯占25.3%、环境保护占7.1%、纳米技术和材料占6.2%、能源占2.2%、设备制造占10.0%、社会基础设施占2.4%、科技新领域占0.8%和其他方面占18.2%。

3. 高校科技企业的发展阶段及分布

据日本经济产业省资料显示,2005年日本高校处于研究开发阶段的科技企业为151家,处于事业扩张阶段的为157家,在研究开发阶段的企业中处于研发初期阶段的为11家(占总数的3.6%),处于研发中途阶段的为62家(占总数的20.1%),处于完成产品试制或产品推销阶段的为52家,处于商品化阶段的为26家(占总数的8.4%),在业务扩张开发阶段的企业中处于产品销售阶段且出现亏损的为70家(占总数的22.7%),处于产品销售阶段并出现累积损失的为29家(占总数的9.4%),处于销售阶段并无累积损失的为58家(占总数的18.8%)。

(三)日本高校科技企业中存在的问题

日本高校科技企业在从初创期至成长期面临着许多问题,高校科技企业由教员或学生进行创业和经营,他们对自己的研究领域非常熟悉,但对于如何经营好企业没有经验,因此,在经营过程中遇到筹集资金或开拓市场等困难时就难以应对。

1. 筹集资金问题

日本高校科技企业的筹集资金问题是风险投资基金(VC)的投资职能强化问题,其中包括种子期至成长期阶段的投资,这些高校科技企业是以科研成果产业化为目标的。以生物技术公司为例,需要巨额研究开发资金,因此这一时期高校科技企业资金周转最为困难(参考图2)。这些企业的研究开发资金的一部分由国家或高校等研究机构资助,因此研究开发资金承担着较大的风险,不适合作为融资对象,这一阶段的科技企业需要风险投资基金投资。从日本高校风险企业设立时的资本结构来看,风险基金投资比率只有2%左右,投资者几乎多为个人和高校教员。而2004年美国所设立的高校风险企业中创办人、朋友和家人投资比率较高,VC投资为20%左右,且天使基金市场的投资的比率也与VC基本相同。日本高校科技企业在设立初期阶段的产业化风险较大,这一阶段能够为这些科技企业投资的VC也非常少,因而对高校科技企业在种子期阶段的投资额较少。

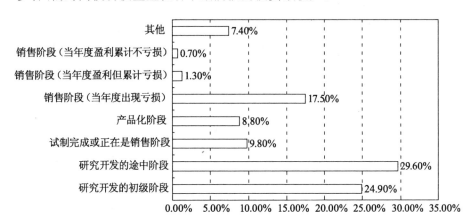

图2 日本高校科技企业筹集资金困难时期的企业比率

注:日本株式会社价值综合研究所在2005年度对297家高校风险企业实施的调查结果。

资料来源:株式会社価値総合研究所「高校発ベンチャーの初期条件(環境)の向上策」報告書,平成19年9月。

2. 市场开拓问题

高校科技企业与一般中小企业在市场开拓方面有较大差异,据日本文部科学省调查显示,在研究开发方面与其他企业实施非同质性竞争的比率达41.9%,目标市场为新开拓市场的中小企业占9.9%,高校科技企业则占36.4%(参见图3)。高校科技企业的产品和服务在开拓新市场上存在许多困难,因此,需要国家和地方政府通过公共购买方式给予支持。在研究开发阶段利用专家对市场进行调查后发现,在研究开发阶段的初期实施企业中有60.9%的企业通过文献检索或进行问卷调查,委托外部咨询机构等专家的企业仅占20.9%。高校科技企业在将主要产品和服务上市前,以技术路径对产品的适用性进行确认的企业仅有26.4%。高校科技企业在开拓市场中约有67.7%的企业是依靠人际关系,而利用VC、金融机构和商社等专业机构的非常少。在高校科技企业设立初期多数企业还没有将主要产品和服务推向市场,构建研究开发与市场之间连接点十分重要。高校科技企业的核心竞争力是研究开发,并将基础研究推向应用研究,并需要利用外部专家实施市场调查。在研究开发到产品试制和生产过程也需要构建与中小企业等外部资源的联系与合作。

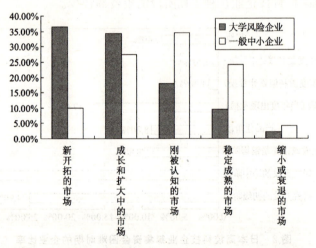

图3 日本高校风险企业与一般中小企业的目标市场差异

注:日本株式会社价值综合研究所在2005年度对319家高校风险企业实施的调查结果。

资料来源:株式会社価値総合研究所「高校発ベンチャーの初期条件(環境)の向上策」報告書,平成19年9月。

3. 确保和培育人才问题

日本高校科技企业在成长阶段需要确保大量人才,其中包括经营型人才、研究开发型人才和营销人才。并需要经营性人才与研究开发型人才之间能够相互协调合作。调查显示,日本高校科技企业的经营者中,高校教员占 38.0％、高校生和研究生占 10.6％、高校教员亲属等占 9.5％、专业经营者以外的占 50％以上,而经营专家所占比例为 27.4％。从高校科技企业设立开始就会发生人才交替现象,其交替比例为 24.0％,其半数以上是交替为经营专家,经营者交替时期有三分之一的企业处于研究开发阶段,这一时期资金周转最为困难也是更换经营者的主要原因之一。在经营者任用中有 47.4％的人选与产权人有密切关系。为了确保研究开发型人才,无论是在研究或营销方面也可以充分发挥博士后和研究生的优势。在高校科技企业设立阶段最大的课题就是人力资源管理和匹配。首先需要高校教员改变理念和意识。经营型人才需要具备策划经营计划、懂得财务知识等多种能力,需要构建培养人才、选拔人才和使用人才的有效制度(参见图 4)。

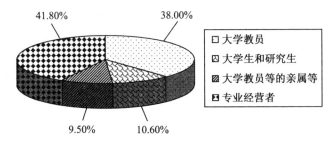

图 4　日本高校风险企业的经营者比例

注：日本株式会社价值综合研究所在 2005 年度对 263 家高校风险企业实施的调查结果。

资料来源：株式会社価値綜合研究所「高校発ベンチャーの初期条件(環境)の向上策」報告書,平成 19 年 9 月。

三、高校科技企业支援机制

高校科技企业因经营失败或经营困难而倒闭的企业很多,这就需要对高校科技企业给予多方支持。目前日本的国立高校中有 60％以上设立了创业指导中心,但因高校中创业服务中心工作人员数量有限无法很好地开展工作,因此,需要对创业支援体制、职能等现状、问题和环境的变化进行深入探讨。

(一)高校创业活动的现状

1. 创业教育

2002年日本高校等对于创业者教育机构中已经有205所高校509个专业在实施,据日本文部科学省对186所机构的调查显示,有112所(占60.2%)实施了创业教育。从日本全国的发展趋势来看,高校中的学院或研究生院作为选修或必修课程中设置与创业相关课程的机构有68个(占36.6%),MOT(Management of Technology)课程的一部分设置的有27个机构(14.5%)。设置独立课程的有10个机构(5.4%),这些高校中还有设置相当数量与创业相关课程。

2. 创业教育的教学内容

日本的高校里有关创业教育方面的课程有《企业经营》《知识产权及其应用战略》《科技企业概论》和《市场营销的必要性及方法》等,在对80多所高校进行调查中,有四成以上的高校对这些内容实施教学,许多高校对创业所需的基础知识编入教学计划。并且,对于相关实习和创业经验交流也非常重视。有三成左右的高校还开设了《事业计划模拟练习》《市场机制相关知识》《事业业绩分析方法》《税务、劳务和法律相关知识》《资金调剂相关知识》等课程。

3. 教学任课者的专业素质

2007年9月日本文部科学省对186所高校进行的调查显示①,其中有84所高校中由经济学或经营学专业老师担任教师,占整个调查高校的近50%;有75所高校聘任具有创业经验的实业家授课,占全部调查高校的40.3%;有69所高校安排理工科教师教学,占总调查高校的37.1%;有99所高校安排中文理教师共同担任创业教育的教师,占总调查高校的53.2%;只聘任高校教师以外的人员实施教学的高校有11所,占调查高校总数的5.9%。

(二)创业支援制度

1. 创业支援体制

日本高校在产学研合作和创业支援组织体制上有多种形式,在调查的186所高校中,由产学研合作和知识产权管理部门人员兼职担任创业支援工

---

① 株式会社日本インテリジェントトラスト,「大学等における起業活動の総合的推進方策に関する調査・研究(起業活動調査)」報告書,平成19年9月。P.21。

作的高校有83所,占比为44.6%;为创业支援单独设立部门的高校有26所,占比为14.0%;设立30家科技企业以上的高校有16所,其中有13所高校为设立独立支援部门,占比为81.3%。

2. 创业支援内容

日本高校对创业支援最多的内容为创业咨询服务,调查中有128所高校设立专门的创业咨询窗口,并实施创业咨询服务,其占全部调查高校的68.8%,实施知识产权相关支援的高校有128所,占比为68%;此外,实施资金支持的高校有84所,占比为45.5%。从支援的具体内容来看,实施"一般咨询应对和指导"和"专利等申请支援和指导"的高校有107所,占比为57.5%;发挥中介职能与外部机构取得联系的高校有69所,占比为37.1%。日本高校在推动创业活动中重视不断地挖掘创业种子,采取"听取教师意见"的高校有68所,占比为37%;"委托专业学院"的高校有5所,占比为2.7%。在日本高校实施资金支援中,"为创业者筹集资金并介绍销售渠道"的高校有26所,占比为14%;"向融资机构介绍科技企业"的高校有22所,占比为11.8%;"对资金筹集方法进行指导"的高校有21所,占比为11.3%;与风险基金联系并获得投资的高校有13所,占比为7.0%;向科技企业出资的高校有11所,占比为5.9%。在其他支援内容中,"放宽教师兼职条件"的高校有39所,占比为21.0%;由外部导师指导创业的高校有11所,占比为5.9%。

3. 创业支援担当者的数量与结构

日本文部科学省的调查显示,日本高校担任创业支援工作的人员数量最少为1人,最多为36人。创业支援部门的人员结构分为三类,第一,内部人才型(教师和教辅人员);第二,外部主导型(只有外部人才);第三,合作型(教师和教辅人员及外部人才)。最多见的为合作型的高校,有45所,占比为45.5%;其次为内部人才型的高校,有37所,占比为37.4%;再次为外部人才实施创业支援的高校,有14所,占比为14.1%。

(三)高校等的创业活动与区域经济协调发展

高校科技企业通过相关产业创新可以创造出更多的附加价值,因此,高校科技企业与区域经济发展紧密联系就可为区域经济发展做出贡献。日本高校在支援创业活动中与各种机构的具体合作内容如表1所示。

表1:
日本高校在支援创业活动中与各种机构合作内容

	创业教育	创业支援
区域内其他高校	联合举办的创业计划大赛;共同举办创业研讨会。	联合研讨会;支持创业种子项目产业化;创业咨询;构建可共享的数据库;专有技术交流。
支持区域产业机构	联合举办创业计划大赛、演讲和审查;共同举办研讨会;创业合作服务。	孵化器管理人员的咨询和接待;孵化器设施租赁与信息共享;联合举办或后援召开研讨会;科技企业管理和公关支持;业务规划指导和资金来源介绍;资助、补助或援助。
区域金融机构	联合主办的座谈会和研讨会;共同举办和审查创业计划大赛;作为创业相关学科讲师;创业演讲会;资金调剂咨询。	创业计划大赛赞助商;设立风险投资基金;科技企业的投融资制度;创业研讨会讲师;召开金融信息简报会;资金来源的介绍和咨询;指导创业规划;参与业务交流会;包括签协议等创业支持。
区域经济和产业团体	接受和帮助实习;参加研讨会和研究会;共同主办的创业计划大赛;创业相关学科的培训师。	业务合作伙伴(如目标市场);共同运营商业计划评价会;科技企业的支持和公关;开设产学研咨询窗口;开设捐赠讲座。
政府(市、镇、村)	接受和帮助实习;共同举办研讨会、专题讨论会和讲座;参与和赞助举办创业计划大赛;演讲讲师。	向孵化器派遣管理者;孵化器设施的设置和租赁;共同主办研讨会和座谈会;开设外部孵化器设施的产学研窗口;学生创业者实施补贴;派遣产学研协作人员;资金支持,对商业计划评估;提供赠款或补贴金。
政府(首都、直辖市和县)	接受和帮助实习;参加或资助研讨会、座谈会;共同评估商业计划;创业相关学科和培训师;协助开设相关讲座。	对租借孵化器设施者补助;联合举办商业计划大赛;开设外部孵化器设施窗口;赞助研讨会和座谈会;项目评估和实际支持方案;贷款和补贴。

资料来源:株式会社日本インテリジェントトラスト,「高校等における起業活動の総合的推進方策に関する調査・研究(起業活動調査)」報告書,平成19年9月。

（四）日本高校创业活动的现状和存在的问题

从创业教育、创业支持和与区域相关机构合作三方面分析,日本高校创业活动的现状和存在的问题如表2所示。

表2：日本高校在创业教育、创业支援和区域创业支援活动的概况

	现 状	存在的主要问题
创业教育	多所高校已安排创业课程为选修或必修课程；以创业相关基础知识为核心进行学习；由教师为中心设置课程；外部人才作为讲师；可扩大学生视野和提高学生素质。	与实际创业活动联系的实践内容的讲义和练习较少；与长期支援部门的联系较少；利用外部人才作为讲师较多，但有限制和较单调；各高校自主实施，与其他高校或区域合作较少。
创业支援	多数高校的产学研合作和知识产权部门互相兼职；创业咨询和知识产权支援中心；外部人才利用较少，今后有待增加；为社会发展服务提出对策。	支援部门的定位不明确；支援对象和支援阶段不明确；支援人员不足；支援活动的财源不足；与创业教育部门的合作较少；与外部人才和企业合作不足；支援活动效果评价基准和制度不完善。
区域创业支援活动	与其他高校和产业支援机构的合作仅限于创业计划大赛；区域产业支援机构和金融机构的合作较多。	高校与区域其他机构合作的重要性没有充分被认识；对创业计划的实施阶段的合作很少。

资料来源：株式会社日本インテリジェントトラスト，「高校等における起業活動の総合的な推進方策に関する調査・研究（起業活動調査）」報告書，平成19年9月。

从以上对日本高校在创业活动的现状和存在的问题进行分析，可得出以下启示。

1. 应明确高校创业活动的定位和目的

目前，虽然日本各高校都在推动创业活动，但这些高校在经营战略定位和目的及成果和目标上没有明确的定位。应该在有限的人员和资金投入状况下继续推动大学生创业活动的开展，为了取得好的成果需要对创业活动的目的、意义和目标进一步明确化，并加强与高校外部机构的密切合作。在推动创业活动的同时，不仅要重视对知识产权的有效利用，也要将创业活动与学生今后的发展前途联系起来，加强对学生将来发展规划和支援措施。

2. 应将创业支援活动与创业教育相结合

从日本高校的创业教育来看，对基础知识的课程安排已经较为完备，但与实际创业活动紧密联系的实践知识的获得和实际经验积累服务的相关课程安排很少。这样就使得学生很难实现从学习到实践的跨越。因此，今后应在创业教育方面明确目标，在创业教育课程中尽量地请那些已有创业成功经验的校外专家讲授自己创业的经验，充实教学内容，唤起学生创业的兴趣。将创业教育与创业支援联系起来。

3. 创业教育目标应为培养具备综合能力的人才

创业教育应培养学生成为具有挑战精神、分析能力、沟通能力和数据分析和管理能力等综合能力的人才。无论今后是否创业,大学生在进入社会之前需要培养这些能力。日本高校在这方面进行了一系列尝试,聘任对创业教育事业有经验的教师通过开设创业相关课程,帮助学生进行创业活动。由于创业教育教学中需要将经营和财务等相关课程与技术竞争力和知识产权相关等课程相结合,因此需要交叉学科学习。

4. 创业支持计划与教学内容形成联动关系

对创业有兴趣的学生开设具有创业实践意义的课程,同时还应注意将基础课程与创业计划、创业计划大赛和实际创业准备等形成一套教学体系。并与区域内相关机构合作,帮助高校应届毕业生创业实践。其中高校教师和应届毕业生一起就某个专题进行探讨。如资金调剂计划和创业实施计划等,请具有实际创业经验的企业家和金融机构工作人员来讲授更加实用的知识。

5. 与其他高校合作共同设置和共同进行创业教育

在实施创业教育的过程中,容易发生人员和资金不足问题,各所高校在不同领域都有其擅长的专业和学科,如经营理论、市场营销和知识产权战略等。因此,各高校应该通过合作整合资源,和其他高校一起举办创业计划大赛和研讨会等活动,这样可以取长补短,发挥各自的长处。

6. 构建多层次支援创业活动的机制

由于高校所拥有的人才和资金是有限的,因此,个别高校在实施创业支援中也会遇到各种困难。如果能够将多所高校的人才和资金及支援诀窍等充分整合起来,共同构建和运营就会大大提高对创业支援的效率,这样也可以加强高校内部教师与教育及学生与学生之间横向联系,促进创业活动的发展。已有丰富社会经验的历届毕业生也可以成为创业教育和创业支援的有生力量,并且可以克服单方面为应届毕业生进行创业中实际经验不足的问题。充分发挥区域的有效资源,对高校创业活动给予有力支持。通过构建高校 VC 的方式对初创期高校科技企业给予有力的资金支持,并引导社会资金支持高校科技企业的发展。不仅要对高校科技企业进行投资,对那些处于基础研究阶段向应用研究和开发阶段的项目提供资金帮助,财源可从共同研究和委托研究收入中取得。充分利用风险投资基金对高校科技企业股票上市和企业知识产权等转让活动给予支持。

第九章 日本研究开发投资现状分析及启示

■ 一、引言：技术进步的重要性

全要素生产率上升是独立于资本投入和劳动投入增加以外的生产率上升。其基本要素是通过研究开发投资等带来的技术进步。[①] 随着经济全球化的到来,东南亚各国竞争力提高,日本为保持其经济大国的地位,通过技术革新提高生产率。但随着日本社会少子化和高龄化日益严重,劳动力和资本方面受到一定的限制,因此,对日本来说通过促进技术革新来维持中长期经济增长非常重要。

但根据经济合作与发展组织(OECD)的分析表明,日本的研究开发投资并未与提高全要素生产率有效结合。观察 OECD 各国的研究开发投资比率(研究开发投资支出/GDP)与全要素生产率的关系(20 世纪 80 年代平均向 90 年代平均变化),一般来说研究开发投资比率增长率高则国家全要素生产率也高。但 20 世纪 80 年代到 90 年代期间虽然日本的研究开发投资比率比较高,但全要素生产率增长率反而有所下降,在趋势线下方且偏离较远(参考图 1)。这表明日本的研究开发投资的增长率与生产效率提高联系并不紧密。[②]

2004 年在 11 个主要国家和区域中日本的研发资金投入排名第四,仅次于美国[见图 1(1)]。日本研发投入的显著特点是"人多钱多",但 2000 年后中国的研究人员超过了日本[见图 1(2)]。根据日本文部科学省所公布的 2008 年版《科学技术白皮书》表明,根据购买力平价计算,各国的研究费投入

---

① 带来全要素生产率的上升的因素有企业经营效率、资源分配效率、人力资源利用效率等。

② 全要素生产效率增长率是附加价值总额增加中,劳动和资本等生产要素投入量增加也包含不能解释的残差部分,这样的结果不能完全归结为技术革新问题。并且,时点的选择还应注意经济周期的影响。

中美国为42.8兆日元,居第一位,其次EU-27国组织为31.1兆日元、EU-15国组织为30.2兆日元、日本18.5兆日元、中国17.9兆日元、德国8.3兆日元,

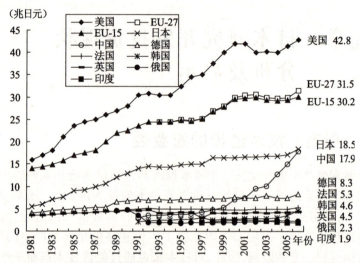

图1 (1) 主要国家的研发资金投入的变化(以购买力平价计算)

资料来源:日本文部科学省《科学技术白皮书》2008年版。

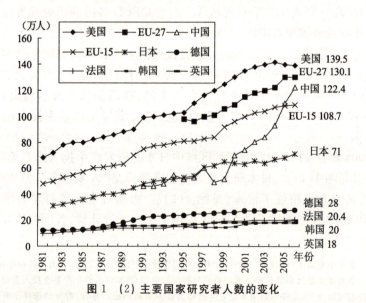

图1 (2) 主要国家研究者人数的变化

资料来源:日本文部科学省《科学技术白皮书》2008年版。

法国、英国及韩国的规模基本相同。观察其变化,美国和 EU-27 国组织有明显的增长趋势,日本虽有增长趋势但不及欧美,值得关注的是,2006 年中国的研究费投入已经接近日本。日本在"科技立国"政策背景下政府投入增加。科研经费投入加大带来了科研成果的增加。另外,根据 OECD 的数据,我们绘制了各主要国家研发投资比率和全要素生产率的关系图(见图 2),根据图 2 显示研发投资比率和全要素生产率提高无关。所以,究竟是什么原因导致日本研发投入高而产出低呢?这是我们需要探究的问题。

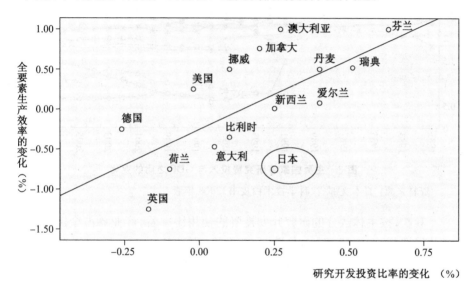

图 2　日本研发投资比率和全要素生产效率的关系

资料来源:OECD the New Economy:Beyond the Hype。
备注:研发投资比例＝研发投资/GDP。

二、日本研究开发投资的现状

由于受"泡沫经济"的影响,日本企业的研究开发投资在 1992 年至 1994 年度期间曾连续 3 年减少,1998 和 1999 两个年度也出现负增长。在经过两年的低迷徘徊之后,日本大企业的研究开发投资在 2000 年度出现增长势头,总金额达到 79 746 亿日元(约合 728 亿美元),比上一年度增加了 2.9%。日本研究开发投资的特征是:(1) 规模比较大;(2) 以民营企业为中心;(3) 以应用和开发研究为中心。

首先,根据日本总务省《科学技术研究调查报告》和日本文部科学省《科学技术白皮书》的统计,2000 年度日本的研究开发费支出中,名义总额为 16 兆 2 893 亿日元,其结果研究开发支出与 GDP 的比率从 1990 年度的 2.3% 上升到 2006 年度的 3.61%,在发达国家中为最高(参考图 3)。

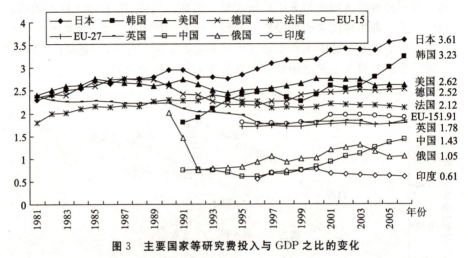

图 3 主要国家等研究费投入与 GDP 之比的变化

资料来源：日本文部省《科学技术白皮书》2008 年版。

其次,按主体区分的研究开发投资的使用比率看,产业界占全国总体研究开发费支出的 66.7%,大学占 19.7%,政府占 9.3%,民间研究机构占 4.3%。并且,政府负担了全国研究开发费的 21.7%,其比率与其他主要发达国家比较还是比较低的水平。① 另外,其具体由国营和公营的研究机构、进行前沿和基础研究开发的特殊法人研究机构及国立和公立大学等公共组织内部使用,对于公司等产业界研究协作与主要发达国家比较少。

按产业的支出状况看,日本的电器机械工业、化学工业、运输机械工业中研究开发费较大,仅这三个行业占全部支出的 64.4%。另外,其研究开发费与销售收入的比率是,电器机械为 5.65%,精密机械为 6.34%,机械工业和化学为 5.36%,软件开发为 5.79%。

一般来说,研究开发投资分为:(1) 基础研究;(2) 应用研究;(3) 开发研究。2000 年度日本企业研究开发投资中,基础研究为 5.8%,应用研究为

---

① 其他发达国家研究开发费用里还包括国防研究开发费用。冷战结束后其他发达国家政府负担比率有减少倾向。近年来日本的科学技术关系经费比其他预算费高,因此,研究开发费与 GDP 之比有上升趋势。

21.3%,开发研究为 73.0%,可以看出其应用和开发研究所占比率较高,而基础研究所占比率较小。由此可以看出,日本忽视对基础研究的投入,而向应用和开发研究倾斜。

日本企业在许多领域的风险承受能力较弱,但例外的是在研究开发投资方面,日本在主要发达国家中其研究开发投入与 GDP 之比是最高的(参见图3);并且,其多数企业承担着应用研究和开发研究。日本在研究开发费用上有以下特点:

第一,增加研究开发费与基础研究比率上升。

研究开发促使产品和服务商品化的过程中,其投资①的回收可能性较小,是典型的风险承受型。日本的研究开发从早期开始就是由企业负担,其结构现在仍未改变。并且,观察日本企业研究开发费用的变化,2001 年以后在不断增加。这在国际技术开发竞争日益激烈、产品和技术周期缩短、企业收益改善的背景下,无疑对企业造成了很大的压力。尤其值得注意的是,将企业研究开发划分为基础研究、应用研究和开发研究后,日本企业基础研究的比率在大幅度上升。基础研究虽然具有高风险性,而一旦成功又会给生产带来划时代革新,从国际上来看对基础研究投入的水平还比较低,而日本企业对基础研究的比率较高,这一点是值得肯定的。

第二,机构投资者持股比率越大则研究开发费越高。

通过对研究开发投入积极的日本企业特征中的风险承受行为、企业公司治理及债权人等因素进行分析,发现其研究开发费用与机构投资者的持股比率呈正相关,与借入比率呈负相关。据 2008 年日本内阁府从问卷调查进行的实证分析结果表明,研究开发费用较多的企业中机构投资者持股比率较高,而借入比率较低。这是因为机构投资者(概括外国人和信托银行)通过承担较大的风险来获取更大的回报,也成为日本企业高风险研究开发投入增加的重要原因之一。而机构投资者也对这些研究开发企业进行投资后使这些企业的基础研究开发能力迅速提高,并且使在新领域技术开发重要的企业中机构投资者的比率上升。

三、日本研究开发中存在的问题

20 世纪 90 年代后,日本的研究开发投资与生产率提高之间相关性较弱

---

① 企业的研究开发费用按费用项目划分工资最高,约占总费用的 40%。

的原因主要是受到了泡沫经济破灭后不良债权问题的影响,使其经济长期处于低迷状态,因此不能完全归结为研究开发的问题。日本在研究开发中支出较大,而所取得成果的质量水平较低的问题比较突出。具体来说:(1)论文的引用度低;(2)专利被利用度和知识的集约度低;(3)国际技术转让贸易虽然为顺差,而在具有战略意义的领域则为逆差。

（一）研究开发投资较大而成果质量水平较低

如果代表研究开发成果水平的论文质量很高,则其被引用次数就一定会增多。根据美国的 SCI(Science Citation Index:科学技术文献数据库)资料,1994—1999 年 6 年期间 SCI 数据库按国别收录论文中,美国为最多,其次为日本,但表示论文质量水平的相对引用度一直为国际平均水平 1 次以下,其他主要发达国家的数值有上升趋势,但日本的数值则停滞不前。按研究领域划分来看,所有学科都在 1 以下,特别是 IT 技术和与其关系密切的《计算机科学》为 0.39 这样低的数值。而 1998 年至 2009 年日本发表过的论文被引用度从 0.89 上升至 1.02,第一次超过世界平均水平 1(参见图 4)。

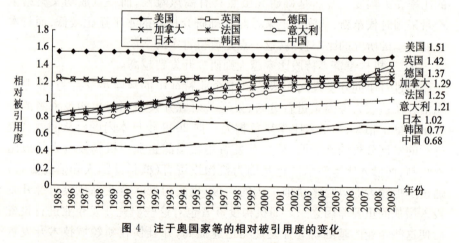

图 4　注于奥国家等的相对被引用度的变化

资料来源:日本文部科学省《科学技术白皮书》2008 年版。

（二）专利市场的市场占有率较高但有下降趋势

根据美国专利相关数据,20 世纪 90 年代初以后随着亚洲各国所占份额的上升,日本所占份额虽有下降趋势,但仅次于美国排名第二位。在美国专利中日本的相对被利用度(与论文的相对被引用度的计算方法相同)有所上升,并在 2001 年超过了国际平均水平 1,但整个 90 年代在国际平均水平 1

以下。按国别表示专利与科学论文的相关性程度(即专利的知识集约程度)科学链接次数①观察,日本在5个主要发达国家(日本、美国、英国、德国及法国)中是排名最低的,并且与其他国家的差距不断拉大。按研究领域划分,特别是生物工程相关领域等与其他主要发达国家比较其科学链接次数偏低。

如图5所示,在申请专利的许多国家里,企业等研究开发活动十分活跃。并且,从外国申请专利件数较多的国家来看,由于这些外国企业也在积极地取得专利,因此这些申请企业等与日本企业之间成为专利市场竞争对象。1995年以后与各国申请专利的数量比较,日本为40万件左右,成为世界最大的专利获得国之一。2006年各国申报数量中,美国为第一,为42.6万件;日本名列第二,为40.9万件;2005年中国为17.3万件;2006年韩国为16.1万件、欧洲为13.5万件。

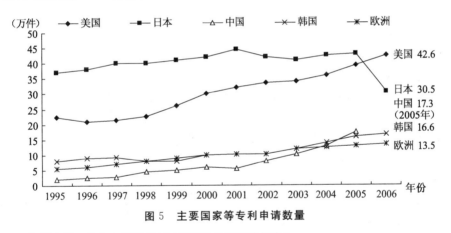

图5 主要国家等专利申请数量

资料来源:日本内阁府2008年《年次经济财政报告》。

从2000年的增长率来看,美国增幅为44%,中国增幅为257%,韩国增幅为163%,中国和韩国增幅十分明显。并且,从各国申请专利的结构来看,日本与欧美比较其外国人申请和PCT国际专利申请件数有下降迹象。

(三)高科技产业附加价值收益的国际市场份额及贸易收支比下降

根据日本总务省《科学技术研究调查报告》分析,日本在国际技术转让

---

① 科学连接(Science linkage)是指平均每项美国专利的科学论文引用次数。

贸易(专利权和实用新方案权等国际技术转让贸易)中,20世纪90年代以来技术出口额显著增加,1993年度以后为出口顺差①。以主要行业的技术贸易收支比(出口额/进口额)看,其数值是以汽车工业为中心逐年上升,而与IT产业相关的(通讯、电子及电器计测产品工业)和非制造业依然为1以下。特别是在对美贸易中,汽车等成熟产业为顺差,而通讯、电子、电器计测及软件开发等尖端技术领域为逆差。

高科技产业发展的研究开发中需要很多投资,其产品生产也需要高度的技术力量支撑,因此,各国利用科学技术来提高产业竞争力就必须加大高科技产业投入。根据 NSF 科学工学指标 2008 年版(National Science and Engineering Indicators 2008)的统计表明,1986 年至 2005 年世界高科技产业收益 1.1 兆美元上升到 3.5 兆美元,20 年间年平均增长率为 6%,为其他制造业增长率的 2 倍以上,占整个制造业市场份额的 10% 至 18%。

从主要高科技产业发展国收益占国际市场份额来看,2005 年美国在高科技产业附加价值收益的国际市场份额为第一位、占 35%,日本为第二位、占 16.2%;而这是日本从 1991 年的最高点 29.4% 大幅度下降的结果,与中国第三位 16.0% 仅差了 0.1%(参见图 6(1))。比较日本各高科技产业领域的变化可以发现,日本在 5 个领域中有 4 个领域的国际市场份额都有所下降,尤其是 1986 年日本在办公设备和电子计算机方面占国际市场份额的 60%,而 2005 年日本在其领域仅占到 9.3%,而中国已经占 46.0%。②

根据 OECD 对主要经济发达国家的统计,高科技产业的贸易收支比中,美国、德国、法国、英国的收支比几乎都在 1 左右变化,而日本的贸易绝对额虽然较大,但从长期来看已经出现大幅度下降趋势,在 2003 年已经被韩国赶上(参见图 6(2))。

---

① 日本在国际收支统计上"专利等使用费"的收入虽是逆差,与科学技术研究调查报告中《技术贸易收支》结果不同,这是由于除"专利和使用新方案及操作秘诀等相关权利和技术指导等"收支以外,还包括"对商标和设计及著作权的报酬"所产生的收支。

② 资料来源:参考 NSF「Science and Engineering Indicators 2008」Appendix table 6-8、6-9、6-10、6-11。

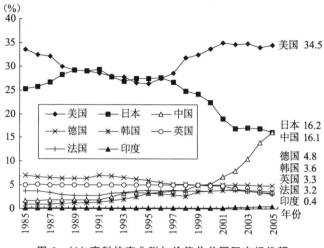

图6 （1）高科技产业附加价值收益国际市场份额

资料来源：日本内阁府2008年年次经济财政报告。

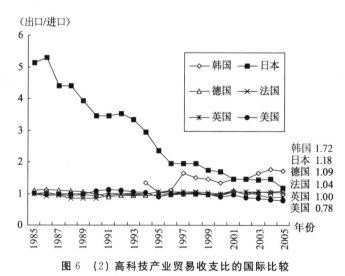

图6 （2）高科技产业贸易收支比的国际比较

资料来源：OECD「Main Science and Technology Indicators」。

综上所述，日本通过支出高额研究开发费用，使其科学论文数量和专利份额迅速增加，并实现了技术贸易顺差。但同时也反映出日本对应用和开发研究比较重视，而对基础研究的支出比较低；并且其论文和专利的影响力及知识集约度比较低，在IT相关的基础和尖端研究等前沿领域日本的技术水平比其他发达国家低。20世纪90年代后日本IT产业发展比其他发达国家落后就说明了这一点。日本原创性研究开发的质量水平较低和在战略上重要的尖端领域技术水平偏低对日本生产率提高和经济可持续增长都产生了一定的制约作用。

研究开发成果只有通过产业化才能得以实现。而日本研究开发所创造出的科研成果多数被埋没在大学和企业的实验室里未能有效利用。尤其是在以应用和开发研究为主的企业研究开发中很难创造出基础和尖端领域的成果。20世纪90年代末日本知识产权保护的相关法律建立后,将大学和研究机构所创造出来的研究成果迅速转换为企业生产力的技术转移机构(TLO)也设立起来,使大学和研究机构获取专利和向企业转让技术等业务也迅速开展起来。2000年度日本技术转让实际数量为98项,与美国3 306项相比差距还很大。并且,2000年美国以大学技术转让为依托所设立的科技创新企业为2 624家,而2001年末日本的科技创新企业仅有263家(数据来自日本经济产业省调查资料)。

在日本民营企业中很多具有发展前景的技术成果被埋没在企业内部而未能发挥作用。根据对日本民营企业进行的问卷调查表明,76%的企业拥有未被实现产业化的研究项目。其中对于那些未被实现产业化的科研项目的处理中,向其他企业转卖和转让的企业仅为15%,而68%的企业研究成果都被埋没在企业内部。从这些案例可以看出,日本研究开发投资成果有效利用率较低,这也是导致高额研究开发投资费用并未发挥提高生产率作用的原因之一。

四、提高研究开发有效性的方法探讨

日本内阁府《经济财政白皮书》认为,为使日本技术和知识存量促进生产率水平的提高,必须注意以下几点:(1)强化基础研究;(2)增加对服务业的研究开发;(3)发挥大学和政府的作用;(4)推进企业、大学及政府协作关系;(5)强化国际合作;(6)确立和保护知识产权;(7)强化知识管理。

1. 强化生产技术革新的基础研究

技术进步可分为能够创造出原创性新技术或新产品的"生产技术革新"和通过改进生产过程、提高产品质量及降低生产成本的"生产过程革新"。一般来说,生产技术革新所需资金多、风险比较大,而一旦技术革新成功,其通用性效果会波及整个经济领域。

日本长期以来引进欧美各国所开发的基础技术,并在此基础上进行应用和开发研究,通过生产过程革新提高生产率。但日本在追赶欧美各国技术水平过程中,依靠引进欧美技术和知识以提高生产率的空间则越来越小。由于以技术革新为基础的生物工程和信息产业等尖端技术领域发展中基础研究非常重要,而在研究开发方面日本的技术水平还落后于其他发达国家。因此,必须重视基础研究。

2. 扩大对服务业的研究开发

在社会服务领域中,服务业产品也出现了多样化特征,同时也需要对服务业产品进一步研究开发。实际上美国和英国在金融、保险、电脑维护、研究开发等方面的研究开发支出不断增加。因此日本服务业技术和知识集约度的扩展空间也很大。

据 WTO 统计,多年以来,美国牢牢占据世界服务贸易榜首,2003 年出口额 2 825 亿美元,占世界服务贸易出口市场份额的 16%,尽管美国服务贸易进口也居世界首位,顺差高达 643 亿美元。在产业结构上,发达国家占据显著优势,以美国为例,在世界主要的 13 个服务贸易出口国家和地区中,其在专利权使用和包括律师服务、会计服务等在内的其他商业服务中,分别占据 60.28% 和 21.45% 的份额,计算机和金融业的市场份额分别达到 22.98% 和 32.03%。

3. 大学与政府的作用

由于基础研究通用性要求比较高,因此开发者利益无法保障问题难以解决。即存在科研成果被复制和技术流失的可能性,因此靠民间投资十分困难。并且,在经济长期处于低迷状况下日本企业对增加研究开发支出并不积极,其中对实用性不强的基础研究往往被推迟或搁置。

这样,承担基础研究项目的大学和政府等机构的作用显得十分重要。因此,应增加日本大学的活力,提高其国际竞争力。例如,国立大学可以通过重组或合并建立自主和自律性民间机构经营和运作,使其成为具有国际竞争力的大学或研究机构,并增强政府支持力度、引入第三者评估机制,从而能够重点扶植那些最需要得到帮助的尖端技术的基础研究项目。

并且,为了推进企业研究开发投资活动,日本还实施研究开发促进税制度①、日本式中小企业技术革新制度(SBIR)②等,对民营企业技术研究开发给予积极支援。

日本的大学主要从事基础研究,但其基础研究费的增长速度仍比其他发达国家低,如1977年到1981年,日本大学的研究费和基础研究费的增长率分别为13%和10%,比同期的美国、法国、英国、联邦德国都低。而1981年到1993年,日本的大学研究费增长率不超过8%,其中的基础研究费所占比例并无多大提高。对尖端技术的基础研究领域研究人员进行的调查表明,普遍认为美国在生命科学研究领域占绝对优势,日本在信息、电子技术和物质材料技术领域比较突出,但从整体上看美国仍具有绝对优势。与欧盟相比,普遍认为二者水平相当,大多数人认为日本在信息、电子技术领域较强。从基础研究的人才角度看,根据人类新领域科技研究计划中的生命科学研究计划,几个主要成员国的研究人员参与"长期研究员事业"并得到补助,据调查,参与该项研究并获得补助的美国人和加拿大人最多,共79位,欧洲人23位,日本人只有1位。此外,日本在诺贝尔奖获得人数方面的排名是世界第12位。这些都在一定程度上表明日本基础研究的落后。从论文数量及质量上看,1992年与1982年相比,在世界主要科学论文杂志上公开发

---

① 许多国家为了促进企业研究开发在税收上给予支持。其理由是:(1)研究开发投资不仅使实施企业提高收益率,而且也提高了社会收益水平;(2)实现研究开发的成果具有不确定性特点;(3)规模小的企业难以负担研究开发费用。日本过去曾实施过"增加试验研究费税额控除制度"(1967—1998年度)、"特别试验研究费税额控除制度"(1993—1998年度)、"事业革新法特例税额控除制度"(1995—1998年度)、"基盘技术研究开发促进税制"(高科技税制)(1985—1998年度)、"特定试验研究会社株式取得特例"(1988—1998年度)政策支援。现在以上措施都已废除并实施新的增加试验研究费税额扣除制度。其具体内容是截至2003年3月31日开始的事业年度为适用期限,该年度的试验研究费额在过去5年中比前3位年度平均额(比较试验研究费)增加时,扣除其增加部分15%的税收。但该年度的试验研究费不能比上年度及上上年度的试验研究费(基准试验研究)低。并且,税额扣除限度额原则上为法人税的12%。各发达国家也设立研究开发促进税。根据2001年OECD数据显示,1999年OECD各国所实施的研究开发税制中,10个国家中(包括日本)采取准备金方式扣除税额。其中美国从试验研究费的基准额扣除增加部分20%的试验研究费税额(Research and Experimentation (R&E) Tax Credit)和对销售收入对应试验研究费税额扣除的替代增加额部分税额扣除(Alternative Incremental Research Credit AIRC)选择制。

② 日本式 SBIR 是指以1998年12月实施的《新事业创出促进法》为基础,支援具有技术开发力的中小企业进行自主开发的制度。以美国 SBIR(Small Business Innovation Research)为范例,具体由相关省厅协作,对于新项目的技术开发进行补助金、委托费等支持,扩大对债务保证方面的范围限制,并实行可不要担保和第三保证人等支持措施。

表的论文数量,日本增加了 1.8 倍,发达国家的平均增长幅度为 1.5 倍。日本的论文数量占总数的比例从 1973 年的 5.3% 上升到 1992 年的 9.1%。但是,其论文被引用的次数却远不及美国,只与欧盟相当。

4. 政产学研合作

如何把在大学等研究机构所取得的科研成果产业化,开发新产品和开拓新市场非常重要。但在日本现有科研机制还没有真正发挥作用。另外,在严峻的经济环境中,其民间企业不得不限制研究开发经费,在尖端技术领域企业所拥有的人才、技术、操作秘诀等所需费用已经超出了企业负担限度。因此,企业对政产学研合作充满期待。为使大学等机构所取得的尖端科研成果产业化,对基础研究和应用研究之间起桥梁作用的协调机制需进一步完善,促进民间企业之间的共同研究,政府和大学向民营企业提供政策和技术支持,使被埋没的科研成果重新发挥新技术的活力,使风险创新企业业务迅速发展。

5. 强化国际合作

随着技术革新速度的加快,要取得尖端技术革新成果必须花费大量研究开发费用。而只是某个国家独自进行有效的研究开发非常困难,因此在研究开发方面进行国际合作成为一条重要的途径,所以超越国界的合作性研究开发活动越来越多。从 20 世纪 80 年代到 90 年代各国企业国际化战略中技术合作项目大幅度增加。但在此期间日本企业国际性技术合作项目反而减少,与国际发展趋势背道而驰。[①] 现在各研究领域中特别是 IT 产业的世界性研究基地通过网络联系在一起,如果孤立于这些网络之外就等于被技术革新的世界潮流所抛弃。国际性共同研究及研究者之间的交流可以相互间提高研究水平,通过技术合作取得更多的科研成果。

6. 确立知识产权

企业、政府及大学合作研究开发中,技术和知识创造活动离不开对知识产权的保护政策。否则,必然会出现研究开发成果被复制等一系列问题,使研究开发者的积极性受到挫伤。所以对研究开发成果应以专利的形式给予必要的保护。日本虽然也在进行专利制度改革,但还需要进一步深化改革。并且,专利过分垄断又会引起技术利用停滞和社会成本提高,因此应该制定

---

① 根据美国国立科学财团"Science & Engineering Indicator 2002"资料,在全世界企业中国际化战略的技术合作从 1980——1989 年的 2 019 项,到 1990—1999 年为 2 744 项;日本企业的国际化战略的技术合作 1980—1989 年为 844 项,1990—1999 年为 746 项。

切实可行的相关法律制度进行规范。日本的专利制度中审查的时间比较长,且对侵害专利行为的打击力度不足,因此需要加快专利审查速度,改善相关法律制度。

7. 强化对企业知识产权的管理

近年来日本在企业经营过程中,通过研究开发所取得成果的专利和操作秘诀等知识产权也越来越多,知识产权不仅能够提高企业的竞争力,同时也是投资者判断企业价值一项重要的指标。但日本与欧美企业比较,在取得知识产权并对其进行管理方面还缺乏战略性。为提高企业知识产权的国际竞争力,必须从提高收益和从战略角度对知识产权进行选择、集中及保护。

日本许多企业不能完全公开其知识产权信息,因而投资者不能以知识产权为基础对企业收益性和企业价值做出正确评价。如果企业能够充分公开对其知识产权价值做出正确评估的信息,其评价能够正确反映企业收益性和企业价值,企业不仅可以确立知识产权战略,也有利于企业筹集资金和增强企业竞争力。专利和著作权及品牌等知识产权信息公开可通过引进《知识产权会计》和《知识产权报告》的形式推进,从而创造实施企业知识产权经营战略的良好环境。

五、启示

通过对日本在科学研究开发中所存在问题进行分析,江苏今后在科学研究和技术开发中应注意以下问题。首先,如何看待科研论文发表多少和引用度的问题。过去我们比较注重论文发表的篇数和是否发表在核心期刊上,而忽视了作为衡量论文科学价值和社会效果的重要标准是论文的引用度[1],应该建立一套科学的评估机制和监督机制由权威性专业机构对引用度进行科学评价。同时应当强调技术开发成果的原创性。日本忽视基础研究而注重应用研究从短期看走了获利捷径,但从长期看失去了战略优势。而原创性应该从教育改革入手,改变以往的应试教育,培养学生的创新精神和素质。其次,应该提高专利的质量和利用率。江苏专利利用率低的原因既有质量问题又有机制问题。可以通过技术市场化运作模式引进风险投资机制,通过个人投资与机构投资相结合的方式提高专利的产业化率。再次,发

---

[1] 当然这种引用度不应是造假的引用度,而是在权威论文等代表学术价值刊物的引用度。

挥国际合作的作用。虽然江苏科技发展日新月异,但尖端领域单靠自主创新无论在资金、设备还是技术人才方面都存在一定的制约。因此,通过国际合作可以缩小与发达国家的科研差距。同时充分利用国际技术转让贸易。既要重视技术引进又要重视技术输出,使技术转让贸易达到平衡。在具体实施过程中,还应处理好基础研究与应用研究、自主创新与国际合作、政产学研之间的合作及相关政策的支持配合等方面的关系。

第十章 日本风险投资制度创新研究

■ 一、引言

1971年8月布雷顿森林体系崩溃后,日本经历了四次日元对美元汇率的大幅度升值,1978年10月日元对美元汇率达到1美元兑176日元后,日本区域出口型中小企业国际竞争力大幅度下降,1985年2月广场协议使日元对美元汇率达到1美元兑259日元后,使区域型出口产业不得不转变为进口产业或转变为国内消费产业。1992年后日本陷入长期性经济萧条对区域性中小企业造成巨大的经营压力,1995年4月美元对日元汇率达到1美元兑84日元后,不仅给区域性出口产业以毁灭性打击,由于进口增加对那些国内消费型产业也造成巨大威胁。尤其是区域性中小企业只能靠技术革新来创造新产品的附加价值来提高国际竞争力。而要技术创新并实现产业化需要有效的金融支持。[①]

但长期以来中小企业融资也是困扰日本中小企业发展的难题。这是由于中小企业在融资方面所表现出的资本实力弱、风险性高及经营环境复杂等诸多因素引起的。但许多中小企业往往又具有创新性、生命力和良好发展前景。因此,解决好中小企业融资问题成为区域经济可持续发展的关键。因大银行易受规模绩效和风险规避问题影响,对中小企业融资往往采取"惜贷"态度;而中小企业上市发行股票又存在着门槛过高问题,以致其难以迅速实现直接融资;又由于政策性金融机构网点较少,无论是从资金规模还是服务范围上都无法满足中小企业的融资需求。那么,中小企业融资难问题是否可以通过投资制度创新得以有效解决,以促进区域经济可持续发展,这是本章所要探讨的核心问题。

下平尾勋(2003)曾指出:日本泡沫经济破灭后,生产过剩与股价和地价

---

① 下平尾勲著『構造改革下の地域振興』藤原書店2001年10月。

暴跌同时发生,并集中表现为不动产、建筑业等设备投资过剩及金融业不良债权增加。大企业为消减不良债务不仅缩小其经营规模、裁员及减少关联交易企业,也波及支撑区域经济发展的中小企业,使消费需求下降并引发企业进一步亏损和银行不良债权增加,使日本经济陷入长期经济萧条与通货紧缩的恶性循环。而那些大企业在企业重组过程中以日元升值为契机增加对外直接投资,又借助日本内需扩大趋势将其海外生产的产品中的30%左右进口,这不仅对其同行业企业造成经营上的巨大压力,生产基地转移又给转包企业以沉重打击,使区域经济发展雪上加霜,并进一步引起区域金融机构不良债权膨胀,地方税收下降、财政赤字等问题。而中小企业要起死回生离不开金融支持,因此,对中小企业融资制度的创新成为日本产业结构转型和振兴区域经济的唯一路径。

而在中小企业直接融资方面,日本主要存在三个方面的问题,一是上市标准过高。虽然日本一再降低二板市场门槛,但具体上市时手续较多,原则上必须是在日本证券协会登记的股票,一般要有5年经营历史且有盈利。二是股票流动性差。日本持股特征为法人持股,法人持股比率在70%以上,法人持股的目的不在于融资与获利,而在于稳定关系。三是股价由大的上市公司主导。尹国俊(2004)认为,日本经济持续低迷,产业结构调整缓慢,在以IT产业为代表的新经济竞争中处于被动地位的根本原因有两条:一是日本基础研究长期薄弱,缺少创新性技术诞生的土壤。二是缺少能够促进产业最新技术商业化的风险资本。并认为日本应该探讨产权缺失条件下风险资本的制度创新。外部利润的出现,决定了确立风险资本完整私人产权的必要性,以此为核心构建多层次、综合性的制度体系是日本风险资本制度创新的方向。为此,就要转变政府职能;鼓励独立的有限合伙制风险资本组织机构的发展;健全股票市场尤其是二板市场,为风险资本顺利退出创造条件。

二、文献综述

对于日本风险投资问题日本学者也有非常深入的研究,具体可按照风险投资的运作程序来进行归纳,包括风险投资的资金筹集、管理组织、投资、退出、对经济发展的作用、运行效率、问题与原因分析、改革与创新等方面。

关于资金筹集方面,松本修一(2007)在其报告中指出:风险企业的资金筹集中十分重要的问题是,第一,如何增加风险投资者;第二,如何通过风险基金来扩大资金筹集规模；第三，如何扩大利用创业板市场以及增加其活力。并针对这些课题提出了相应的对策，这些对策概要如下：第一，为促进日本产业结构调整和技术创新，实现日本经济可持续增长和增加经济发展活力，科技企业的创业和发展是不可缺少的。认为科技企业以新技术和新的经营模式及市场为依托，与一般企业比较虽有巨大的经营风险和挑战，但有可能带来一般企业所无法实现的巨大收益。第二，在服务产业中，创新型企业通过新经营模式、引进 IT 等新技术，促进了服务产业的创新，有使整个服务产业提高经济效益的可能性。并且，以新技术和新的经营模式为基础建立起来的市场和产业可增加就业，对整个经济发展起到推动作用。及川哲、川崎裕一、木村朋枝、前川隆浩、森田康(1998)认为，为使科技企业能够较容易筹集到资金，应采取活跃证券市场和对风险投资减税两个方面的措施。首先，通过改革在制度上有了很大进步，但在撤销有价证券交易税、减轻风险基金投资收入税率等问题上还有待进一步改革。从根本上说，对于投资者自身承担风险和解决公众将资金存入银行以规避风险的国民性问题还需要时间。其次，日本税收制度对于利益嫉妒性很强，只有高收入者才会对科技企业投资。因此，日本的风险投资者往往受到限制。所以，应改革风险投资业税收制度，限定其特定的产业和投资企业，对科技企业也应在税收上给予优惠。而且，培养能够对科技企业的创业机会进行正确评价的风险评估专业人员，使风险投资者、风险基金在科技企业的初创期提供充足的资金支持。

在风险管理方面，辰巳宪一(2007)认为，风险基金和风险投资者在对科技企业进行投资时，通常仅有少数股东的地位。因此，需要平衡创业者和母公司等多数股东的利益关系。需要在公司的组织和决策、高层管理人员构成、提供信息等方面签订投资契约，其原因是，科技企业经营存在不确定因素，风险基金和科技企业之间存在信息不对称问题，容易引起科技企业经营管理层的道德风险。科技企业经营管理层为了保护自身利益做出与投资者利益相背离的逆向选择。另外，如投资契约条件过于苛刻就会使经营管理层失去经营意愿等问题。因此，应制定与投资者利益相一致的激励措施。为减少不确定性、减少信息不对称，风险基金需采取各种应对措施，以防止各种消极因素的产生。而日本的风险基金运作中，只是以"投资契约书"、"投资备忘录"及"信股预约权分配契约书"来确定约定投资关系，修改商法后会对投资契约的内容及其管理也会产生一定的影响。

在风险投资和退出机制方面,西尾好司(2003)根据调查研究发现,日本的风险基金的投资中对生物企业投资企业数和投资金额不到全体的8%,这比网络和通信等IT企业投资35%要少许多,但2000年日本向生物企业投资的风险投资基金增加为22家,超过500亿日元。但住友商事的风险投资基金投资的七成是海外投资,而对日本国内的生物企业投资的比例并不高。

他提出为引导日本民间风险投资基金的投资方向,日本政府所属的金融机构等应对科技企业进行金融支持。例如,日本政策性投资银行设立了针对新事业投资基金和大学风险投资基金,并且中小企业综合事业团通过"新企业开拓租金出资事业"项目创设风险投资基金,向有限合伙制公司投资,2002年末对16家基金投资115.3亿日元,占基金总额285.5亿日元的40%。这些基金累计投资风险企业314家。这些金融支持是否能够发挥到美国SBIC的作用,与其地方自治体的间接风险基金的投资效果究竟如何,有待进一步研究。

榊原清则(1999)的研究表明,日本在风险投资中主要以PE方式进行。这是一种派生形式的投资,是公开股票和确定付息证券为代表的金融商品的"替代性投资(alternative investments)"。PE投资是指为公开股票投资的所有方式。PE基金是为公开发行股票投资的专项基金,PE中包括风险基金(VC)和企业并购基金,前者是以成长型企业为对象投资,而后者则是以企业解雇和企业独立核算等资金需求相对成熟企业为对象。并强调风险基金与进行已公开上市股票投资具有不同特点。第一,由于PE没有在交易所和证券公司的柜台等进行交易,其股票不容易取得。于是,不需利用各种关系发掘投资对象企业。第二,投资科技企业的信息公开不充分,通常对上市公司不要求其公开财务信息,因此,对其财务报告的监督不充分,投资时和投资后对其进行定量分析十分重要。第三,由于其没有股票价格变化过程,难以决定其股票买卖价格。一般参考同行业相近规模企业价值进行计算。造成股票流动性较差,原则上比公开股票价格低。第四,由于这些股票具有高风险和高回报特性,如果风险企业能够顺利上市,则可获得高额投资收益;另一方面,这些投资企业多为未成熟企业,容易产生企业经营不善甚至亏损的局面。第五,由于没有流通市场,股票转手困难。即使能够顺利上市通常也需要数年时间持有股票。在股票公开上市或被收购之前想卖出股票需要自身寻找购买者。因此,日本公众将资金大量存入银行而对风险投资的需求相对较小。这也是日本风险投资规模发展缓慢的主要原因之一。

日本风险企业创新和增长研究会(2008)发现,日本风险基金投资企业的退出途径过度依赖股票公开上市。其结果,从科技企业方来看,没有考虑企业的发展阶段,风险基金的最终目标为创业板市场的公开上市,其结果,使科技企业不能够实现充分地发展。并且,从风险基金方面看,风险基金的表现受到创业板市场的上市环境左右较大,进而从机构投资者来看风险基金的投资吸引力下降。今后,需要根据联合大企业设立公司型风险基金,扩大股票上市以外的风险基金投资的退出途径,使风险基金投资的退出途径多元化。

在关于风险投资对经济发展的作用方面,伊藤弘惠、铃木悠、高桥阳介、户崎雅之、八高誉史(2006)的研究小组认为,随着少子化和老龄化的进一步演化,2006年日本由人口的高峰转为减少的社会,人口的动态变化使日本劳动力人口减少,储蓄率下降,并给日本经济的供给侧带来负面影响。一国经济增长的源泉是劳动投入量的增加、资本投入量的增加以及技术进步等全要素生产率(TFP)[①]增长,今后少子化和老龄化及人口减少会使劳动投入量和资本投入量减少,并对日本经济增长产生负面影响。在这种状况下为实现经济可持续增长,必须增加劳动投入和资本投入以外的知识要素投入,其成果以技术革新为驱动力的TFP的上升非常重要。因此,必须培育知识密集型产业,特别是高新技术及其产业化发展尤为重要。因此,研究开发性科技企业的发展对一国经济可持续增长发挥着重要作用。

北海道经济产业局和三井情报开发株式会社(2002)的研究表明,北海道风险基金股份公司是一家与区域经济密切结合的风险投资基金公司,该公司得到北海道的上市公司和企业及金融机构的投资,以支持地区经济的发展为主要目标,以北海道内未上市企业为对象进行投资、参与经营和咨询等业务。该风险投资基金对高科技风险企业投资并作为其财务总监(CFO)强化了公司治理,建立以生物制药为主要投资对象的新基金。这些风险基金为区域经济发展不仅在资金筹集方面发挥了作用,而且从全方位对当地科技企业给予帮助和支持,成为日本区域经济发展不可缺少的力量。

---

① 全要素生产率是指"生产活动在一定时间内的效率"。它一般的含义为资源(包括人力、物力、财力)开发利用的效率。从经济增长的角度来说,生产率与资本、劳动等要素投入都贡献于经济的增长。从效率角度考察,生产率等同于一定时间内国民经济中产出与各种资源要素总投入的比值。从本质上讲,它反映的则是一个国家(地区)为了摆脱贫困、落后和发展经济在一定时期里表现出来的能力和努力程度,是技术进步对经济发展作用的综合反映。

在风险投资运行效率、存在问题、原因分析等方面,长谷川博和(2007)的研究和实践表明,风险投资基金在经营过程中还存在以下问题需要解决,如海外居住者和外国人投资收入的征税问题、在对科技企业进行评估时需要按照时价计算会计损失问题、对金融商品交易法的适用性问题、科技企业经营者的经营支配权问题以及优秀人才移动问题等。

日本科技企业创新和增长研究会(2008)的研究表明,日本现行风险投资相关制度中,关于风险基金上市必须要求该风险基金要与通用搭档(GP)的投资事业组合联合。但是,对于风险基金本身为 GP 的理由来与投资事业组合联合存在以下问题:第一,投资事业组合与风险基金之间的手续费或成功报酬的交涉成为内部事务,因此,上市风险基金的财务和收益状况反而存在不透明的可能性。第二,当风险基金服务于少数投资事业组合 GP 时,每次投资事业组合的设立和清算风险基金的合并资产则大幅度增减,存在难以反映风险基金的实际经营状况等问题。目前按照会计基准担任 GP 的投资事业组合联结并记载非联结财务报表,需要研究将中长期的经营状态信息公开,讨论何时应联结何时不应联结的基准等。

日本科技企业创新和增长研究会(2008)的研究发现,近年来日本创业板市场中存在虚假记载、粉饰决算(虚假利润)以及与反社会的势力勾结等问题,上市后叫停的企业时有发生。这些状况并不是创业板市场特有的问题,与主板市场比较,这些事件发生的频率较高。创业板市场发生这些问题的原因是由于该市场中存在过度竞争、公布不符合上市公司事业基础和经营状况的虚假信息,有一部分证券公司和监管部门的审查和监督体制不完善所造成的。

在风险投资的改革与创新的措施等方面,独立行政法人科学技术振兴机构研究开发战略中心(2007)认为,研究开发型中小企业、风险企业在建立新事业的资金供给源的风险创业基金被寄予很大的希望,但风险企业的投资风险高,需要能够吸收投资失败的影响、持续投资并分散风险的投资方。因此,如何提高风险投资基金的质量为科技企业服务是当前十分紧迫的课题。但是日本的风险基金供给现状无论是从质上还是量上都比欧美各国低。首先从量上来说,日本的风险基金的投资占 GDP 的比率仅为 OECD 各国的倒数第二位。并且,对于那些能够上市科技企业的股票的风险投资较多,而对于公司发展前景不确定、中长期前景很好、但一时无法收回资金的科技企业的投资不足。因此,那些风险基金并不是支持那些中长期具有巨大成长前景的科技企业,而是倾向于能够尽早上市的科技企业,其结果,科技企业发展缓慢。

日本科技企业创新和增长研究会(2008)认为,根据金融商品交易法的实施对于风险基金也同样根据该法要求进行登录或作为申报的对象,对风险基金实施强制性规制。在实施规制过程中,既有对投资者保护等规制的有利面,同时也要考虑对规制对象的复合成本、行动约束等问题,需要考虑两方面的平衡,而不应过分强化规制。

三、中小企业发展与风险投资现状

2006年日本中小企业数占整个企业数的99.7%,中小企业就业人数占整个就业人数的69.4%,在制造业中中小企业新创造价值占全体的53.3%。[1] 这表明即使在发达的市场经济国家,中小企业仍然是技术进步、就业机会创造和经济增长的主要推动者。同时,中小企业在区域经济发展中有着巨大的潜力。

1. 长期经济萧条与中小企业发展困境

日本自泡沫经济破灭后一直处于经济萧条的局面,2002年经济开始出现恢复迹象,但景气好转存在行业和地区差异,当前因美国经济减速日本经济仍存在下滑风险。尤其是对日本中小企业来说,因原油和原材料价格上涨使其经营受到严重的挑战,同时,还面临着其国内少子化、老龄化、人口减少、国际竞争激化、经济结构调整等诸多挑战,因此,日本经济产业省为扶持中小企业发展出台了多项政策措施。

根据日本中小企业厅(独)中小企业基盘整备机构进行的《中小企业经营状况调查》表明,一方面,随着经济环境恶化日本中小企业购入原材料价格DI达到了最高水平;另一方面,商品销售价格DI停滞不前,销售价格无法补偿原材料价格上升引起的收益率大幅度下降(参考图1)。因此,原油和原材料价格上升成为引起日本中小企业经营状况恶化的重要原因。

---

[1] 《2008年版中小企業白書》。

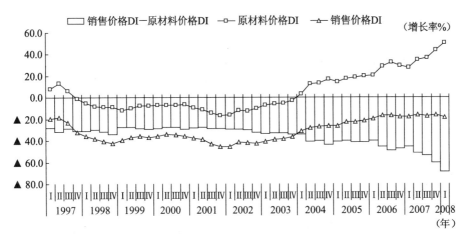

图 1　日本中小企业原材料价格与销售价格差异性比较 DI 的变化

注：调查对象包括小企业 19 000 家。
资料来源：日本中小企业厅(独)中小企业基盘整备机构《中小企业经营状况调查》。

2006 年后随着金融机构不良债权比率下降和中小企业经营环境的改善，日本金融机构向中小企业贷款余额曾经一度出现增长趋势，但 2007 年后中小企业因受经济萧条影响虽贷款余额基本持平，但贷款增长率则出现较明显的下降趋势(参考图 2)。

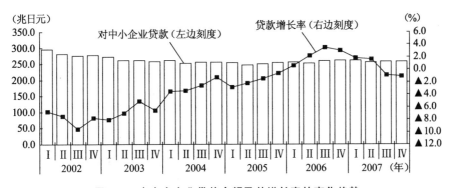

图 2　日本中小企业贷款余额及其增长率的变化趋势

资料来源：日本银行《金融经济统计月报》和日本中小企业厅数据库。

根据日本法务省《民事、诉讼及人权统计年报》和日本国税厅《国税厅统计年报告》的统计数据，如图 3 所示，自从 1966 年以来，日本企业注册数在泡沫经济时期达到 40 年经济发展中的最高数量后，随着日本泡沫经济破灭而大幅度下滑,后随着经济复苏而逐渐上升,2006年有了较大幅度的上升;从1966年后除泡沫经济时期外企业开业率都处于下跌趋势;从1966年后企业歇业率也处于下降趋势,但1997年有大幅度上升的迹象,2006年则呈上升趋势,并与企业开业率接近。这说明日本企业经营状况仍然不佳。

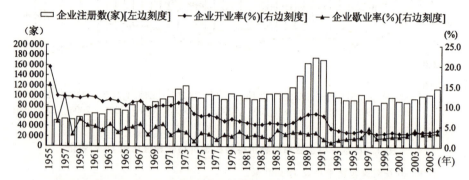

图3 日本企业注册数、企业开业率及企业歇业率变化趋势

资料来源:根据日本法务省《民事、诉讼及人权统计年报》和日本国税厅《国税厅统计年报》制作。

根据日本总务省在《事业所和企业统计调查》中,对企业规模和数量进行的调查表明,2001年至2006年日本全国企业数从470.3万家减少到421.0万家,中小企业数从410.2万家(占全日本企业数的87.2%)减少到366.3万家(同前87.0%)。并且大企业就业人数从2001年的4 265.6万人下降至2006年的4 012.7万人;而中小企业就业人数则从2001年的1 079.3万人(整个就业人数的25.3%)下降到2006年的929.3万人(23.2%),这也表明日本中小企业数量大幅度下降。

2. 中小企业融资与风险投资基金

日本中小企业的融资仍主要依赖于区域金融机构的融资。日本中小企业依赖金融机构借款而不通过资本市场融资[①]的原因有以下几点:首先,1999年东京证券交易所创立"慈母市场"以来,各个交易所纷纷设立上市门槛较低的创业板市场,以便于中小企业公开上市融资。但对大多数中小企

---

① 资本市场融资不仅包括发行股票,还包括发行可转换公司债及新股认购权证。

业来说,能够真正上市融资的企业仍然是极少数[①],并不能解决中小企业融资的燃眉之急。其次,日本各地纷纷设立中小企业融资的私募基金[②],虽然这些基金融资手续简便而灵活,但中小企业在融资过程中仍然存在一些顾虑。代表日本政府型中小企业投资基金的是"(独)中小企业基盘整备机构",2007年3月末日本共设立政府型投资基金总数为76只,总金额为1 229亿日元(中小企业基盘整备机构投资金额为472亿日元)。中小企业基盘整备机构的业务开展情况是,1999年以后"特定行业型"、"产学协作型"、"贴紧区域型"等基金不断增加。[③]

尤其是区域金融机构和地方公共团体作为计划主体,着眼于区域资源、通过与大学及其他产业之间的协作开发区域经济独特产品而设立的基金不断增加,通过金融制度创新为区域型企业经营与区域经济发展开拓新融资途径。

3. 风险资本后期投资制度分析

日本风险资本倾向于风险企业后期投资,前期投资所占比例较小。日本风险资本针对初创期阶段的风险投资与其GDP的比率仅为0.007%,在扩张期阶段的风险投资与其GDP的比率为0.019%。而初创期和扩张期的风险投资与其GDP比率较高的前五名发达国家分别是冰岛0.167%和0.341%、美国0.115%和0.26%、加拿大0.158%和0.136%、韩国0.114%和0.156%以及瑞典0.088%和0.147%。[④]

日本风险资本前期投资仅占GDP的0.019%,远远低于美国、加拿大、韩国以及瑞典等国。这导致日本风险资本投资大都偏离了高新技术产业方向。

日本风险资本热衷于风险企业后期投资而偏离风险资本前期投资的根本原因有以下几点:第一,法律制度的限制。由于日本OTC市场要求上市

---

① 日本每年有100家以上的新上市企业(参考附录:表1),2006年日本整个中小企业1 493 258家中公开上市具有法人资格的中小企业在2008年1月末仅有1 286家,为仅占企业总数的0.09%(10 000家中的9家)。

② 中小企业多为非上市股票(非上市企业发行的股票),对这些股票进行投资的基金一般称为私募基金(也称PE基金)。PE基金主要对非上市企业进行投资时通过合作形式进行投资并以共同经营的方式居多。

③ 资料来源:中小企业基盘整备机构《中小企业基盘整备机构风险基金事业的评价、探讨及中期总结》(2007年12月)。

④ 资料来源:OECD报告《going for Growth 2006》(2007年)。

企业必须有17年的经营历史,日本企业股票在公司成立平均30年后才能上市,而美国企业平均设立6年便可公开发行上市。这对日本附属金融机构的风险投资公司而言,风险投资只有一个好的阶段,即上市前阶段。第二,降低交易费用。由于风险资本投资的不确定性与风险随着科技企业的成长越来越小,即越是接近于风险企业成长后期,信息不对称的程度越来越小。因此,后期投资既可以减少事先签约的费用,又能够降低事后实施与监督的成本。后期投资获利的概率很高。第三,专业人才的限制。风险投资市场是一个高度专业化的市场,它决不仅仅是货币资本市场,而是货币资本与人力资本相结合的市场。所以,风险资本市场的有效性不仅取决于货币资本市场的配置效率,更重要的是取决于人力资本的配置效率,而日本风险资本市场上人力资本配置效率很低。第四,服从于出资人的发展战略。日本的风险资本投资公司一般只投资于经营较好,即将上市的企业。附属于证券公司的风险投资公司投资于某一即将上市企业,主要是为了让证券公司在该企业上市时经销其股票。第五,逆向选择。日本附属型风险投资机构由于种种限制因素,往往无法避免逆向选择问题。日本风险资本管理者通常会放弃有价值优质科技企业,而把资金投入到盈利较低但稳定的处于发展后期的风险企业。这从社会效率角度讲当然是不理想的。

四、风险投资基金所存在的问题

(一)风险资本行业的问题

2007年日本风险投资基金机构约200家,其中以银行、证券公司、人寿保险公司、事业公司等大型企业所属的风险投资基金公司居多。其投资规模前10位的风险投资基金公司约占其总量的80.7%。[1]

一方面,那些中型企业附属的独立型风险基金数量也在不断增加,但其资金实力在整个行业中较弱。这是由于其信用能力不足,机构投资者的资金供给是根据风险资本的规模和过去的投资业绩来决定的。

一般来说,独立型风险资本应重视发掘企业潜力和支持企业的发展。特别是在风险资本行业中,具有丰富经验和业绩的个人所设立的合伙合作型风险资本与股份公司型风险资本比较,不必顾虑股东对经营的影响力,投

---

[1] 平成18年度ベンチャーキャピタル等投資動向調査報告,(財)ベンチャーエンタープライズセンター(VEC)。

资者个人对于科技企业的研发和价值创造有一定的干预作用。实际上,在美国风险资本产业对增加就业和技术革新有巨大贡献,而那些独立的合伙合作型风险资本占绝大部分。这些风险资本的增加成为产业结构转型升级的动力。

日本风险资本投资的特征被称为对早期投资较少,而对投资风险较小的后期投资较多。并且,多为对已有风险资本投资的企业追加投资,风险资本投资实行搭便车投资,以规避风险、分散投资。而对于风险较大、花费时间的初创期企业所进行的投资不足,创业企业成长为一定规模企业所需融资缺口较大。

并且,在日本风险资本行业中存在严重的人才缺失问题,由于其行业本身发展时间较短,具有丰富经验和业务水平的专家很少。许多风险资本对创新企业不能进行金融支持的原因为专业人才不足,而专业人才的引进和培养也是其面临的紧要课题。

从投资收益上看,日本风险资本基金与欧美的风险基金和量子基金等比较,其内部收益率(IRR)投资回报率不高。决定投资回报率的因素是受其创业板市场低迷影响所致(参见表1),使有发展前景的创新型企业无法迅速实现企业增长。

表1:日本新上市创业型企业数的变化(单位:家)

年份	1999	2000	2001	2002	2003	2004	2005	2006	2007
东京证券交易所(一部、二部)	8	25	16	20	18	22	18	29	13
创业板市场	75	157	149	100	101	150	139	155	106
其他	27	22	4	4	2	3	1	4	2
合计	110	204	169	124	121	175	158	188	121

注:1. 创业板市场包括佳斯达克(JASDAQ)、东证慈母(Mothers)、海格力斯(ヘラクレス)、中心(セントレックス)、大志(アンビシャス)、Q-Board等市场的合计。
2. 其他为大阪证券交易所(一部、二部)、名古屋证券交易所(一部、二部)、福冈证券交易所、札幌证券交易所的合计。
资料来源:日本中小企业厅根据日本各证券交易所公布的统计数据编制。

(二)风险资本供给上资金流入不足

在欧美私募股权融资市场由公共养老基金、退休金等大量流入,为风险资本市场的资金扩大做出贡献。在美国私募股权基金的投资者中公共养老基金的比率约为30%(加上企业养老基金约为50%),欧洲约为20%。美国最大的养老基金 Calpers 为代表,其投资资产中的5%用于风险资本投资,养老基金从资金性质不适合投向风险过大的投资领域,但即使以较少比率的资金进行投资,其投资资金规模也非常大。另一方面,日本养老基金向私募基金投资比例较少,而向对冲基金的投资较多。

五、结论与启示

通过以上分析,本章得出以下结论和启示。

第一,从日本风险投资结构来看,依然存在对早期投资比例较小,而对后期投资过于集中的问题,这样就会造成处于生命周期前端的种子期和初创期的小微企业发展资金不足,而处于成长期的中小企业因风险投资过度而股价被人为炒高,进而影响证券市场的稳定。

第二,日本养老基金向私募基金投资比例较少,而向对冲基金的投资较多。这样使得日本用于对证券市场的资金量不足,这就不利于风险投资在证券市场顺利退出和证券市场长期稳定的发展。

第三,目前江苏经济正处于产业转型升级过程中,需要依靠科技金融创新支持高科技创新企业发展来替代落后产能,因此,应吸取日本风险投资制度创新中的经验教训,结合江苏实际情况,通过制度创新和机制创新解决科技型中小企业在种子期和初创期的资金不足问题,从而加速江苏经济转型升级进程,促进社会经济快速发展。

CHAPTER 3

下篇　江苏科技金融发展的探索与创新

第十一章 政府引导基金失灵与风险投资基金管理机制创新

■ 一、引言

创业投资引导基金是一种主要由政府出资设立,不以营利为目的,旨在引导社会资金设立创业投资机构,并通过其支持种子期和初创期的创业企业的政策性基金。国家发改委和财政部于 2008 年联合发布的《关于创业投资引导基金规范设立与运作的指导意见的通知》对引导基金进行了界定,规定:引导基金是由政府设立并按市场化方式运作的政策性基金,主要通过扶持创业投资机构发展,引导社会资金进入创业投资领域。引导基金本身不直接从事创业投资业务。引导基金的宗旨是发挥财政资金的杠杆放大效应,增加创业投资资本的供给,克服单纯通过市场配置创业投资资本的市场失灵问题。特别是通过鼓励创业投资企业投资处于种子期、初创期等创业早期的企业,弥补一般创业投资企业主要投资于成长期、成熟期和重建企业的不足,以有效地吸引风险投资机构和金融机构对科技型中小企业进行投融资,逐步推动建立符合市场经济客观规律的高新技术产业化投融资机制,从而进一步优化科技投资资源,营造有利于科技型中小企业创新和发展的良好环境。

经过 20 多年的发展,我国创业风险投资业无论是从投资项目或投资金额上都显示其投资规模呈快速增长趋势。根据《中国创业风险投资发展报告 2012》统计显示,2011 年全国创业风险投资管理资本总量达到 3 000 多亿元,较 2010 年增幅为 30% 以上。但从我国创业风险投资结构上看存在严重的失衡问题。第一,政府在创业风险投资资本构成中占据主导地位,民间资本不足。第二,对高新技术产业进行的投资比例大幅度下降。第三,创业风险投资对种子期和初创期的投资比例降低,而对成熟期的投资项目和投资金额比例上升。第四,中小板和创业板上市公司 IPO 价值被人为过度高估,并成为我国中小板市场和创业板市场上市企业经营业绩与股价走势严重背离的重要原因之一。

因此,为了促进我国创业风险投资行业的健康发展,有必要分析我国政府引导基金的投资杠杆作用乏力、投资结构失衡的深层次原因,探索如何通过政府引导基金的激励约束和监督机制创新,吸引更多的社会资金投向种子期和初创期的科技型中小企业,促进高新技术产业化进程,最终推动我国产业转型升级顺利进行。

二、文献综述

国外创业投资引导基金的机制建立开始于20世纪50年代末,即1958年美国政府通过了《小企业投资法》,实施中小企业投资公司计划(Small business Investment companies,SBICs),标志着政府作为一个积极主体参与到创业投资当中。由于创业风险投资对于经济发展尤其是对高科技产业的发展具有重要的推动作用,因此,国外经济学家自20世纪50年代就已经认识到科技创新是经济增长的关键(Abramowitz,1956;Solow,1957),创投机构和创业者间的信息不对称将会加重逆向选择的程度,由于创业企业成立时间短、信息不对称、缺少无形资产抵押、技术知识市场化价值难以估计、创业活动不确定性,导致创业企业在早期阶段不能获得足够融资。对技术密集型、处于种子期、初创期的企业,投资者经验缺乏加剧了其融资困境。政府风险投资往往在创业企业融资早期阶段投资(William A. Sahlman,1990;Douglas J. Cumming, Jeffrey G．MacIntosh,2003),与风险投资周期相反(Agmon和Messica,2006)。完善的法规、税收激励政策、高效的交易市场、宽松的投资政策、健全的会计审计制度是一国或地区风险投资业发展程度的决定性因素(Bygrave和Timmons,1992;Messica和Agmon,2008)。政府引导基金投资能证实企业的质量,克服信息不对称问题,帮助创业企业获得外部融资(Marco Da Rin, Giovanna Nicodano, Alessandro Sembenelli,2006)。

国内学者更关注政府作用方面的研究,并普遍认为由于政府对于创业风险投资产业的发展具有重要的推动和保障作用,因此,政府应该采取各种措施和手段,努力促进创业风险投资活动的发展。发展科技风险投资具有极其重要的战略意义,政府应该对之加以引导和扶持,创业风险投资是一种高风险的投资,风险投资的外部性和不确定性必然导致市场失灵,这就要求政府采取适当的措施纠正风险投资领域的市场失灵。为了克服市场失灵，创业投资业发达国家和地区普遍建立有相应的政策扶持机制，包括税收鼓励政策、引导基金政策、对创业投资企业的融资支持政策、创业风险投资损失的风险补偿机制等，我国一些地方主要通过设立国有独资或控股的创业投资企业，不注重以有限的财政资金吸引民间资金与外资参与创业投资的途径，应探索"创业投资引导基金"，通过引导基金的适当参股，以扶持民间资金和外商设立商业性创业投资企业（刘健钧，2003）。政府由于其自身的制度、能力、道德和资金缺失等方面的原因不适合作为创业投资主体，但这并不妨碍政府在创业投资行业有所作为，以政府资本为基础的政策性引导基金便是政府在创业投资行业的意志体现，政策性引导基金有着其他创业投资形式所无法比拟的巨大优势，它可以为创业投资机构和创业企业提供启动资金、信用担保和相关的优惠政策，从而极大地推动创业投资行业的发展（陈和，2006）。为涉足创业风险投资领域的民间资本按照一定比例匹配杠杆资金，发挥投资乘数作用的放大效应，吸引更多民间资本参与创业风险投资领域。政府创业风险投资引导基金是一种"政府承担主要风险，社会承担主体资金投入"的基金组织形式（杨军，2006）。创业资本引导基金是一种由国家财政出资设立的，不以营利为目的、旨在引导社会资金设立创业投资企业的政策性基金。创投引导基金应成立管理委员会，并建立"评审决策和实施相分离"的内控机制，管理委员会下设有管理机构、业务指导部门和财务监管部门为更好发挥引导基金作用，提高运作效率，确保国有资本的安全和保值增值，加强对引导基金的监管和风险防范，创业投资引导基金要靠制度防范子基金偏离政策导向风险、管理人员寻租风险、子基金委托代理风险和管理风险的解决方法，并主张将引导基金纳入公共考核体系（张晓晴，2008；刘健钧，2009）。政府可以通过改变引导基金母基金管理体制、制定相应法律法规和政策、改变投资方式和充分授权、加强引导基金模式执行力度、完善退出市场等手段，来解决当前我国政府引导基金治理机制中的主要问题，从而使治理机制能够有力地发挥其作用，达到提高风险投资行业市场运行效率的目的（江薇薇，2012）。

基于以上文献分析，本章将以分析政府引导基金投资杠杆效果欠佳问题为切入点，深入分析其政府引导基金运营过程中存在的问题及其原因，并从对引导基金运营的激励约束和监督机制视角研究解决引导基金投资杠杆失灵问题的有效对策。

三、我国创业风险投资引导基金投资规模和结构分析

根据《中国创业风险投资发展报告 2012》研究,截至 2011 年底,由财政部、科技部设立的"科技型中小企业创业投资引导基金"将财政资金通过风险补助、投资保障、阶段参股三种支持方式投资科技型中小企业,全国层面共有 188 家创业投资机构获得各类政府引导基金支持,政府创业风险投资引导基金累计出资 260.08 亿元,引导带动的创业风险投资管理资金规模达 1 407 亿元,简单平均放大 6 倍。①

(一) 中国创业风险投资引导基金发展进程

2007 年 7 月我国科技部和财政部批准设立创业风险投资引导基金,通过风险补助、投资保障和阶段参股等支持方式,引导创业风险投资机构向种子期和初创期科技企业投资,支持科技型创新企业创业。当年风险补助项目共 50 项,安排补助资金 7 115 万元;投资保障项目 52 项,安排补助资金 2 885 万元,总计立项金额 1 亿元。2008 年风险补助项目共 77 项,安排补助资金 6 590 万元;投资保障项目 75 项,安排补助资金 3 440 万元,总计立项金额 1 亿元。同时,对阶段参股方式进行了试点,首轮投资 1 亿元,参股设立 6 家创业投资机构。2009 年,引导基金共投入财政资金 3.59 亿元(含 2008 年首批阶段参股项目二次拨款 0.59 亿元),其中通过风险补助和投资保障方式立项 186 项,累计安排补助资金 1.5 亿元,支持创业投资机构 101 家,对创业投资机构重点跟踪的 131 家初创期科技型中小企业给予直接资助,对投资于 177 家初创期科技型中小企业的 9.9 亿元投资资本给予风险补助。通过阶段性参股方式,共出资 1.5 亿元参股设立了 8 家重点投资于科技型中小企业的创业投资企业,总计注册资本达到 13.37 亿元。

根据中国科学技术发展战略研究院对我国创业风险投资引导基金发展现状的调查显示,截至 2010 年底,获得政府创业风险投资引导基金支持的创业风险投资机构达到 170 家,政府创业风险投资引导基金累计出资 234.07 亿元,引导带动的创业风险投资管理资金规模达 924 亿元。由财政部、科技部设立的"科技型中小企业创业投资引导基金"采取风险补助、投资保障、阶段参股等方式,共投入财政资金 11.59 亿元,其中通过阶段性参股方式,共出

---

① 刘健钧.《创业投资引导基金指导意见》解读[J].证券市场导报,2009(1):9—76.

资6.59亿元参股设立了25家重点投资于科技型中小企业的创业投资企业，累计资本达到44.8亿元；通过风险补助和投资保障方式共立项686项，累计安排补助资金5亿元，支持创业投资机构192家，对创业投资机构重点跟踪的354家初创期科技型中小企业给予了直接资助，这些企业有望获得投资机构10.8亿元投资资本，对投资于1 062家初创期科技型中小企业的46.9亿元投资资本给予风险补助。截至2011年底，由财政部、科技部设立的"科技型中小企业创业投资引导基金"采取风险补助、投资保障、阶段参股等方式，共投资财政资金15.59亿元。其中，通过阶段参股等方式，共出资9.09亿元参股设立了37家重点投资于科技型中小企业的创业投资企业，累计注册资本达56.7亿元；通过风险补助和投资保障方式共立项867项，累计安排补助资金6.5亿元(见表1)。

表1：科技部科技型中小企业创业投资引导基金运行情况(2007—2011)

分类 年份	风险补助		投资保障		投资保障(投资后)		共计	
	数量(项)	资金(万元)	数量(项)	资金(万元)	数量(项)	资金(万元)	数量(项)	资金(万元)
2007	50	7 115	52	2 885	—	—	102	10 000
2008	77	6 590	75	3 410			152	10 000
2009	55	4 670	95	7 530	36	2 800	186	15 000
2010	66	4 640	132	7 265	48	3195	246	15 000
2011	56	4 110	64	5 590	61	5 300	181	15 000
合计	304	27 025	418	26 680	145	11 295	867	65 000

资料来源：王元等.中国创业风险投资发展报告2012[M].北京：经济管理出版社，2012(9)：111.

(二) 政府引导基金支持的创业风险投资机构投资结构分析

1. 引导基金支持的创业风险投资机构投资金额和项目分布

根据《中国创业风险投资发展报告2012》的统计数据(参见附表1)，对2010年和2011年引导基金支持的创业投资机构投资结构进行比较分析发现，我国引导基金支持的创业风险投资机构投资中，无论是从投资金额和投资项目的行业分布来看，对高新技术产业进行的投资比例都出现大幅度下降。其中，对高新技术产业投资金额由2010年的59.9%下降至50.8%，下降幅度为9.1%；对高新技术产业投资项目由2010年的69.2%下降至

60.5%,下降幅度为 8.7%;而 2011 年对传统产业、消费产品和服务和其他行业、其他制造业等的投资金额和投资项目分别达到 45.4%和 42.5%,比 2011 年分别增长 1.3%和 12.5%。这说明我国创业风险引导基金所支持的创业风险投资机构从投资结构上已经偏离了投资高科技产业的方向。《创业投资引导基金指导意见》(以下简称"指导意思")进一步明确引导基金的宗旨是"发挥财政资金的杠杆放大效应,增加创业投资资本的供给,克服单纯通过市场配置创业投资资本的市场失灵问题。特别是通过鼓励创业投资企业投资处于种子期、起步期等创业早期的企业,弥补一般创业投资企业主要投资于成长期、成熟期和重建企业的不足"。可见,《指导意见》实际上要求引导基金在两个层面发挥引导作用:一是引导社会资金设立创业投资子基金;二是引导所扶持创业投资子基金增加对创业早期企业的投资。① 因此,我国政府引导基金未能发挥财政资金的杠杆放大效应。

2. 引导基金支持的创业风险投资机构投资阶段分布

从引导基金支持的创业风险投资机构投资阶段分布来看,2011 年有引导基金支持的创业风险投资机构项目所处阶段分布中,创业风险投资对种子期和初创期投资金额和投资项目比率偏低,而对成熟期的投资金额和投资项目比率过高。如图 1 上所示,2011 年政府引导基金支持的创业风险投资机构投资项目所处阶段主要分布在种子期和初创期的投资金额分别仅为 4.1%和 17.5%,而成长期的投资金额则高达 60.7%;与 2010 年相比,投资种子期的金额占比从 10.6%明显下降到 4.1%;投资项目数分布在种子期和初创期分别仅占 7.7%和 25.%,而成长期占比高达 51.1%,与 2010 年相比,投资种子期的占比从 29.8%下降到 7.7%,而投资于成长期的占比从 36.6%上升到 51.1%。因此,从投资金额和投资项目的比例可以看出,2011 年有引导基金支持的创业风险投资机构投资行为明显转向中后端投资。引导基金与非引导基金支持创业风险投资机构相比,如图 1 中所示,引导基金支持创业风险投资机构投资于种子期创业企业的金额与非引导基金持平,且引导基金和非引导基金对种子期创业企业的投资金额比例均不足 5%,对初创期创业投资金额比例均不足 20%,有引导基金支持的创业风险投资机构投资于成长期阶段的企业金额比例反而比非引导基金支持创业风险投资

---

① 刘健钧.《创业投资引导基金指导意见》解读[J].证券市场导报,2009(1):9-76.

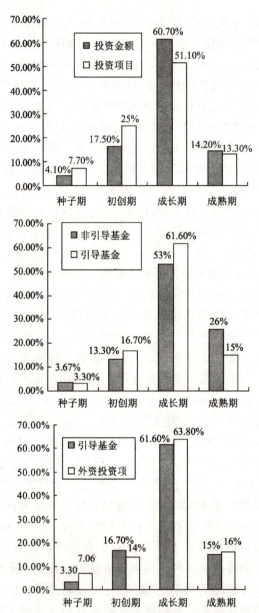

图1 有引导基金支持的创业风险投资机构与非引导基金及外资创业投资项目所处阶段比较

资料来源：王元等，中国创业风险投资发展报告2012[M].北京：经济管理出版社，2012年(9)：114.

机构还要高,且均超过50%。从外资在我国的创业风险投资机构的投资项目来看,如图1-下所示,引导基金与外资风险投资基金的投资项目所处的阶段分布来看,几乎没有太大差异,也是将主要的资金投向风险小、获利高的成长期创业企业项目,而对种子期和初创期的创业企业投资比例很小。目前我国创业风险投资市场出现的这一严峻局面充分说明,我国政府引导基金在引导创业风险投资运营过程中的投资引导作用失灵,急需通过构建创业风险投资激励约束机制和监管机制来调整创业风险投资结构。《指导意见》明确引导基金的宗旨是"克服单纯通过市场配置创业投资资本的市场失灵问题。特别是通过鼓励创业投资企业投资处于种子期、起步期等创业早期的企业,弥补一般创业投资企业主要投资于成长期、成熟期和重建企业的不足";在明确引导基金运作原则时,又进一步强调"引导基金不用于市场已经充分竞争的领域,不与市场争利"。但是,考虑到我国的地区差异性较大,《指导意见》对"市场失灵"和"充分竞争"的政策边界并没有做硬性规定。在明确引导基金运作方式时,也只是要求引导基金所扶持的创业投资机构以"一定比例"资金投资于创业早期企业或需要政府重点扶持和鼓励的领域。[①]因此,这说明我国创业风险投资领域依然缺乏有效的激励约束和监管机制。

3. 引导基金、非引导基金和外资创投基金的投资规模分布

2011年统计资料显示,在投资强度方面,我国有引导基金支持的创业风险投资机构与非引导基金支持的创业风险投资机构及外资创投基金没有明显差异,投资金额达到2 000万元以上项目中,有引导基金支持的创业投资机构占68.%,非引导基金支持的创业投资机构为70.5%,外资创业投资机构为82.3%;投资金额在1 000万至2 000万之间的项目中,引导基金占比为21.3%,非引导基金占比为18.2%,外资创投基金占比为13.9%;而投资金额低于500万元的占比均不足3%。

这说明有引导基金并没有将主要资金投向真正短缺资金的种子期和初创期科技型中小企业,而是将主要资金投向营利性极高的成长期科技型企业(参考图2)。这与引导基金发挥财政资金杠杆放大效应,克服单纯通过市场配置创业投资资本的市场失灵问题的宗旨相违背。

[①] 刘健钧.《创业投资引导基金指导意见》解读[J].证券市场导报,2009(1):9—76.

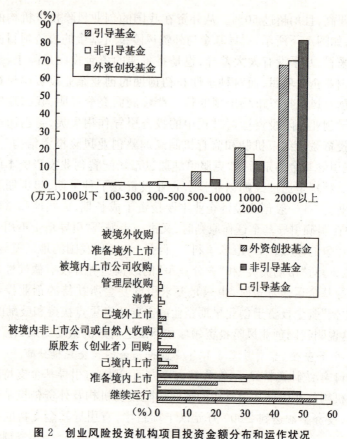

图 2 创业风险投资机构项目投资金额分布和运作状况

资料来源：王元等.中国创业风险投资发展报告 2011[M].北京：经济管理出版社，2010：115－116.

《指导意见》明确了引导基金的组织形式。之所以明确要求"引导基金应以独立事业法人的形式"设立，是为了有效解决以下问题：一是为便于引导基金独立地对所扶持创业投资企业行使权利并承担义务与责任，必须赋予其独立法人地位。二是为避免其蜕化为商业性基金，有必要明确引导基金的"事业"性质。三是为将引导基金纳入"公共财政体系"，从根本上解决将引导基金资产纳入经营性国有资产所带来的一系列问题，也有必要明确引导基金的"事业"性质。①

---

① 刘健钧.《创业投资引导基金指导意见》解读[J].证券市场导报，2009(1)：9－76.

四、我国创业风险投资引导基金运营模式与激励约束和监督机制创新

(一) 我国政府引导基金发展情况

从 1998 年中国民建中央提出"大力发展风险投资事业"的提案以后,风险投资在我国开始了快速发展。但政府在政策层面的支持却相对滞后,直到 2005 年才开始探索相应的管理办法,2008 年才开始借鉴美国、以色列、澳大利亚等国发展政府引导基金的经验,提出了"政府出资引导民间资本投向,成立政府引导基金"的策略。从理论上说,这也是为了解决风险投资行业发展中的市场失灵问题而产生的。在政策的鼓励下,我国各地政府近几年来均推出了一些政府引导基金,并且规模逐年递增。据 China Venture 统计,目前国内已有 15 个省市建立了政府引导基金,承诺总规模预计超过 400 亿元人民币,其中完成募集 8 支,募集金额 44 亿多元。[1]

(二) 我国政府引导基金运作中存在的问题

1. 政府引导基金运作体系中的投资杠杆作用乏力

由于我国政府引导基金追求自身收益性,未将主要资金投向种子期和初创期企业,一方面使我国处于种子期和初创期的创业企业难以获得企业发展所需资金;另一方面,政府引导基金将大部分投资项目和资金投向那些扩张期和成熟期的企业来获取巨额利润,无法引导民间资本加入创业风险投资领域,致使政府引导基金对高科技产业化投资的投资杠杆效果不显著。从政府制度创新的角度是由于尚未真正构建起一整套公共财政考核评价体系[2]和监督体系。应该对引导基金所支持的创业风险投资机构对种子期和初创期创业企业的投资项目和金额设立相适应的指标并进行考核和监督。

2. 引导基金的激励和约束机制缺失,引导基金的监督机制效率低下

我国由政府出资设立的创业风险投资引导基金的目的是通过引导民间资本支持科技型中小企业发展。但由于这种政策性目标在对政府引导基金运营指标考核上具有模糊性,难以被量化。而政府作为引导基金的出资人,本应行使对引导基金的收益所有权和使用监督权,但目前由于政府作为出资人并未落实在具体的法人或自然人上,这就形成所有权虚位或产权缺失

---

[1] 柏高原. 创业投资引导基金运作机制研究——基于共同代理关系视角[D]. 2010(6):103.
[2] 资料来源:刘健钧.《创业投资引导基金指导意见》解读[J]. 证券市场导报,2009(1):9—76.

问题,并造成对创业风险投资引导基金管理机构的经营者的监督、约束和激励机制缺失,最终使得引导基金的监督机制效率低下。

3. 引导基金运营管理各机构之间缺少系统性有效制约机制

我国现阶段创业风险投资市场运作模式与制度缺失情况如图3所示,政府引导基金虽然将一部分资金投入天使投资基金,用于对种子期的创业企业的投资,但从其投资项目和投资金额上看规模非常小,而且对于风险投资基金的引导作用微弱,造成这一局面的主要原因是由于监管和约束机制不得力所致;而对内外资创业风险投资基金的投资约束机制并未发挥有效作用,导致有引导基金支持的创投机构与纯内资或纯外资创投机构同样将主要资金投资于投机性很强的成长期和成熟期的创业企业,最终造成我国创业风险投资市场的"市场失灵"和"引导失灵"的双失灵局面。因此,政府引导基金不只是需要给创业风险投资机构提供资金补偿,更重要的是急需通过制度创新和机制创新解决创业风险投资市场激励约束机制失效问题。

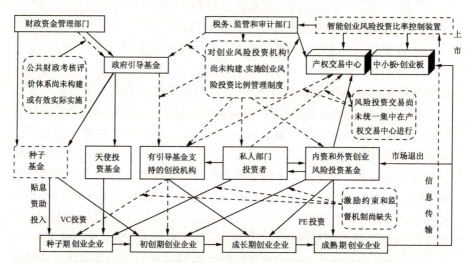

图3 我国创业风险投资引导基金运营模式与激励约束和监督联动机制缺失与重构示意图

注:实线表示已有资金流向和影响机制,虚线表示尚未构建的引导、交易、激励约束和监管机制,有待通过制度创新予以完善。

本图为作者根据研究分析我国目前现有相关制度与规定和尚需完善的相关制度和机制状况绘制。

■ 五、结论与对策

我国创业风险投资产业经过20多年的发展已初具规模,但从创业投资项目和金额所处阶段看存在着严重的后期投资问题。根据《中国创业风险投资发展报告》(2010—2012)①显示,我国创业投资对种子期和初创期的创业企业的投资比例在下降,而对成熟期的投资项目和金额的比例在上升,使得处于种子期和初创期的创业企业存在严重的投融资缺口,而处于扩张期和成熟期的企业投融资过剩,并引起中小板和创业板市场股票泡沫严重。创业风险投资市场这种不正常的局面严重制约了我国科技成果转化和高科技产业化的正常发展,使产业结构转型速度放慢。其根本原因是目前创业风险投资市场中存在着严重的"寻租现象"、"市场失灵"和"引导失灵"等一系列问题得不到有效解决。所以,政府相关部门要解决这些问题,既要通过诱致性制度变迁方式引导创业风险投资机构向种子期和初创期创业企业投资,同时,也要通过强制性制度变迁对这些创业风险投资机构的投资结构进行管理。我们从政府对创业风险投资业管理战略角度提出的应对措施是,通过"创业风险投资结构比例管理"策略＋政府部分管理机制策略对创业风险投资市场进行有效治理,同时重构我国创业风险投资引导基金运营激励约束和监督机制(参见图3)。所谓创业风险投资结构比例管理策略＋政府部分管理机制策略是指参考国际上普遍采用对商业银行实施"资产负债比率管理指标体系",构建创业风险投资结构比例管理指标体系,规范创业风险投资市场投资行为的策略。以解决创业风险投资市场存在的"寻租现象"、"市场失灵"和"引导失灵"等一系列问题,并通过构建系列"智能创业风险投资比率控制装置",即通过电脑软件技术将创业风险投资市场的股权转移交易"程序化"、"规范化"、"透明化"和"公平化",防止人为因素造成股价泡沫失控状态,从而构建中国特色的"政府引导＋约束激励＋市场竞争＋有效监督"的创业风险投资管理模式,确保我国创业风险投资市场能够促进高新技术的产品化、商品化和产业化发展顺利进行。为使政府引导基金的投资杠杆作用得到充分发挥,加快高科技产业化的步伐,提出以下对策和建议。

(一)构建创业风险投资结构比例管理体系以完善政府引导基金运营机制

由于现有创业风险投资引导基金没有很好对创业风险投资市场形成引

---

① 王元等.中国创业风险投资发展报告 2010[M].北京:经济管理出版社,2010:105;王元等.中国创业风险投资发展报告 2011[M].北京:经济管理出版社,2011:106;王元等.中国创业风险投资发展报告 2012[M].北京:经济管理出版社,2012:107。

导杠杆效果,财政资金管理部门、税务、监管和审计部门,以及评级机构之间没有形成一个整体性有效管理体系,使得创业风险投资市场存在严重的"寻租现象"、"市场失灵"和"引导失灵"等问题,严重地扰乱了该市场的健康发展,因此,有必要对创业风险投资市场的管理制度、机制和模式进行重新构建,并引入"创业风险投资结构比例管理"体系,使得创业风险投资市场管理实现多机构、多环节实现管理系统整合,从而对该市场实施有效管理和监督。

(二)加强对创业风险投资机构的激励机制效果来引导民间投资机构投资

由于国有投资机构、民间投资机构和外资投资机构都是追求资本投资收益最大化的,而引导基金属于政策性投资基金,不仅仅追求经济利益,还追求政策目标。因此,在引导基金和创业风险投资机构之间存在着利益冲突,引导基金运作系统中应包含引导基金与民间投资机构之间的冲突管理机制,引导基金与这些投资机构之间构成的混合基金需要符合政府支持种子期和初创期的创业企业,因此需要政府引导基金向这些投资机构让渡部分收益,以解决利益冲突问题。同时,为实现创业风险投资结构均衡布局,还需构建创业风险投资结构比例税收激励机制,对投资于种子期和初创期的创业企业的创业风险投资机构给予税收优惠,使创业风险投资市场的投资阶段结构比例基本均衡。

(三)加强对创业风险投资机构投资行为的约束机制以改变市场失衡状态

在政府引导基金对创业风险投资机构提供资金后,创业风险投资机构有可能挪用引导基金所投资的资金投资于处于成长期和成熟期的企业;或者在投资种子期和初创期的创业企业后不对这些企业提供足够的管理和监督。因此,引导基金可能面临被创业风险投资机构侵害的风险,在引导基金运作所形成的共同代理关系中,引导基金对风险投资家的约束力有限。因此,有必要加强对引导基金投资的创业风险投资机构的投资比例进行机制性约束和监督,完善激励约束和监督联动机制,从而引导创业风险投资机构按照创业风险投资结构比例要求对种子期和初创期的创业企业进行一定比例的选择性投资,以解决市场失衡问题。

(四)加强公共资金管理监督以保证政府引导基金合理使用

政府引导基金运作的资金来源于政府财政资金投入,引导基金能否获得政府连续性的投入,受限于政府所具备的经济实力和所掌握的公共资金资源,政府公共资金受到有限性的约束。而创业风险投资市场存在着巨大的投资风险,如果不对这些公共资金的运营进行有效管理和监督,有可能由于"寻租现象"和"道德风险"对财政资金的巨大浪费和损失,因此,政府部门在保障引导基金有充足的资金来源的同时,也应对政府引导基金的运营效率进行考核和监督。同时,引导基金的出资人(政府)和引导基金管理层之间应处理好委托代理关系。引导基金出资人和管理层的效用最大化目标也不相同。因此,引导基金需要建立科学的管理机制,确保引导基金实际运作中不偏离政策目标。

(五)规范引导基金退出机制和股权价格生成机制

引导基金赋予了共同投资的国有创业风险投资机构、民间创业风险投资机构以及外资创业风险投资机构购买引导基金出资的选择权,这些机构投资者共同投资收购股份的选择权价格为初始成本加上每年的利息。随着引导基金的成功运作和创业企业的发展,其股权价格会呈上升趋势,这些机构投资者在争相购买某企业的股权时就会使该股权价格上升。因此,必须规范股权价格炒作行为,对 VC 和 PE 等机构投资者的投资股权的价格和比例进行约束性管理,并统一通过"产权交易中心"进行公开交易,以保证上市企业的 IPO 市盈率保持在一个合理的区间。

附表1:引导基金支持的创业风险投资机构投资金额和项目行业分布(单位:%)

	投资行业	2010年投资金额	2011年投资金额	投资金额比例增减	2010年投资项目	2011年投资项目	投资项目比例增减
高科技产业	新材料工业	12.2	13.1	+0.9	12.1	10.9	-1.2
	新能源与高效节能技术	7.2	6.8	-0.4	7.8	6.3	-1.5
	生物技术	6.2	2.1	-4.1	2.9	6.5	+3.6
	光电子与光机电一体化	6.3	4.9	-1.4	5.2	6.1	+0.9
	医药保健	5.2	3.9	-1.3	4.3	4.4	+0.1
	网络产业	3.0	3.8	+0.8	5.1	4.6	-0.5
	通信设备	1.0	3.5	+2.5	2.9	3.5	+0.6
	科技服务	3.8	2.7	-1.1	3.7	3.1	-0.6
	半导体	0.7	2.5	+1.8	2.9	2.9	0

续表

	投资行业	2010年投资金额	2011年投资金额	投资金额比例增减	2010年投资项目	2011年投资项目	投资项目比例增减
高科技产业	软件产业	3.3	2.3	−1	8.8	3.5	−5.3
	环保工程	4.4	2.2	−2.2	3.8	3.2	−0.6
	IT服务	3.4	2.1	−1.3	4.7	3.4	−1.3
	其他IT产业	1.5	0.5	−1	2.3	1.2	−1.1
	计算机硬件产业	1.4	0.3	−1.1	1.6	0.6	−1
	核应用技术	0.3	0.1	−0.2	1.1	0.3	−0.8
	合计	59.9	50.8	−9.1	69.2	60.5	−8.7
传统和其他产业	传统制造业	13.1	9.5	−3.6	7.4	9.0	1.6
	其他制造业	—	8.2	+8.2	—	8.9	+8.9
	其他行业	9.9	8.0	−1.9	9.2	8.9	−0.3
	消费产品和服务	7.3	7.7	+0.4	3.2	4.9	+1.7
	农林牧渔业	3.9	4.6	+0.7	2.6	4.7	+2.1
	金融保险业	7.1	3.4	−3.7	4.8	1.4	−3.4
	传播与文化娱乐	2.1	1.9	−0.2	2.1	2.1	0
	建筑业	—	0.8	+0.8	—	0.9	+0.9
传统和其他产业	批发和零售业	0.7	0.6	−0.1	0.7	0.3	−0.4
	社会服务	—	0.4	+0.4	—	0.8	+0.8
	交通运输、仓储和邮政业	—	0.2	+0.2	—	0.2	+0.2
	水电煤气	—	0.1	+0.1	—	0.2	+0.2
	采掘业	—	0.0	0	—	0.2	+0.2
	合计	44.1	45.4	+1.3	30	42.5	+12.5

资料来源：根据王元等.中国创业风险投资发展报告2011[M].北京：经济管理出版社,2011(9)：112；王元等.中国创业风险投资发展报告2012[M].北京：经济管理出版社,2012(9)：112.整理编制。

第十二章 知识产权质押贷款风险控制与价值评估机制重构

——基于空间生产理论视角和典型案例的研究*

一、引言

随着我国产业结构转型的推进,高科技产业化成为创新经济的驱动力,科技型中小企业越来越成为推动区域经济增长的新引擎。为支持科技型中小企业的发展,各地金融机构开始办理知识产权质押贷款业务。相对于房产和股权等质押贷款方式,知识产权质押贷款是为解决科技型中小企业"轻资产"的特征下融资难问题的金融创新产品,有力地支持了区域科技型中小企业的迅速发展。但由于大部分科技型中小企业存在着资本金少、固定资产规模小、经营业绩不确定性大等先天不足,加大了商业银行贷款的风险度,因此一般商业银行在知识产权质押贷款审查中都会从严掌握。如果商业银行从严掌握知识产权质押贷款,就会减少对科技型中小企业的贷款规模;如果商业银行放宽对知识产权质押贷款风险管理标准,则又有可能加大商业银行贷款风险性。所以,商业银行知识产权质押贷款的风险控制与知识产权质押价值评估问题成为需要深入研究的重要课题。美国对知识产权在产品化、商品化和产业化过程中知识产权质押贷款的风险性与其价值评估问题有较多研究,1998年时任美国众议院科学委员会副委员长的弗农·埃勒斯(Vernon Ehlers)指出,在联邦政府重点资助的基础研究与产业界重点推进的产品开发之间存在着一条沟壑。他将该沟壑形象地比喻为"死亡之谷(Valley of Death)"。埃勒斯认为,政府有必要在"死亡之谷"上面搭建一座桥梁,以使众多基础研究成果能够越过"死亡之谷"实现商品化、产业

---

* 基金项目:江苏省哲学社会科学研究基地项目"苏南产业结构转型与民间资本投资问题研究"(10JD030);江苏省社科项目"江苏科技金融发展的探索与创新研究"(AA11000111)。

化。"死亡之谷"现象在我国也同样存在。据世界银行估算,中国的科技成果转化率平均只有15%,专利转化率只有25%,专利推广率则在10%～15%上下浮动。① 如果不能跨越从产品到商品、再到产业化的"死亡之谷",技术成果转移转化就不能算是真正完成。因此,知识产权抵押贷款犹如跨越"死亡之谷"的"救命之桥"的"支柱"不可缺少。然而,科技成果转化的"死亡之谷"究竟是怎样的?具有哪些特征?需要怎样应对?它与知识产权抵押贷款之间的关系如何?这些问题从现有文献中并不能得出明确的答案,因此破解"死亡之谷"之谜,成为本章分析知识产权质押贷款风险控制与价值评估机制问题的切入点。

二、文献综述

国外对知识产权质押贷款的相关研究,可从 Modigliani 和 Miller(1958)提出 MM 理论中得出,在完善的市场中企业的融资结构选择与企业的市场价值无关的结论开始,20 世纪 60 年代资本结构理论沿着 MM 理论的假设条件,形成关注各类税收差异与资本结构关系的"税差学派"和重视研究破产成本对资本结构影响的"破产成本主义"两条分支。而 Jensen 和 Meckling(1976)将代理理论引入了企业资本结构,发现代理成本是企业所有权结构的决定因素,并认为融资结构会影响经营者的工作努力水平和其他行为选择,从而影响企业未来现金收入和市场价值。Myers 和 Majluf(1984)认为,各种融资方式的信息约束条件和向投资者传递的信号是不同的,由此产生的融资成本及其对企业市场价值的影响也存在差异,企业的融资决策是根据成本最小化的原则依次选择不同的融资方式,即首先选择无交易成本的内源融资,其次选择交易成本较低的债务融资,对于信息约束条件最严并能够导致企业价值被低估的股权融资则被企业排在末位。Aghion 和 Bolton(1992)认为,从一个企业控制权有偏好的经营者的角度来说,企业融资结构的先后顺序是内部融资、发行股票、发行债券和银行贷款;但从有利于企业治理结构和建立约束监督机制来说,其融资结构的顺序正好相反。Bester(1985)认为,通过引入抵押机制,甄别企业风险,可以实现信贷均衡分离,改变中小企业信贷约束。Boyle(1988)开发的三叉树定价模型较好地弥补了

---

① 周程,张杰军. 跨越创新过程中的"死亡之谷"——科技成果产业化问题刍议[J]. 科学学与科学技术管理,2010(3):50-55.

CRR模型的缺点。三叉树定价模型是在二叉树的基础上发展起来的。在三叉树定价模型中,假设每一个子时间和空间到下一个子时间和空间,标的资产的价格存在上升、持平、下降三种可能性,分别对应三个概率,三个概率之和为1。因此,该模型通过增加每个子时间和空间的状态数量来达到提高计算精确度的目的,同时避免了因子时期过多而产生的计算上的复杂性。

国内学术界对知识产权质押贷款方面的研究也较多,但从商业银行风险控制视角来研究知识产权质押贷款的论文较少。李玲娟、张晓东和刘丽红(2012)认为,知识经济时代,知识投入成为产出的决定性因素,知识参与到企业生产的每一个环节,并与企业发展融合为一体,带来企业的价值增值。陈云、谭淳方、俞立(2012)认为,正确评估科技型中小企业技术的创新能力,可以帮助政府、金融机构等制定有针对性的政策和措施。基于科技型中小企业高成长率的特点,从企业现有技术创新能力和技术创新能力提升潜力两个方面构建创新能力评价指标体系,以科学评价科技型中小企业的创新能力。胡艳(2012)认为,银行参与知识产权质押贷款的积极性不高的主要原因是知识产权的不确定性较高,知识产权变现能力较差。在知识产权价值评估方面,周程(2010)研究了科技创新中的死亡之谷问题,对汉字激光照排系统的产业化进程进行了梳理,并对汉字激光照排系统得以跨越"死亡之谷"的原因进行了分析,认为政府的持续推动奠定了该系统创新的成功基础,产学研合作是促成该系统抢得市场先机的要因,用户的信任与支持为该系统的商品化创造了条件,创业型科学家的引领是该系统得以实现产业化的关键。周英男、李昕杨、王雪冬(2007)运用随机微积分方程,推导出了专利初期静态价值的实物期权评估模型,给出了不可交易专利初始静态价值评估的算例,为专利的交易提供了新的评估方法。从国内外研究现状的综述可以看出,目前相当一部分研究成果只是对一般性实物期权模型在专利评估中的简单应用,未考虑到知识产权价值评估的时间与空间因素。

三、知识产权转化与融资风险控制——破解"死亡之谷"之谜

知识产权转化阶段是指科技型中小企业对具有实用价值的知识产权进行后续试验、开发、应用、推广直至形成新产品、新工艺、新材料、新产业等活动的发展阶段,具体过程可分解为三个阶段:知识产权产品化时期、知识产权商品化时期、知识产权产业化时期。

(一)高新技术产品化时期知识产权质押贷款风险控制

知识产权产品化时期主要可划分为技术开发、生产试验和产品化三个阶段，技术开发的作用在于，它使知识产权步入实用阶段，为企业吸收、应用成果创造必要条件。生产试验阶段是在技术开发的基础上，集中力量去解决知识产权大规模生产过程中的生产工艺、原料、设备、厂房等方面的问题，生产出小批量产品。产品化阶段是要达到规模化生产，需要进行生产准备和试生产，如选购或制造设备、选定厂房、训练员工、投入流动资金、购买原材料及市场开发等活动，使企业具备批量生产能力。在这一时期的知识产权抵押贷款风险度划分为三个阶段，在技术开发阶段贷款风险度"很高"，在生产实验阶段贷款风险度"较高"，在产品化阶段贷款风险度"中等"，由于在这一时期科技型中小企业处于研究开发阶段，没有充足的固定资产和流动资产抵押，因此需要通过知识产权质押方式获得贷款。因此，这一时期用于贷款抵押的知识产权①应属于用于生产产品的相关专利。

(二)高新技术商品化时期知识产权质押贷款风险控制

商品化时期是高新技术产品向商品转化的过程，通过中介转化机制包括技术市场实现知识产权的所有权转移，即使知识产权实现从专门科研机构到企业的转移或不同的经济实体之间转移，有广阔的市场前景。新产品进入市场，有一个由小变大的过程，但只是具有强大的市场前景，高新技术产品就能顺利地实现大批量生产，逐步地占领和扩大市场，从而实现高新技术产品向商品转化。在这一时期的科技型中小企业的产品已经开始进入市场，并通过批量生产扩大市场，因此企业的流动资产和固定资产已经达到一定规模，这一时期用于贷款抵押的知识产权应属于生产商品的工艺技术专利。

(三)高新技术产业化时期知识产权质押贷款风险控制

产业化是指高新技术产品能够普遍被市场所接受，从而形成大规模的生产，这种新产品技术或新工艺技术通过扩散效应在社会范围内形成产业。高新技术商品产业化过程也可以分为两个连续的阶段：第一阶段是高新技术企业商品化，是指产品创新能在一定程度上被市场接受，能成功推向市场；第二阶段是高新技术企业产业规模化阶段，是指高新技术企业的规模不

---

① 包括工业产权(专利、商标、服务标志、厂商名称、原产地名称、制止不正当竞争，以及植物新品种权和集成电路布图设计专有权等)、著作权(自然科学、社会科学以及文学、音乐、戏剧、绘画、雕塑、摄影和电影摄影等方面的作品组成版权)等。

断扩大,使市场很快地接受这种产品,并且拥有扩大的市场需求,所以此时的产业规模扩大应是产业化的核心。在这一时期的科技型中小企业已经进入商品化和生产规模化阶段,用于贷款抵押的知识产权应为提高生产效率和扩大生产规模相关专利(参考表1和图1)。

表1：不同发展时期科技型中小企业知识产权质押与风险控制

时期	阶段目标	贷款用途	贷款风险度	银行风险控制手段
产品化时期	技术开发	开发材料和工资	很高☆☆☆☆☆	知识产权质押＋政府风险补偿
	生产试验	材料、设备和厂房	较高☆☆☆☆	知识产权＋固定资产抵押
	产品定型	原材料和流动资金	中等☆☆☆	知识产权＋流动资产抵押
商品化时期	进入市场	原材料和流动资金	很高☆☆☆☆☆	流动资产抵押＋担保
	批量生产	增加设备和厂房	中等☆☆☆	固定资产抵押＋担保
	市场扩大	扩大流动资金规模	较低☆☆	流动资产抵押＋担保
产业化时期	规模生产	商品库存增加	中等☆☆☆	固定资产＋流动资产质押
	高效生产	扩大再生产	较低☆☆	固定资产＋流动资产质押
	产业链化	供应链商品增加	很低☆	固定和流动资产质押＋供应链担保

注：将贷款风险度划分为"很高＝5颗星"、"较高＝4颗星"、"中等＝3颗星"、"较低＝2颗星"、"很低＝1颗星"五个等级。

资料来源：作者根据分析科技型中小企业三个发展时期的特征编制。

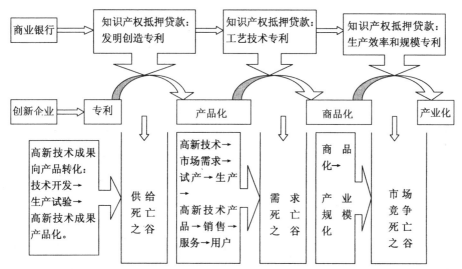

图1 知识产权质押贷款成为科技型中小企业跨越"死亡之谷"的"救命之桥"

资料来源：作者绘制。

四、知识产权抵押贷款案例比较分析

（一）知识产权抵押贷款与制度创新案例分析

本章对"汉字激光照排系统的产业化成功案例"、"鑫泰机床知识产权质押贷款失败案例"、"湖南省湘潭市政府知识产权试点案例"、"成都市科技局与成都银行合作"、"交通银行的'展业通'发放知识产权质押贷款案例"、"杭州银行科技支行知识产权质押贷款案例"和"优尔公司300万元专利权质押贷款案例"进行了比较分析。如表2所示，这些以知识产权质押贷款实施金融机构包括世界银行、国内商业银行、科技支行和信用社等，而借款企业或机构则也为不同所有制形式，其知识产权质押贷款中存在的问题也各有差异。

第一个案例，方正集团的知识产权投融资比较特殊，由于其为国家发展的项目，其初创期的技术开发和产品化阶段，国家以直接拨款的形式(代替风险基金功能)支持了其资金需求；在产品化向商品化过渡阶段国家又给予了外汇支持；产业化阶段又获得了世界银行的资金支持，因此，它是我国支持高科技产业成功的典型案例[具体过程请参见附件1(1)]。但是，由于国家财政资金能力有限，以该种方式解决众多科技企业的发展是不可能的，因此，并不具备普遍意义。

第二个案例，从鑫泰机床知识产权质押贷款失败案例来看，中区信联社失败的重要原因是没有判断知识产权价值与鑫泰机床公司现阶段企业发展阶段相联系，发明专利与企业实际资金需求不符，所以将已经失效的知识产权作为抵押品贷款，最后造成无法收回贷款的局面[参考附件1(2)]。因此，对于知识产权实际价值的正确估价成为金融机构科技贷款中的难题。

表2：知识产权质押贷款的风险控制与影响因素分析

金融机构等	借款企业等	借款用途	借款金额	贷款风险控制	贷款安全性
世界银行	方正集团	高校购买设备	数百万美元	向需求方发放贷款	按时归还
中区信联社	鑫泰机床	挪用,借新还旧	520(150万元)	知识产权6项质押	呆账
湘潭银行信联社	6家企业	流动资金	合计3 250万元	专利商标权质押	1家逾期3年
成都银行	软件制造等	流动资金	330万元	5项知识产权质押	尚未公布信息

续表

金融机构等	借款企业等	借款用途	借款金额	贷款风险控制	贷款安全性
交通银行	31家企业	生产资金	2.9亿元	知识产权质押	尚未公布信息
杭州银行科技支行	A科技股份公司	流动资金	500万元	专利1627万元质押	已按期归还
厦门A银行	厦门优尔公司	流动资金	300万元	专利818万元质押	贷款循环使用

资料来源：根据赵昌文.创新型企业的金融解决方案：2011中国科技金融案例研究报告[M].北京：清华大学出版社,2012(1)：54－102.整理编制。

第三个案例，从湖南省湘潭市政府知识产权试点案例看，在湘潭市政府推动下，有6家企业从湘潭市商业银行和湘潭市农村信用联社获取了知识产权抵押贷款共3 250万元，贷款期限以一年为主，只有1家企业的期限超过3年。这反映出政府财政对金融机构的支持不足，应以构建金融机构贷款"风险池"和"知识产权资产池"等方式，解决金融机构知识产权贷款中的风险问题。

第四个案例，从成都市科技局与成都银行合作案例看，由于成都科技局与成都银行合作，加强了对知识产权的规范管理，并要求企业质押的知识产权必须是已经处于实质性的实施阶段、市场潜力大的项目。这可以大大提高知识产权质押贷款与企业发展阶段的联系，增强了贷款用途的针对性，但对知识产权价值与风险评估上并没有准确的量化[参考附件1(4)]。由于成都银行并未公布贷款安全性信息，因此，还有待进一步观察。

第五个案例，从交通银行的"展业通"发放知识产权质押贷款案例看，交通银行通过各种金融产品创新方式发放知识产权质押贷款，并从2006年10月发放第一笔知识产权质押贷款至2008年8月交通银行北京分行累计向31家企业发放了37笔知识产权质押贷款，共计2.9亿元；其中专利质押贷款5 745万元，商标质押贷款2.4亿元，积累了丰富的经验。交通银行通过构建科技支行方式，与政府、创投、担保和保险等金融机构合作，从而化解贷款风险。但是由于商业银行对科技型企业贷款存在风险与收益比匹配问题，需要进一步通过制度创新解决[参考附件1(5)]。

第六个案例，从杭州银行科技支行知识产权质押贷款看，其以A科技股份公司拥有的发明和实用型专利固件1 627万元,按照30%的质押率核准贷款额度500万元,贷款期限为一年,该企业贷款到期后已按期归还。其知识产权质押贷款质押引入了专业评估机构降低贷款风险,并利用杭州银行在北京布置的网点办理知识产权质押登记降低企业融资成本。但是,金融机构也应该构建自身的知识产权价值与风险评估机制[参考附件1(6)]。

第七个案例,从厦门优尔公司300万元专利权质押贷款案例看,该企业并非真正意义上的科技型中小企业,该企业在知识产权质押贷款前由于购置的固定资产,因国际金融危机其产品出口困难,使得其流动资金周转困难,故向A银行申请知识产权贷款,因此,贷款有可能被用于固定资产投资,且A银行要求其专利必须为已经产业化并用于实际生产的专利,使其专利的时效性和价值大打折扣,增加了A银行和发放固定资产贷款银行贷款的风险性[参考附件1(7)]。

(二)知识产权质押贷款风险控制机制中存在的问题

1. 知识产权质押贷款审查过于疏漏

从以上案例(如成都银行和交通银行北京分行)可以看出,金融机构在审查知识产权质押贷款时仅依靠专业评估机构对知识产权价值进行评估,但并未将这些科技型中小企业目前处于哪个发展阶段结合起来,因此无法判断其的知识产权的时效性。更无法监督贷款能够专款专用,这是贷款到期无法归还的根本原因。

2. 知识产权质押贷款风险管理机制不完善

从以上案例分析可以看出,大部分金融机构在对知识产权质押贷款进行贷前调查、贷时审查和贷后检查的过程中,对这些科技型中小企业的贷款风险管理并未构建一整套风险管理机制和知识产权质押贷款综合评价指标体系,因此,其的知识产权质押贷款的管理方式与一般贷款没有太大区别,无法实现知识产权贷款的风险防范和风险预警的目标。

3. 知识产权质押贷款发生呆账追回困难

从以上案例分析来看,目前区域性知识产权交易平台尚未构建,一旦出现呆账或企业破产状况,无法立刻对企业所拥有的知识产权进行拍卖或转让,因此,商业银行在知识产权抵押贷款发生风险后,无法及时收回贷款。

4. 非真实性知识产权质押贷款

从杭州银行科技支行对 A 科技股份有限公司的知识产权质押贷款来看,该企业为一家股份制公司,总资产额高达 1.3 亿元左右,为何无法提供有效的实物资产抵押? 即使无实物资产,股权质押和流动资产抵押也比知识产权质押流动性更强。因此,虽然该企业在贷款到期已经按期归还贷款,但企业并非只能通过知识产权质押风险才能获得贷款。

5. 银行误判使贷款被挪用且无法按时收回

商业银行应该在发放知识产权质押贷款时,注意贷前调查、贷时审查和贷后检查中贷款的用途,以避免知识产权质押贷款被挪用,造成商业银行的损失。

五、知识产权质押价值评估机制重构

(一)知识产权质押评估方法与影响因素

1. 知识产权质押评估机制重构的必要性

准确合理的知识产权质押评估是知识产权质押融资发展的基础和前提。为提高评估水平,2006 年 4 月财政部、国家知识产权局联合下发了《关于加强知识产权资产评估管理工作若干问题的通知》,2010 年 8 月财政部、工业和信息化部、银监会、国家知识产权局、国家工商行政管理总局和国家版权局联合发布了《关于加强知识产权质押融资与评估管理支持中小企业发展的通知》,此后各地政府纷纷出台各项关于知识产权质押贷款和评估的相关政策,促进了知识产权质押评估工作的开展。现有评估理论认为,知识产权质押评估是伴随知识产权质押贷款的开展而发展起来的一类特殊的知识产权评估。其评估目的是为了确定用于取得知识产权质押贷款的知识产权质押价值。知识产权质押评估的显著特点是,银行关注的不仅是质押的知识产权在未来有可能实现的价值,而且更加关注知识产权的变现能力。因此,无论是银行或专业评估机构都应关注以下三个问题。第一,拟质押知识产权是否存在法律瑕疵。若拟质押知识产权存在法律瑕疵,则会导致后续的知识产权价值评估毫无意义。第二,拟质押知识产权是否具有实际价值。由于并不是所有的知识产权都具有实际价值。第三,拟质押知识产权对企业发展是否具有促进作用。若质押的知识产权对企业发展毫无促进作用,则会增加知识产权质押贷款的风险。而目前知识产权评估机构对知识产权的评估方法是"收益法"、"成本法"和"市场法"①,但用这三种评估方法所得出的结果差异很大,这是由于这三种方法都未考虑到知识产权向产品、商品和产业化过渡过程中的时效性、空间性和风险性因素。因此,有必要对知识产权质押评估机制进行重构,以克服原有知识产权质押评估机制的缺陷。

2. 知识产权空间价值理论的提出

1974年列斐伏尔出版了他对都市学研究的代表著作《空间生产》,此后关于空间生产的研究成为西方理论界一个重要的热点。空间生产在三个意义上促进和体现着物质生产的发展与提升:第一,社会扩大再生产。社会物质生产的发展首先表现为扩大再生产。扩大再生产的根本之点就在于通过扩大再生产的空间规模的扩张来获得更多的产品。空间生产越是发展它也就越为扩大再生产提供了可能。第二,空间置换效率。生产总是需要持续一定的过程,分为各个阶段,如果把各个生产阶段的任务同时由各个不同的生产主体来完成,产品的完成时间就大大缩短即生产率的提升。这实际上是通过生产的空间扩展来压缩时间从而提升劳动生产率。空间生产成为提升劳动生产率的一个基本路径。第三,空间生产对生产力的促进还表现为生产要素的集中与优化。生产要素的集中和结构的优化是社会生产力发展的又一重要路径。从这个意义上来说知识产权也是一种特殊的空间产品,如果这些知识产权被运用于高科技产业化过程中,就会通过空间扩张来压缩时间,从而促进生产效率的提高和高品质创新产品的诞生。

知识产权空间价值是指知识产权在转化为产品、商品和产业化过程中,其实际价值随着空间扩张和时间压缩影响使其真实价值发生变动后形成的价值。在知识产权由专利转化为产品时,其产品所拥有的附加价值最高,但

---

① 成本法是以现行市场价格为基础,评估重新开发或购买类似专利技术所需要的成本,从而确定被评估专利价值的一种评估方法;市场法是指通过市场调查,选择若干个同类专利技术在技术市场中的交易条件和价格作为参照对象,针对待评估专利技术的特点加以适当的调整,从而做出评估的一种方法;收益法是将待评估专利剩余经济寿命期内各期的预期收益用适当的折现率折算到评估基准日现值并进行加总以作为专利价值的一种评估方法。但由于成本法缺乏对市场价值的考虑,一般很少使用;市场法虽然被国际评估界所接受,但是在我国使用存在一定困难。收益法属于DCF法,自20世纪50年代起,就以在实际操作中简便、方便、直观的特点得到了国际评估界的公认。时至今日,在专利评估领域,DCF法仍是最常用的方法。但是,收到不确定因素的影响,收益法中相关参数的选取成为整个方法中的难点。靳晓东. 专利资产证券化研究[M]. 北京:知识产权出版社,2012(1):79—86.

由于其成本高、数量少、工艺不成熟等原因,使该阶段的知识产权空间价值受到制约;在知识产权由产品转化为商品时期,其生产技术提高、产量增加、成本降低,但随着销售扩大仿造品或替代品出现也会制约知识产权空间价值;在知识产权由商品实现产业化时期,知识产权由商品的生产效率提高并实现规模化生产,但市场竞争加剧和市场替代出现也会制约知识产权空间价值。知识产权空间价值是一个随产品化、商品化和产业化不同阶段不断变化的变量,其具有时效性、空间性和风险性。因此,商业银行在发放知识产权质押贷款时,不仅要参考专业知识产权评估机构的评估结果,还应科学地对科技型中小企业所拥有的知识产权空间价值自行评估。并且,应该对知识产权质押价值与贷款风险按空间置换率分段评估,以最大限度地降低商业银行知识产权质押贷款的风险性(参考图2)。

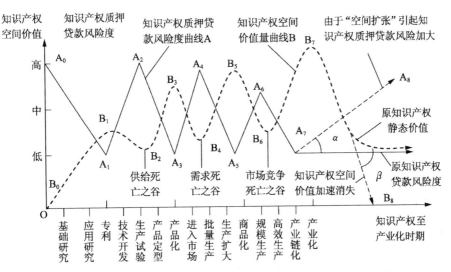

图2　知识产权空间价值曲线与知识产权质押贷款风险曲线变化示意图

注:图2中知识产权空间价值曲线与知识产权质押贷款风险曲线是连续时间和空间情况下的随机过程,其中随机变量的对数遵循布朗运动。

资料来源:作者绘制。

如图2所示,纵坐标表示知识产权空间价值和知识产权质押贷款风险度,横坐标表示知识产权至产业化时期。实线表示知识产权质押贷款风险度曲线A,虚线表示知识产权空间价值量曲线B。A曲线在基础研究和应用研究阶段风险最高,一旦获得专利等知识产权后风险下降至A_1点,之后专利随着科技产业化的不同阶段知识产权的风险由 A_0 点依次上下波动至 A_1、A_2、A_3、A_4、A_5、A_6，并从 A_7 点向水平方向移动，但由于受"空间扩张"影响知识产权质押贷款风险加大，曲线以 A_7 点为支点向上旋转并至 A_8 点位置，并与原知识产权贷款风险度方向形成 α 夹角，α 夹角越大反映其知识产权风险度扩张速度越快；B 曲线在基础研究和应用研究阶段其知识产权空间机制正在形成，到获得专利时其知识产权空间价值得到确认为 B_1 点，之后，随着将专利用于技术开发、生产试验和产品定型阶段后由于受到信息泄露、仿造和替代等因素影响，其知识产权空间价值由 B_0 点依次上下波动至 B_1、B_2、B_3、B_4、B_5、B_6，并从 B_7 点向水平方向移动，但由于"空间压缩"影响，知识产权空间价值会斜线向下加速消失，并与原知识产权静态价值移动方向形成 β 夹角，β 夹角越大反映知识产权空间价值收缩速度越快。

3. 知识产权空间价值模型

(1) 基本假设

第一，知识产权处于一个完全、有效的市场中；第二，市场的无风险利率(以 r 表示)水平是已知，且知识产权的有效期内维持在同一水平；第三，知识产权的集合可穷举。

(2) 知识产权价值评估模型的状态空间

包括两个层次：一是组合中各项单一知识产权的状态空间；二是该知识产权组合的状态空间。本章采用 Brosch(2008) 和靳晓东(2011)提出的方法，并以横坐标表示时间和空间，纵坐标表示该知识产权实施后预期收益净值的变化，先对时间和空间做出标记，然后以此为基础对给定时间和空间下的状态进行排序和标记。

(3) 知识产权空间价值系数

由于知识产权实际价值是随时间推移和空间转变其实际有效价值也在发生变化的，因此，有必要将知识产权空间价值(以 S 表示)与知识产权静态价值①(P)进行区分。设定知识产权空间价值系数(以 K 表示)，与该系数的正相关变量有：C，知识产权扩大生产率；Z，知识产权空间置换率；G，知识产权生产要素优化率。与系数负相关变量有：M，知识产权产品模仿率；T，知识产权产品替代率；B，知识产权贸易壁垒率。根据因子分析原理[16]构建

---

① 知识产权质押静态价值表示由专业资产评估公司按照收益法、成本法和市场法计量，没有考虑空间生产因素对知识产权的评估价值。

计算知识产权空间价值系数为 K。

则：知识产权静态价值 $P=$ 预期收益 $[1-($ 剩余年率＋许可费率＋分成率＋贬值率＋折现率$)]$ (1)

则：知识产权空间价值系数为

$$K = \frac{\sum_{j=1}^{n}(C+Z+G)}{\sum_{j=1}^{n}(M+T+B)}, \quad (2)$$

故：知识产权空间价值服从如下几何布朗运动，其模型为：

$$\frac{\mathrm{d}S}{S}=K(a-\delta)\mathrm{d}t+\sigma\mathrm{d}z \quad (3)$$

其中，K 是知识产权空间价值系数，a 是知识产权实施后的预期收益率，δ 是实施知识产权的机会成本，σ 是知识产权实施的预期收益率的标准差，描述 S 的波动程度。$\mathrm{d}z$ 是维纳过程增量，且有 $\mathrm{d}z=\varepsilon\sqrt{\mathrm{d}t}$，$\varepsilon\sim N(0,1)$。

在模型中因受知识产权空间价值系数影响，知识产权空间价值随着空间环境变化，知识产权空间价值也发生改变。

(4) 在单一知识产权的状态空间

假设需要评估的知识产权组合包含 n 项知识产权，将评估的计算期记为 $[0,T]$，计算期内的时间记为 $t(t=1,2,\cdots,T)$。对于组合中的第 i 项专利而言 $(i=1,2,\cdots,n)$，在时间 t 上可能出现的知识产权预期净收益的取值有 s 种可能 $(s=1,2,\cdots,2t-1)$，也就是说，在时间 t 上有 s 种状态。

将第 i 项知识产权的预期净收益记为 $\theta_i(t,s)$ [其中$(t,s)\in S$]。根据三叉树定价模型的基本原理，假设在每一个节点上，可能出现上行、持平、下行三种情况："上行"的预期净收益变为 $u_i\times\theta_i(t,s)$，"持平"的预期净收益仍为 $\theta_i(t,s)$，"下行"的预期净收益变为 $d_i\times\theta_i(t,s)$，其中，u_i 和 d_i 分别为预期净收益 $\theta_i(t,s)$ 在该节点处的上行比例和下行比例。

在第 i 项知识产权的状态空间下，时间 t 所遵守的顺序为 $(t-1),2,\cdots,T$。在每一个时间点 t 上的状态 s 所遵循的顺序如下：

在 $t=1$ 时刻，知识产权预期净收益为 $\theta_i(1,1)$，对应 $s=1$。

在 $t=2$ 时刻，知识产权预期净收益有以下三种可能：

在 $t=2$ 时刻上行：$\theta_i(2,1)=u_i\times\theta_i(1+1)$，对应 $s=1$；

在 $t=2$ 时刻持平：$\theta_i(2,2)=\theta_i(1+1)$，对应 $s=2$；

在 $t=2$ 时刻下行：$\theta_i(2,3)=d_i\times\theta_i(1+1)$，对应 $s=3$。

以此类推，$\forall_t \in [0, T]$，知识产权预期净收益有 $2t-1$ 种可能，对应的 s 所遵守的顺序为：将可能出现的专利预期净收益想通过的项进行合并后，在按照预期收益由大到小的顺序排列。

因此，所有关联状态指数集合 $S=\{(t,s)|t=1,2,\cdots T; s=1,2,\cdots,2t-1\}$ 就是该专利的状态空间。

(5) 知识产权组合的状态空间

对于组合而言，与单一知识产权状态排序的原理相同，可以得到知识产权组合的状态空间为 $S=\{(t,s)|t=1,2,\cdots T; s=1,2,\cdots,3^{n(t-1)}\}$。

(6) 变量设定

第一，计算期。起点不早于该知识产权组合生效日期，终点不晚于最早到期知识产权时点。第二，预期收益净值。组合中各项知识产权的预期收益净值均符合几何布朗运动。第三，转换现金流。状态空间 S 中的任意一个节点都可以与相邻的节点互换。假设任意一个节点都有自己进入模式和离开模式，每一个节点的离开模式都是可以看作与之紧临的下一个节点的进入模式。第四，还应考虑知识产权组合中某项知识产权实施后的预期净收益在任意节点的风险中性概率问题。

六、结论与对策

综上所述，本章对知识产权质押贷款风险控制与价值评估机制重构问题进行了深入探讨，并在对知识产权转化生产力与融资风险控制进行分析的基础上，通过知识产权抵押贷款案例比较分析，发现目前商业银行在知识产权质押贷款中风险控制与知识产权价值评估中存在的问题，并对知识产权空间价值理论进行论证，揭示了知识产权这种特殊空间产品在不同的生产阶段的价值发生变化的原因和影响因素。并提出需对知识产权质押价值评估机制重构观点，并认为商业银行不仅要参考知识产权专业评估机构对知识产权质押价值的评估结果，也应通过构建商业银行的知识产权质押贷款综合评价指标体系(参考附件1)，从而对知识产权质押贷款的风险控制发挥重要作用。根据本文讨论对商业银行知识产权质押贷款风险管理提出以下对策与建议。

(一) 知识产权质押贷款评估机制创新

由于知识产权空间价值的多变性，加大了知识产权质押贷款风险性和风险管理的困难性。一旦对知识产权价值判断失误则会给商业银行贷款的安全收回带来巨大的不确定性。因此,需要在对科技型中小企业的知识产权贷款中进行知识产权价值评估机制创新。首先,政府部门应与科技局共同构建动态知识产权价值评估体系,并向商业银行提供咨询服务;其次,商业银行应自身对知识产权建立科学评估机制和评估指标体系,以能够对知识产权空间价值进行准确的评估和跟踪。在此,对知识产权专业评估机构进行行业规范和科学管理,以杜绝对知识产权评估过程中的低层次或走形式现象发生,增强其专业评估水平和评估信用度。

(二)知识产权质押贷款与知识产权转移制度创新

政府部门应及时出台相关制度和政策支持知识产权质押贷款业务的开展,并构建知识产权转移平台或由产权交易中心开展此项业务,以实现知识产权的可交易性和流动性,以减少由于发生知识产权质押贷款风险时,商业银行可以迅速通过知识产权转移平台将质押产权出售变现,保证商业银行资产的流动性。

(三)知识产权质押贷款与风险控制机制创新

商业银行在发放知识产权质押贷款时可借鉴世界银行的做法,对某项知识产权的产品的需求方贷款,以此可以大大降低知识产权质押贷款发放的风险性。并根据科技型中小企业处于不同发展阶段对知识产权的空间价值进行准确评价,对知识产权对企业生产和现实贡献度进行评估,从而准确地对借款企业资金用途与知识产权的相关性进行科学分析,以保证知识产权质押贷款的安全性。

附件 1：

(1) 汉字激光照排系统的产业化成功案例

1985 年 5 月新型"计算机—激光汉字编辑排版系统"通过国家验收。1986 年该项目正式列入国家"七五"计划。国家拨款额高达数千万元，这笔"风险投资基金"对调动生产单位和使用单位参与"748"工程发挥相当大的作用。在国家的外汇储备有限的背景下，政府还给汉字激光照排项目划拨 20 万美元的用汇额度，为进口部分关键设备和元器件、借鉴国外先进经验提供了条件。1985 年 11 月《经济日报》成为光华Ⅲ型系统的第一个用户。1987 年 12 月，光华Ⅲ型系统顺利通过了电子部组织的鉴定，《经济日报》社的激光照排技术改造工程顺利通过国家经委主持的国家级验收。光华Ⅲ型系统中试成功标志着我国汉字激光照排系统已经基本越过"死亡之谷"，开始步入商品化时期。1987 年，世界银行决定向我国 20 多所高校发放数百万美元贷款，以支持这些高校印刷厂购置激光系统。不过世界银行要求以国际招标方式选购激光照排系统。世界各大激光照排公司纷纷竞标，国内也有 5 家公司参与投标。北大新科技公司（方正集团前身）为确保国内照排市场，开发出拥有自主知识产权的光华Ⅳ型系统，性能已达到世界领先水平。1988 年光华系统完成升级改造后，整体竞争力明显优于国外同类产品，所以在世界银行的国际招标中脱颖而出。因光华Ⅳ型系统无论是在低端市场还是在高端市场都具有竞争优势，故市场份额急剧扩大，以至来华研制和销售照排系统的英国蒙纳公司，美国王安、HTS 公司，日本写研、森泽公司等，不得不于 1989 年底前全部退出中国激光照排系统市场。

汉字激光照排系统成功跨越"死亡之谷"的过程中，先后由国家投资和世界银行贷款等方式给予金融支持。得到的启示是：第一，在专利向产品化转化阶段，在知识产权抵押贷款之前最好有风险投资基金介入；第二，知识产权贷款方式可以借鉴世界银行做法，从向供给方转变为向需求方融资可以减少融资风险性；第三，知识产权抵押标的应根据企业发展的不同阶段判断其合理性（参考表 2）。

(2) 鑫泰机床知识产权质押贷款失败案例

2007 年 9 月，四川内江是鑫泰机床公司以 6 项专利质押从金融机构获得 150 万元的一年期贷款，四川省农业信用社内江办事处内江市市中区联社以质押的 6 项专利评估价值 510 万元，按评估价值 1/3 以下的比例发放贷款

150万元,2008年9月鑫泰机床在贷款到期之时无法及时偿还,申请转贷并获得借新还旧转贷,但至今无法收回贷款成为呆账。金融机构贷款失误的关键原因是,发明专利与企业实际资金需求不符。因鑫泰机床在获得知识产权抵押贷款前已经实现产业化,如果该产品具有市场竞争力则不需要知识产权抵押贷款支持。因此,贷款用途不明确,由于2006年底至2007年初该企业在建厂房,有可能将贷款挪用于固定资产投资,使贷款无法归还,使企业陷入"需求死亡之谷"或"市场竞争死亡之谷"(参考表2)。

(3)湖南省湘潭市政府知识产权试点案例

2005年9月湘潭市政府召开金融支持科技创新发展工作会议,有3家企业获得了湘潭市商业银行等金融机构的知识产权抵押贷款1 600万元。2006年又有3家企业从湘潭市商业银行和湘潭市农村信用联社获取了知识产权抵押贷款1 650万元。其特点是,这些知识产权抵押贷款的质押物包括专利和商标,知识产权必须是处于实质性实施阶段,并形成产业化经营规模,具有一定的市场潜力和良好的经济效益。贷款期限以1年为主,只有1家企业的期限超过3年;贷款利率在基准利率基础上向上浮动40%。贷款用途仅限于流动资金和承兑业务。湘潭市企业获得的知识产权质押贷款具有明显的混合抵押特点,即发放的贷款除了知识产权质押以外,金融机构还需要企业提供厂房、生产设备等固定资产的抵押,而且,这种固定资产抵押获得的贷款占了贷款量的较大比例。质押的知识产权是通过长沙市的评估机构进行评估。自2007年以后再没有开展新的知识产权质押贷款业务(参考表2)。

(4)成都市科技局与成都银行合作

2008年3月成都市科技局与成都银行签订《成都市知识产权质押担保融资合作协议》,此后成都银行一共开展了5项知识产权质押担保贷款业务,贷款总额达330万元,借款企业为软件、制造业、制药、环保等行业,质押的知识产权包括发明专利、商标和软件著作权等,贷款企业分别处于初创期、成长期等发展阶段,贷款用途限于生产性流动资金。其特点是,要求企业质押的知识产权必须是已经处于实质性的实施阶段、市场潜力大的项目。成都市生产力促进中心向银行的短期借款提供连带责任担保,企业以自有知识产权质押给成都市生产力促进中心进行反担保,并以企业业主信用以及其他方式承担无限连带责任。实行浮动利率,在国家规定利率基础上向上浮动30%。贷款额度上限为100万元,贷款期限不超过1年。引入知识产权评估机构对知识产权进行评估,贷款额度不超过企业知识产权评估价值的40%(参考表2)。

(5) 交通银行的"展业通"发放知识产权质押贷款

交通银行的"展业通"贷款是北京知识产权质押贷款的典型模式,从2006年10月发放第一笔知识产权质押贷款至2008年8月交通银行北京分行累计向31家企业发放了37笔知识产权质押贷款,共计2.9亿元;其中专利质押贷款5 745万元,商标质押贷款2.4亿元,信贷投向涉及生物制药、新材料、电子科技等多种行业。其主要特点是,知识产权质押贷款所需的质押物是企业或企业主所拥有的发明专利、实用新型专利、商票专用权。贷款用途仅限于在生产过程中正常资金需求,贷款额度不超过1 000万元,超过部分需追加其他方式担保,贷款总额不超过2亿元人民币。贷款期限一般为1年,最长为3年,且不能办理展期。贷款利率按照基准利率基础上不低于10%比例上浮。中介(如律师事务所和知识产权质押评估机构)发挥重要作用。政府实施贴息支持,奖励中介机构,引入中介机构参与知识产权质押贷款(参考表2)。

(6) 杭州银行科技支行知识产权质押贷款案例

杭州银行科技支行的知识产权质押贷款质押引入了专业评估机构降低贷款风险,并利用杭州银行在北京布置的网点办理知识产权质押登记降低企业融资成本。截至2010年10月,已有多家企业获得科技支行授信,总金额超过3 000万元。科技支行累计发放知识产权质押贷款3笔,2 500万元,知识产权质押贷款余额2 000万元。如A科技股份有限公司为高新技术企业,成立于1998年,主营节能改造工程的智能化业务,总资产1.3亿元左右。基本占领国内钢铁行业高炉的部分技改项目控制系统市场,业务成长中小企业资金需求增长,企业无法提供有效的实物资产抵押,难以获得银行传统业务的信贷支持。该企业拥有发明和实用新型专利估价1 627万元,科技支行根据30%的知识产权质押率,核准对其贷款额度为500万元,贷款利率按基准利率,贷款审批时限为1周,贷款期限为1年,该企业贷款到期后已按期归还(参考表2)。

(7) 厦门优尔公司300万元专利权质押贷款案例

2009年厦门优尔电器有限公司从A银行获得300万元专利权质押贷款(厦门市首笔知识产权质押贷款)。该公司成立于2002年6月,注册资本812万元,当时员工人数为500人左右,自有产房面积9 000平方米,向他人租用面积 7 800 平方米。该公司产品的 70%～80% 为外销,主要产品为电熨斗、剃须刀、搅拌器等,拥有 300 多项发明和实用新型专利,2008—2009 年期间其销售收入为 8 000 万元左右,利润为 200 万元左右。2007 年该公司购买了 9 000 平方米厂房,厂房在按揭还款中,2008 年优尔公司流动资金不足便尝试用专利权质押融资。A 银行要求优尔公司所提供的专利必须是已经进行产业化的专利,即该专利技术已被应用于实际生产。该公司从 200 多项专利中选了 38 项实用新型专利作为质押的无形资产估价 818 万元,A 银行对其授信 300 万元,该公司将 38 项专利权质押给 A 银行(参考表 2)。

附件 2:知识产权质押贷款综合评价指标体系构建

由于知识产权质押贷款所涉及的范围很广,风险控制与影响因素繁多,不仅要考虑知识产权本身价值,也应该考虑其他代表企业核心竞争力因素,以正确判断科技型中小企业是否符合贷款条件。因此,有必要对知识产权质押贷款业务建立综合评价指标体系,以对银行的贷款管理和风险控制形成有力支持。

(1) 知识产权质押贷款综合评价体系指标设置的原则

知识产权质押贷款评价体系是由多个子体系组成的复杂系统,在建立该评价指标系统时,必须从系统的整体出发,注意评价的总体目标是为了防范银行风险。并体现出系统的层次性和各子系统的独立性和相关性。这样才能构建一整套完整、科学的指标体系。因此,在构建指标体系时,应遵守以下原则。

① 动态原则。由于知识产权的时效性并非由权利期限决定,还应充分考虑科技进步对现有知识产权的淘汰效应。因此,必须动态地对知识产权的空间价值进行综合评价。

② 完备性原则。由于知识产权是否能够在企业发挥作用,影响因素众多,应集中反映与核心技术相关的不同侧面。

③ 可比性原则。对知识产权的先进性和实效价值的评价,需要有一个衡量和评价的参照值。在全球化时代,不仅要与国内同行业进行比较,还应与世界先进技术比较。

④ 允许估算的原则。由于知识产权的实效价值边界比较模糊,统计范围界限不清楚,因此,对知识产权价值评估多为估算和匡算,只要估计方法科学,达到一定精度要求即可。

⑤ 适用性和可行性原则。构建评价指标体系,要求指标概念明确、直观、计算方便、资料易于搜集且指标数量适当。

(2) 知识产权质押贷款综合评价指标体系构架

根据以上分析,可构建一个评价指标体系框架的具体结构如图3所示,以便直观清晰地观察各个指标之间的层次结构。只有构建完善的知识产权质押贷款风险防范与风险管理的综合评价体系,才可能使知识产权质押贷款的管理系统化、严密化和科学化。

目前,知识产权扩大生产率(C)、知识产权空间置换率(Z)、知识产权生产要素优化率、知识产权产品模仿率、知识产权产品替代率、知识产权贸易壁垒率(B)等指标由于统计上的原因暂时无法精确量化,可以先采取打分形式确定。这些指标与知识产权质押贷款综合评价指标体系框架之间的相关性如图3所示,有待于今后进一步深入探索和研究。

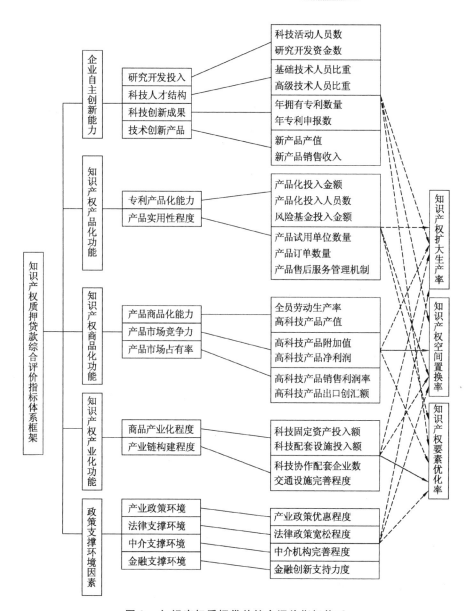

图 3　知识产权质押贷款综合评价指标体系

注：本文对知识产权扩大生产率、知识产权空间置换率和知识产权要素优化率三个指标的构成因子尚未确定，因此用虚线连接其关系线，有待于今后进一步深入探讨和研究。

资料来源：作者编制。

第十三章 科技金融激励与风险补偿机制创新及效果：基于 2011—2012 年苏州风险投资结构的分析

■ 一、引言

苏州已经初步建立起了以政府支持科技金融的"风险池"和风险补偿机制，以最大限度地支持科技型中小企业的发展，并同时化解相关金融机构的业务风险。在这个机制中，政府利用资金杠杆作用，以较少的资金撬动了巨大的金融资本为科技型中小企业提供金融服务，促进了苏州经济从外向型经济向高科技产业化转型。

但是，风险投资机构的投资对象主要是高风险与高回报并存的种子期或初创期科技型中小企业，因此，在有可能获得巨大收益的同时，也承担着巨大的投资风险。政府对于这些风险投资机构的支持通常采取政府引导基金给予支持。而风险投资机构在资金运作中十分注意规避风险，以提高收益，这样就会出现随着风险投资市场的变化，风险投资机构的投资规模和投资结构会有所转变。那么，怎样才能尽量减少风险投资机构的风险度，提高其收益率，使风险投资业健康发展，这是本章要重点探讨的问题。

苏州作为首批科技保险试点地区已经开始推动科技保险活动，但无论是科技担保还是科技保险的收费都会增加这些科技型中小企业的融资成本。应该如何将政府"风险池"再保险业务与风险投资业务有机地结合起来，才能更好地为科技型中小企业服务是需要深入研究的重要内容。

本章拟通过对苏州风险投资信用补偿机制构建、该机制对风险投资支持科技创新产业发展驱动力以及今后在风险投资业发展方向和政策上应如何深化改革等问题深入研究，并通过对风险投资信用补偿机制的效果分析，探索和发现苏州风险投资业创新模式和路径中的规律与存在的问题，并提出相应的政策建议，使风险投资信用补偿机构能够更好地为发展新兴产业服务。因此,该研究具有重要的研究价值和现实意义。

二、文献综述

科技金融是与科技创新高度相关的一个领域。西方的创新理论、经济理论和金融理论都很注重金融对于科技创新的重要作用(麦金农,1988)。佩蕾丝(2007)发现了技术创新与金融资本的基本范式:新技术早期的崛起是一个爆炸性增长时期,会导致经济出现极大的动荡和不确定性。风险资本家为获取高额利润,迅速投资于新技术领域,继而产生金融资本与技术创新的高度耦合,从而出现技术创新的繁荣和金融资产的几何级数增长。T. W. 舒尔茨(1994)认为,制度本身带有服务性,它是应经济增长的需求而产生的。他将制度所提供的服务进行了经济学意义的归纳:一是用于降低交易费用的制度;二是用于分配经济参与者之间各种风险的制度;三是用于提供组织与个人之间联系的制度;四是用于确定公共产品和服务的生产与分配框架的制度。

国内学术界近年来对科技与金融结合问题日益关注,专门为科技企业和科技创新提供金融支持的科技金融正在成为一个热点研究领域。赵昌文(2009)对科技金融体系做了比较系统的研究,提出了科技金融的5I特征,其中对制度化做出了两方面的解释。他认为科技金融制度一是科技创新的投入需要制度创新的支持,有效的制度安排可以在科技创新投入体系中起到积极的引导、激励和保障作用,不同的制度安排,如基于资本市场的金融制度和基于银行体系的金融制度对科技创新的影响也是不同的。二是以专利保护制度、市场竞争制度等为代表的基于政府公共权力的制度安排对研究开发和技术创新有决定性作用,它实际上体现了科技投入的产出效益在不同利益主体之间的分配关系。此外国内还有钱海章(1999)、王燕梅(2000)、刘健钧(2003)、陈和(2006)、杨军(2006)、张晓晴(2008)、江薇薇(2012)、李玲娟、张晓东、刘丽红(2012)、靳晓东(2012)、尹国俊(2004)、周豪(2008)等学者也在科技金融理论和实践层面进行了大量深入的研究。但从现有研究来看,科技金融作为一个成熟的理论体系尚未建成,科技和金融两张皮现象依然比较严重。从科技金融管理体系视角研究科技金融制度和机制创新问题还有很大的研究空间,科技金融理论还有待于进一步深入开拓和挖掘。本章拟从理论和实践两个层面,系统研究具有苏州特色现有体制和经济环境背景下如何通过制度创新和机制创新,解决苏州地区科技金融发展过程中存在的实际问题；同时，对科技金融理论体系进行拓展和完善。在实践层面，国家及一些地方近年来相继出台了一系列关于促进科技与金融结合的指导意见和政策。本章通过对2011—2012年苏州风险投资结构的分析，考察区域科技金融激励约束机制和风险补偿机制创新的影响效果，从制度创新视角分析目前区域风险投资产业运行中存在的问题和原因，并提出相应的对策建议。

三、苏州科技金融激励措施和风险补偿机制创新

（一）苏州科技金融制度创新和风险补偿措施

近年来，苏州市先后出台了《关于加强科技金融结合促进科技型企业发展的若干意见》《苏州市科技型中小企业信贷风险补偿专项资金管理办法(试行)》《苏州市知识产权质押贷款管理暂行办法》《苏州市科技保险费补贴资金使用管理办法(试行)》《苏州市科技贷款贴息资金使用管理办法(试行)》和《苏州市科技型企业上市融资资助暂行办法》等一系列政策文件，完善财政科技投入方式，引导和促进银行业、证券业、保险业金融机构及创业投资机构搭建服务平台，创新金融产品，改进服务手段，加快推进区域科技金融体系建设，有力地推动了科技金融工作的快速发展。逐步形成了鼓励、扶持企业自主创新的科技金融政策体系和多层次、多元化、多渠道的科技型中小企业金融服务链，为各成长阶段的科技型企业提供全方位的金融服务，对破解中小企业融资难题发挥了重要作用。

1. 创新财政科技经费支持方式

调整和优化市自主创新专项资金的结构设置，积极探索财政科技资金支持的新路子，对科技型企业的产业化项目，采用科技贷款贴息、科技保险补助、创业投资支持、担保经费专项补助等方式进行扶持，发挥财政科技资金的引导作用和市场对财政科技资金的配置作用。

2. 完善科技金融信息服务平台

建立科技型企业项目库，为种子期、初创期、成熟期的各类科技型企业提供服务。进一步完善高新技术企业、创新型试点企业、重大科技载体、高层次创新创业人才、市级以上重点科技项目等科技政策，以及科技型企业融资产品等科技金融信息，形成科技与金融资源共享机制。

3. 建立科技金融风险共担机制

由市财政局牵头成立科技贷款风险补偿基金池(以下简称风险池)①。

4. 搭建多种融资服务平台

一是通过担保公司,取得银行的授信额度,将银行资金融通给难以从银行取得贷款的科技型中小企业。二是建立统贷平台,向中小企业融资。如苏州工业园区整合各方资源,搭建了科技型中小企业成长融资平台,通过向银行申请长期贷款,并在委托贷款的基础上充分运用可转债、优先股等多种方式,更大程度上满足科技型中小企业的融资需求。三是成立信用再担保公司。

(二)工业园区和高新区的激励和风险补偿措施比较

在国际金融危机以前苏州是一个以外向型经济为主导的经济发展模式,并获得了较长期快速增长,而在国际金融危机后,苏州出口贸易急速下滑,经济转型迫在眉睫,于是苏州走上了以发展高科技产业为导向的产业转型之路;当时,在政府投资推动下,苏州风险投资业迅速崛起,初步建立了科技创投三大集聚区。一是以园区创投为龙头的沙湖股权投资中心,入驻股权投资管理团队 26 支、管理基金 36 支,管理资金规模超过 366 亿元,其旗下备案创投企业 16 家;二是以苏高新创投为龙头的财富广场,入驻各类基金 23 支,管理基金规模 46.5 亿元,其旗下备案创投企业 7 家;三是以国发创投为龙头的国发创投机构,管理的资金规模 35 亿元,旗下备案创投企业 7 家。初步实现了金融资本与高新科技的高效对接,形成了"科技项目追逐金融资本、金融资本追逐优质科技项目"的良性循环。其中苏州工业园区和苏州高新区政府出台了一系列支持风险投资机构、科技保险机构及科技担保机构的政策激励、风险补偿措施,为推动科技金融的发展发挥了积极作用。如附表 1 所示,从苏州工业园区和高新区所出台的风险投资机构激励措施比较看,工业园区采取"税收减免"或"税收优惠"政策,而高新区不仅采取"投资补贴"政策,还出台到 2015 年止,区内注册的风险机构对地方政府贡献的 50%将用作对风险机构的奖励。从苏州工业园区和高新区对风险投资机构的风险补偿机制看,工业园区实施补贴实施投资损失金额 10%,单个项目最高补贴额为 100 万元的措施;而高新区则按其投资或新增投资部分到位数

---

① "风险池"首期出资 1 亿元,今后视风险补偿情况及时补充。纳入风险补偿基金的贷款企业须全部通过政府指定部门推荐,通过与银行、保险等金融机构协商,确定在按基准利率放款的基础上,如果发生损失,按政府 80%、银行 20%或政府 40%、银行 20%、保险 40%的风险共担机制。

额的5%给予风险补贴,但同时也规定最高不超过100万元。

(三) 科技金融激励和风险补偿机制构建

苏州将产业转型的产业定为新能源、新材料、生物技术和新医药、节能环保、软件和服务业外包、智能电网和物联网、新兴平板显示、高端装备制造八大产业。其中,苏州的银行业也纷纷通过金融创新支持科技型中小企业发展,并形成各自的发展模式。如交通银行苏州科技支行以"政府+银行+担保+保险+创投"模式,为科技型中小企业提供金融创新服务方案。①

苏州科技金融激励和风险补偿机制是苏州市政府为满足种子期和初创期科技型中小企业在资金需求,促进风险投资机构等金融机构对其进行股权投资政策机制。由于科技型中小企业从知识产权的产品化到产业化过程中存在多重风险,使得金融机构投融资的高收益性和高风险性并存,因此,苏州市政府通过创建"风险池"方式对科技型中小企业进行投融资的金融机构给予政策激励和风险补偿,并为完善对科技型中小企业的投融资风险补偿机制,又尝试构建了科技保险制度和科技担保制度,形成了具有苏州特色的风险投资风险补偿机制。

该科技金融激励和风险补偿机制可划分为科技金融激励政策、科技担保制度和科技保险制度三部分。具体由对风险投资机构、科技保险机构和科技担保机构的激励措施,以及风险投资机构、科技保险机构和科技保险机构风险补偿措施构成。但是,一般科技保险公司和科技担保公司的业务主要是针对银行系统展开,而对于风险投资机构则一般不开展此项业务,因此,风险投资机构虽然通过股权投资可能获取高额回报,但主要的风险仍由风险投资机构本身承担。而政府部门的"风险池"发挥了风险补偿机制作用,而"再担保基金②"则减少了科技担保公司的风险压力,科技保险公司也发挥了降低科技银行和科技型中小企业债权融资风险作用。通过对风险投资机构的政策激励和风险补偿机制,可在一定程度上增强风险投资机构的投资积极性(如图1所示,参考附表1)。

---

① 陈作章,贝政新,周晨.商业银行科技支行业务创新案例研究[J].中国软科学,2013(1):61-71.

② "再担保业务"简介:苏州工业园区信用再担保基金旨在通过有限的财政资金投入,分散担保公司的经营风险,从而在一定程度上缓解中小企业融资困难。资料来源:苏州工业园区中小企业服务中心,网址:http://sme.sipac.gov.cn.

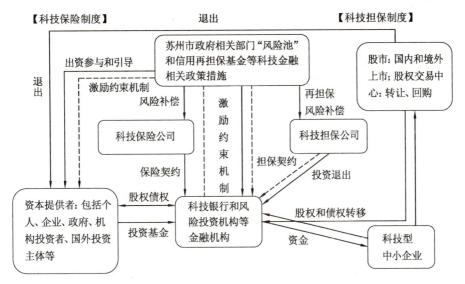

图 1　苏州科技金融政策激励和风险补偿机制创新示意图

资料来源：根据实地调查研究绘制。

四、苏州科技金融机制创新的效果分析

根据苏州股权投资基金协会统计数据①显示,2011 年苏州会员单位项目 132 个,从时间分布看,2011 年第四季度苏州风险投资最为活跃,而第一季度则明显较低。2012 年由于受国际宏观经济形势、资本市场缺乏利好和政策制度等因素影响,2012 年苏州风险投资业共计投资项目 68 个,总投资金额为 9.34 亿元人民币;项目退出 21 个,IPO 退出 7 个。

（一）风险投资项目分布状况

根据苏州股权投资基金协会统计数据显示,2011 年苏州全市共投资项目 132 个。从时间分布来看,2011 年第四季度投资最为活跃,而一季度投资进度明显减缓。2011 年 10 月项目投资最为活跃,项目个数最多,但投入资金规模较小。而相反,在 5 月虽然投资项目数量最小,但是投入资金规模为全年最大。其中主要是国发创投对一新能源项目的投入,其投资资金规模占当月的 52%。2012 年度苏州股权投资案例数及金额均表现出了急剧回

---

① 由于苏州股权投资基金协会统计数据代表了苏州市股权投资的绝大比率数据,因此,本文以苏州股权投资基金协会会员投资数据代表苏州股权投资数据,即视同为苏州风险投资业的数据。

落趋势。据数据显示,2012年全年共发生投资案例68起,投资总额为9.34亿元人民币,与2011年度投资比较,2012年投资案例数和投资金额分别下滑了48.5%和60%。从图2可以看出,2012年的投资走势低迷,这是由于风险投资环境欠佳,使投资机构纷纷采用紧缩和求稳的谨慎型投资策略所致。

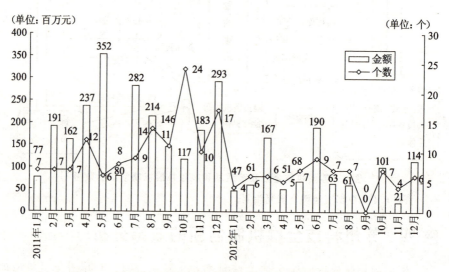

图2　2011—2012年苏州市股权投资会员单位投资项目分布
资料来源:苏州股权投资基金协会,投资分析报告和投资数据:www.szape.org。

(二)风险投资行业分布状况

根据2011年度苏州股权投资基金协会统计,苏州市风险投资项目中的71%投资在高新技术领域,而非高新技术投资项目数为29%。从具体行业看,苏州对生物医药、新能源、信息技术等新兴产业的投资占到63%,其中生物、新能源、新材料各占13%。而在高科技领域之外的机械制造也在投资项目数量中占据了13%的比例。从2011年的行业分布总体来看,在苏州在高端装备、节能环保、网络游戏和医疗设备、智能电网和物联网等方面的投资比率仍然偏低,而在建筑装饰和服务业的投入则偏高(参考图3-1)。

而从2012年度苏州股权投资案例数的行业分布来看,其风险投资主要分布于10个行业。传统行业如:制造业和医疗健康业是投资较多的行业,占据了第一、第二的位置。另外,互联网和农林牧渔业比重相当,并列第三,而对于高新技术产业的投资比率则大幅度下降(下图3-2)。

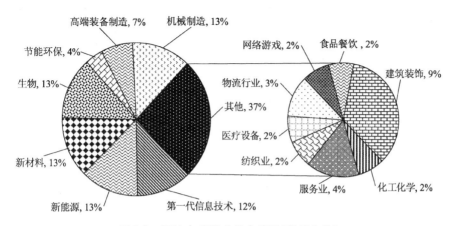

图 3-1　2011 年度行业分布情况（项目个数）
资料来源：苏州股权投资基金协会，www.szape.org。

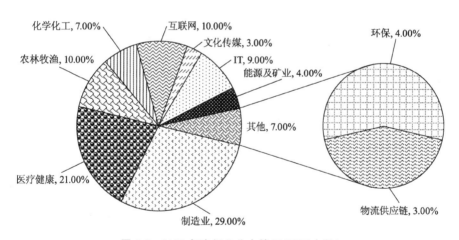

图 3-2　2012 年度行业分布情况（项目个数）
资料来源：苏州股权投资基金协会，www.szape.org。

从图 3-3-1 和图 3-3-2 中可以看出，2011 年苏州对高新技术方面的投资为 71％，非高新技术的投资为 29％；而在 2012 年苏州对高新技术的投资比率下降至 59％，非高新技术方面的投资比率则为 49％。

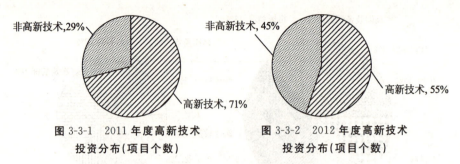

图 3-3-1　2011年度高新技术投资分布(项目个数)

图 3-3-2　2012年度高新技术投资分布(项目个数)

资料来源：根据苏州股权投资基金协会数据库整理编制。

根据2011年苏州市风险投资项目金额统计,其风险投资项目同样集中在高新技术领域,占68%。然而从具体行业来看,风险投资项目则主要集中在新能源、新一代信息技术以及工业制造方面。其中,新能源和工业制造各占16%,新一代信息技术占9%。2011年投资规模过亿的3个项目分别为：能健电气、四川三洲特种钢管和上海某餐饮。从风险投资行业分布来看,2011年苏州风险投资项目有集中也有分散,相对集中于新能源、新技术等新兴产业,但同时对于其他行业也都有适当比重的投资,逐渐呈现出多元化投资趋势。这样的趋势避免了"一窝蜂"、"一面倒"的现象出现,减少了风险投资机构之间的恶性竞争,在一定程度上也降低了行业风险,但也反映出高科技产业存在的风险度变化对于风险投资机构决策产生了一定的影响(参见图4-1)。

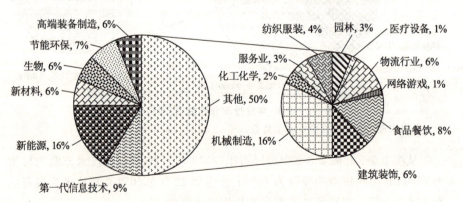

图 4-1　2011年度投资行业分布情况(金额)

资料来源：根据苏州股权投资基金协会数据,www.szape.org。

从2012年苏州风险投资金额来看,也同样集中在传统行业,其中制造业获投总额 3.3 亿元人民币,领先于其他行业;农林牧渔,较受投资者青睐,获投资金 2 亿元人民币。医疗健康居第三,获投资金 1.4 亿元人民币。

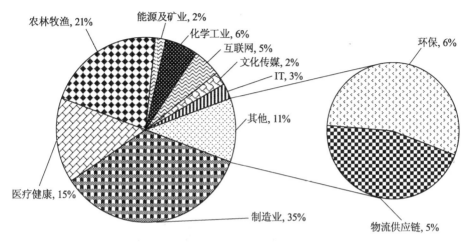

图 4-2　2012 年度投资行业分布情况(金额)
资料来源:根据苏州股权投资基金协会数据,www.szape.org。

2012 年度苏州风险投资行业分布和投资关注点相对集中,各风险投资机构普遍侧重于投资发展态势较好以及发展相对较稳定的行业,体现了投资者谨慎求稳的投资策略。从数据看,作为传统行业的制造业,无论是投资案例数还是投资金额均占据了首位。其主要集中在汽车零部件、新材料和精密机械等这一类发展前景看好的高新技术领域产品的生产制造;在目前国内经济增速放缓的环境下,农业领域以其产品刚需、抗经济周期能力较强等特点比较具备投资价值;另外,医疗健康行业近两年投资比重不断上升[①](参见图 4-2),这说明苏州风险投资业的投资对象已经偏离高科技产业的投资方向。

---

①　根据统计,到 2015 年国内 60 岁以上的人群将超过 2 亿人,人口老龄化为生物技术及医疗健康行业发展带来机遇。因此,这几个行业相对较受协会会员单位投资者的青睐。这里需要指出的是,会员单位中对互联网行业的投资相对较少。与之相反,在整个国内的私募股权投资行业分布中,互联网行业多年以来一直位居首位,颇受投资者青睐。2012 年投资案例数和投资金额分别占投资总量 15.1% 和 21.6%。资料来源:苏州股权投资行业协会《股权投资分析报告 2012》。

（三）风险投资规模分布状况

从 2011 年度苏州投资规模来看，132 个投资项目中，68% 的项目属于 2 000 万元以下的小项目。其中，22% 的项目规模在 500 万元以下，23% 的项目规模在 500 万至 1 000 万元之间，23% 的项目规模在 1 000 万至 2 000 万元之间。从以上风险投资规模分布可以看出，苏州风险投资项目中小规模的项目较多，小规模的投资有利于分散投资风险，但同时增加了管理工作的难度，也有可能会影响整体收益(参见图 5-1)。

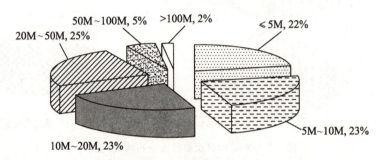

图 5-1　2011 年度投资行业分布情况

资料来源：根据苏州股权投资基金协会数据编制，www.szape.org。

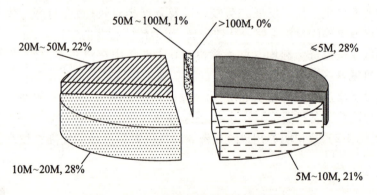

图 5-2　2012 年度投资行业分布情况

资料来源：根据苏州股权投资基金协会数据编制，www.szape.org。

而从 2012 年度苏州风险投资规模分布看，在风险投资项目中有 77% 属于 2 000 万元以下的小项目，占投资项目比例的绝大多数。其中，28% 的项目资金规模在 1 000 万至 2 000 万元之间。规模在 500 万元以下和 500 万至 1 000 万元之间的投资项目分别占 28% 和 21%。突破 5 000 万元投资规模的项目投资仅占1%。与上年度风险投资规模相比,2012年苏州风险投资规模分布变化并不大,只是都更趋于小规模投资。5 000万元以上的项目投资数量下降了4个百分点;突破1亿元的项目投资为零。从统计数据上看,2012年苏州风险投资规模持续紧缩,所发生的大部分投资仍以小规模为主。这说明风险投资机构并非按照传统理论所描述的所谓"无差异曲线"的运行轨迹运行(参见图5-2)。

(四)风险投资区域分布状况

根据统计,苏州风险投资机构所投资项目数量中,有45%的项目投资在苏州市内,37%的项目投资在江苏省外,18%的项目投资在省内的其他地区(参见图6-1)。这说明,随着苏州在推行发展高科技产业化的一系列政策,吸引了一大批具有竞争力的高科技企业来苏发展,千人计划引进力度加大,促进了苏州本地风险投资机构的集聚和对本地高新技术企业的投资,成为推动苏州产业结构转型升级的有效驱动力。

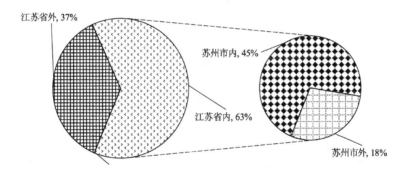

图6-1　2011年度投资区域分布情况(按个数)
资料来源:根据苏州股权投资基金协会数据编制,www.szape.org。

根据统计,苏州风险投资项目的金额中,有41%的项目投资在苏州市内,46%的项目投资在江苏省外,13%的项目投资在省内的其他地区。投于省外的也主要集中于北京、上海、深圳等长三角及珠三角地区(参见图6-2)。

从风险投资区域的分布可以看出,苏州风险投资机构为苏州地区产业转型做出了巨大贡献,同时也将风险投资范围扩大到了省外的其他地区,推动其他地区产业的发展,并相应分散了投资风险。

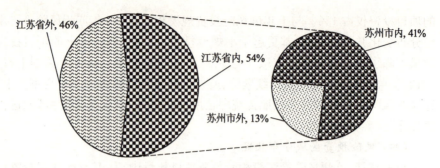

图 6-2 2011 年度投资区域分布情况(按金额)

资料来源:根据苏州股权投资基金协会数据编制,www.szape.org。

2012 年度苏州风险投资分布于 10 个省及 1 个境外地区。与上年度类似,协会会员单位的投资区域主要还是投于苏州本市,高居榜首,对其他地区的投资相对均等。从投资金额看,苏州获投金额 3 亿元人民币,占 32%。从投资案例数来看,苏州获投资案例 35 笔,占到了 52%,遥遥领先于其他地区(参见图 6-3 和图 6-4)。

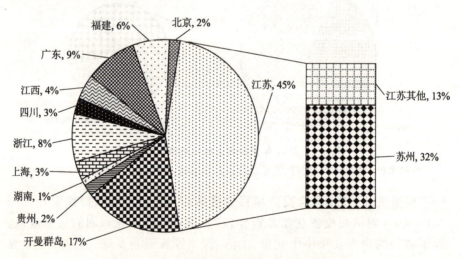

图 6-3 2012 年度投资区域分布情况(项目金额)

资料来源:根据苏州股权投资基金协会数据编制,www.szape.org。

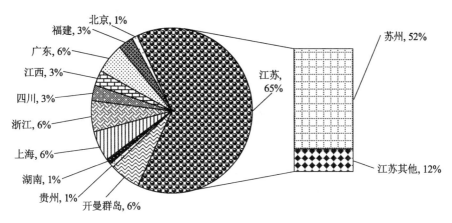

图 6-4　2012 年度投资区域分布情况（项目个数）
资料来源：根据苏州股权投资基金协会数据编制，www.szape.org。

由投资区域分布可以看出，由于苏州地方对股权投资行业的鼓励和政策吸引，协会会员单位对于本地项目投资极为青睐，在苏州地区风险投资机构依然将苏州地区作为主要投资目标。但是目前苏州风险投资项目中除开曼群岛外，还没有太多项目涉及境外区域的投资，这说明目前苏州地区在高科技产业化方面的发展空间依然较大。

（五）风险投资退出方式分布状况

据统计，2011 年苏州风险投资机构退出项目共 18 个，其中完全退出有 8 个。退出项目中，最高 IRR 为 110％，是国发投资的"海陆重工"，于 11 年 1 月在深交所上市退出。最低 IRR 是 8.23％，"萃隆铜业"，由回购方式退出。从退出方式分析，目前退出的项目以回购为主，占 49％；其次是上市，占 28％。上市退出中以 A 股上市为主，占比 17％（参见 7-1）。由上可以看出，受到市场宏观经济萎靡、二级市场萧条等因素影响，IPO 数量大幅下滑，国内 IPO 退出渠道缩紧，使得苏州风险投资机构退出方式主要以回购方式为主。而市场上，并购退出在风险投资机构退出方式中的份额显著提高，风险投资机构越来越多地采用并购手段来实现退出，苏州风险投资机构需要寻求更多元化的退出方式。

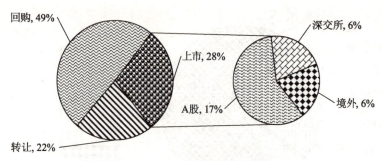

图 7-1 2011 年度项目推出方式分布

资料来源：根据苏州股权投资基金协会数据编制，www.szape.org。

从 2012 年开始在全球资本市场缺乏利好，IPO 闸门收紧，导致了中国 VC 和 PE 市场退出渠道日益收窄，IPO 退出数量不断创下新低。因此，这给苏州风险投资机构的退出造成了巨大压力。2012 年度苏州风险投资机构退出项目共 21 笔，其中 IPO 退出 9 笔(参见图 7-2)。

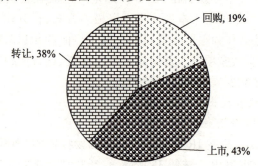

图 7-2 2012 年度项目推出方式分布

资料来源：根据苏州股权投资基金协会数据编制，www.szape.org。

从 2012 年的退出情况来看，受相关政策等影响，VC 和 PE 机构退出渠道逐步收窄。作为 VC 和 PE 退出主要方式的 IPO，在苏州风险投资机构的退出方式分布中也渐渐减少。从苏州市场来看，境内外 IPO 市场都不容乐观，IPO 排队上市企业达 800 余家。在当前 IPO 退出呈现颓势的情形下，VC 和 PE 机构正逐步寻求多样化的退出方式，以并购、股权转让为代表的退出方式也成为机构退出的重要选择,多元化退出方式是市场发展的必然趋势。①

五、结论与对策

综上所述,通过对苏州科技金融政策激励和风险补偿机制的分析来看,苏州目前已经初步构建起多层次、大力度、较完善的科技金融政策激励和风险补偿机制,这一机制通过对风险投资机构、科技保险公司和科技担保公司的税收优惠政策、奖励措施、风险补贴等方式,提高科技金融服务科技型中小企业力度,以支持产业转型升级。从苏州工业园区和苏州高新技术开发区所出台的政策措施来看各具特色,其中,政府部门通过科技金融制度和机制创新支持高科技产业化举措为科技金融发展提供了有价值的实践经验。从2011年与2012年苏州风险投资结构比较来看可以得出以下结论:第一,此阶段无论是从投资项目和规模上来说,已形成了风险投资产业向苏州集聚的格局,并成为苏州金融集聚的一个重要因素,表明苏州各级政府所出台的科技金融激励和风险补偿激励机制发挥了积极作用。第二,随着市场因素改变苏州风险投资结构出现较为明显的结构变化。从行业分布的投资项目看,从高科技产业转向传统产业;从投资金额看,资金从高科技产业转向制造业、医疗健康、农林牧渔等创投保守产业。第三,风险投资的退出方式看,由主要依靠回购转变为依靠上市和转让。表现出风险投资市场退出方式较为单一,风险转移机制不够完善。

从苏州风险投资结构分析结果看,苏州风险投资产业发展迅速,但仍然有待进一步通过制度创新完善科技金融发展的长效机制,通过深化改革增强苏州风险投资市场对科技创新的驱动力,使得苏州风险投资产业对高科技产业形成更有力的资金支持,加速实现产业转型升级。本章对苏州风险

---

① 并购方面,近年来中国并购市场有了长足发展,在活跃度和市场规模两方面都增长迅速,随着中国经济在未来的回暖,并购市场在此刺激下有望再次出现突破并创造新的纪录。并购退出作为欧美VC/PE主要退出方式,未来其在国内VC、PE机构退出中也将占据越来越重要的地位。二级市场股权转让方面,2012年6月,北京金融资产交易所等四家机构宣布发起设立中国PE二级市场发展联盟,并发布了修订后的PE二级市场交易规则。2012年11月,首笔LP份额转让交易成交。在IPO闸门收紧,VC/PE市场退出渠道日益狭窄的情况下,二级市场的推出恰好为这个问题提供了一个好的解决方法。作为VC/PE市场重要的组成部分,PE二级市场的推出可谓生逢其时。在2012年度协会会员单位的退出中就已有通过二级市场转让的方式来实现。有预计,2013年PE二级市场将迎来发展的良好时机。资料来源:苏州股权投资协会《股权投资研究报告2013》。

投资产业发展提出以下政策建议。

(一)加大激励和风险补偿力度引导风险投资投向

由于风险投资机构投资于高风险高回报的高科技产业,而高科技产业的发展需要突破科学技术产品化、商品化和产业化的难关,且需要应对市场风险,因此,政府部门应分析区域发展高科技产业的薄弱环节,从制度措施上应加大力度支持那些具有发展前景的高科技产业。从而引导风险投资机构的投资方向,使区域高科技产业投资结构合理布局,可构建风险投资结构比例税收激励机制,对投资于种子期和初创期的创业企业的风险投资机构给予更好的税收优惠支持和奖励政策,使风险投资市场的投资结构趋于合理。

(二)发挥区域股权交易中心作用,加快新三板市场建设

从高科技产业发展的长期战略来看,科技型中小企业所需资金数量会不断增加,而目前中小板和创业板市场难以为众多科技型企业提供融资渠道,因此,加速对现有区域性股权交易的制度创新,使股权交易中心能够成为区域股权交易业务平台,吸引更多的民间资本。同时,加紧筹建新三板扩容市场,在苏州形成多层次股权交易市场,使得风险投资机构有多重投资退出渠道,减少风险投资机构的投资风险,增加其投资收益,以最大限度地筹集民间资本支持高科技产业化发展。

(三)发挥引导基金作用,诱导风险投资机构向高科技产业投资

政府引导基金应严格执行非营利性和不参与企业管理的原则,通过投资引导、跟进投资等一系列特有投资手段,形成对风险投资机构投向的引导和诱导作用,从而最大限度地使风险投资支持高科技产业快速发展。同时也应该通过制度创新,从投融资方式上增加灵活性,适应风险投资机构和科技型中小企业的需要,增加对种子期和初创期科技型中小企业的支持力度,对高科技产业化发挥更为有效的支持作用,以解决风险投资市场失衡的问题。

(四)构建科技金融多层次风险分担机制

应在一定范围内,探索创新科技金融机构监管制度,鼓励主管部门通过制度创新对科技金融机构的管理机制进行深化改革。构建科技型企业投资风险和贷款风险以及科技担保和科技保险分级补偿机制,完善科技金融风险控制与管理机制。通过制度创新使得科技保险和科技担保机构在有条件的前提下,为风险投资机构承担一部分可承担风险,以减少风险投资机构的投资风险,增加风险投资机构的积极性,更好地为科技型中小企业提供金融支持。

附表1：苏州科技工业园区和苏州高新技术开发区风险投资、科技保险和科技担保的政策激励、风险补偿机制比较

区域	风险投资机构激励措施	风险投资机构风险补偿措施	特殊政策
苏州工业园区	对主要投资于中小高新技术企业的创业风险投资企业，实行投资收益税收减免或投资额按比例抵扣应纳税所得额等税收优惠政策。引导基金参股创投企业所形成的股权，可在退出时将形成的收益的50%让渡给引导基金参股时创投企业的其他投资人，参股过后进入的投资人不在分享之列。	风险补贴是指引导基金对已投资园区创业企业的创投企业，在该项目投资失败清算后给予的一定补贴。补贴金额为其实际投资损失金额的10%，单个项目最高补贴额为100万元。加快发展创业投资事业。园区设立首期资金为10亿元人民币的创业投资引导基金，大力吸引海内外创业投资机构进入园区，开展创业投资业务。	创投企业在投资园区创业企业时，可申请引导基金跟进投资。引导基金提供的跟进投资原则上不高于创投企业本轮投资额的30%，但经园区备案的种子基金，引导基金的跟投比例可以提高到100%。出资方式原则上为现金出资，投资价格与申请跟进投资的创投企业投资价格相同。
	科技保险机构激励措施	科技保险机构风险补偿措施	特殊政策
	对保险公司科技型企业贷款保证保险、国内短期贸易信用险当年保费收入比上年增长部分，给予10%的奖励，单个保险公司的年度奖励金额累计不超过100万元，奖励资金从园区金融产业发展专项资金中列支。	对科技型企业支付的保费给予30%~50%的补贴，单个企业提供的年度补贴总额不超过10万元；对保险公司年度理赔损失超过贷款保证保险当年保费收入150%的部分，给予50%的风险补贴，单个保险公司的年度补贴总额不超过500万元，补贴资金从园区新兴产业融资风险补偿专项资金中列支。	风险补偿总额以风险补偿资金年度余额为限，当创新型金融产品实际发生的风险补偿额超过风险补偿资金年度余额的20%时，相关金融机构应中止该项业务，采取风险控制措施后，报园区财政局（金融办）、园区科技发展局等同意，再行恢复。
	科技担保机构激励措施	科技担保机构风险补偿措施	特殊政策
	征信管理部门应当将融资性担保公司的有关信息纳入征信管理体系，并为融资性担保公司查询相关信息提供服务。	融资性担保公司应当按照当年担保费收入的50%提取未到期责任准备金，并按不低于当年年末担保责任余额1%的比例提取担保赔偿准备金。担保赔偿准备金累计达到当年担保责任余额10%的，实行差额提取。差额提取办法和担保赔偿准备金的使用管理办法由监管部门另行制定。	融资性担保公司对单个被担保人提供的融资性担保责任余额不得超过净资产的10%，对单个被担保人及其关联方提供的融资性担保责任余额不得超过净资产的15%，对单个被担保人债券发行提供的担保责任余额不得超过净资产的30%。

续表

区域	对风险投资机构激励措施	对风险投资机构风险补偿措施	特殊政策
苏州高新区	对符合条件的企业投资项目和地方政府投资项目给予投资补助。投资补助额度原则上不超过项目投资总额的30%。截至2015年，区内注册的风险机构对地方财政贡献额度的50%将用作对风险机构的奖励，最长可实施三年。	区内外风险投资机构投资区内科技项目的，经审核，按其投资或者新增投资部分到位数额的5%给予风险补助，但同一风险机构最高不超过人民币100万元。引导基金按照最高不超过创业投资机构实际投资额的5%给予风险补助，补助金额最高不超过500万元人民币。	风险机构、担保机构引进的高层次人才，享受国家、地方人才引进的扶持政策。对风险机构、担保机构的高级管理人员（如董事长、总经理、基金管理人、有限合伙人等），实际负责该机构的日常运作的，按其当年纳税额中地方留成部分的50%，可给予奖励。
	科技保险机构激励措施	科技保险机构风险补偿措施	特殊政策
	苏州高新区重新修订并颁布了《苏州高新区科技保险补贴企业保费的实施办法（试行）》，支持对象由高新技术企业扩大为近三年内在各级主管部门科技项目计划中获得立项的企业、区内孵化器基地内科技企业、各级领军人才计划项目企业、经认定的服务外包企业，扩大了优惠政策的收益面。	新出台政策的保费补贴比率也按不同险种区别对待：投保出口信用保险的企业，按其保费支出的30%予以补贴；投保其余险种的企业，按其保费支出的20%~80%予以补贴，研发类保险、环境责任及职业责任类保险和科技金融类保险补贴比率从高享受。	保费补贴限额也根据企业承担国家、省、市级不同级别科技项目区别对待。近三年内在各级主管部门获得科技项目计划立项的企业每年最高补贴不超过30万元，其他企业每年最高补贴额不超过15万元；企业每年申请出口信用保险的最高补贴额不超过10万元。新政策无论在广度、力度和针对性方面均比过去得到加强。
	科技担保机构激励措施	科技担保机构风险补偿措施	特殊政策
	在本区新设立独立的风险机构、担保机构，在其首次向科技项目投资或者为科技项目提供融资担保等服务时，可以给予50万元人民币为限的补贴；国内、国际有重大影响、实力或者信誉的风险资本在本区内设立独立风险投资机构的，在其首次向科技项目投资后可以给予100万元人民币为限的补贴。	在区内注册、以提供融资担保服务的担保机构，按其为区内科技项目提供融资担保总额的1%~2%，给予担保补贴；为区内软件与集成电路设计企业、软件服务外包企业等提供融资担保的，将给予最高上限的补贴支持。每家担保机构每年度补贴上限不超过150万元。	在本区设立的风险投资管理机构，每引进一家新的风险投资机构并对其资本进行管理的，可以给予50万元为限的奖励。区内注册的风险机构对地方财政贡献额度的50%将用作对风险机构的奖励，最长可实施三年。

注：由于苏州工业园区和苏州高新区是苏州产业转型和高科技产业发展的两大引擎，它们对苏州科技金融创新模式具有代表意义，因此，本章选择其机制进行比较分析。

资料来源：根据《关于推进苏州工业园区科技保险试点工作的实施意见》园管〔2012〕23号、《苏州工业园区新兴产业融资风险补偿专项资金管理暂行办法》苏园管〔2012〕25号、《苏州工业园区创业投资引导基金管理暂行办法》苏园管〔2010〕49号、《关于加快苏州工业园区科技服务业发展的试行办法》苏园管〔2006〕11号；苏州高新区《关于加快苏州高新区投融资平台建设的若干意见》苏高新委〔2008〕79号、中国银行业监督管理委员会、中华人民共和国国家发展和改革委员会、中华人民共和国工业和信息化部、中华人民共和国财政部、中华人民共和国商务部、中国人民银行、国家工商行政管理总局令《融资性担保公司管理暂行办法》、江苏省《服务业发展引导资金管理办法》苏政办发〔2005〕114号等整理编制。

第十四章 科技银行业务创新与风险收益均衡机制分析*
——以苏州交通银行科技支行为例

■ 一、引言

目前,我国有大量处于产业化初期的科技型中小企业急需获得金融支持,特别是那些国家重大科技专项项目,由于缺乏金融支持而难以实现产业化,制约了区域产业结构转型的进程。然而,由于这些科技型中小企业自身具有高风险、高收益的特征,很难通过传统商业银行贷款模式寻求信贷支持。随着苏州地区产业结构转型的战略发展需要,强化政府专项资金对重大科技成果与产业化早期项目的支持;纷纷出台包括鼓励信贷专营机构设立;开展担保融资、知识产权质押贷款、信用保险和贸易融资、股权质押贷款、小额贷款等创新试点;开展科技保险试点;支持高科技企业改制上市等涵盖企业不同发展阶段的投融资政策体系,建立信用担保机构风险准备制度和财政有限担保代偿损失制度。在政策引导下商业银行纷纷成立科技支行,为解决科技型中小企业初创期融资难问题探索新路径,对区域转型期高科技产业化发挥了积极作用。但由于制度约束和产品限制,使商业银行科技贷款依然存在风险收益不匹配问题,并成为制约产业结构转型的瓶颈。因此,商业银行如何通过制度创新和产品创新来降低风险、提高收益率是亟待研究的重要课题。本章通过理论和实践分析,探索解决商业银行科技贷款风险收益不匹配问题的途径并提出对策和建议。

---

* 基金项目:江苏省哲学社会科学研究基地项目"苏南产业结构转型与民间资本投资问题研究"(10JD030);江苏省社科项目"江苏科技金融发展问题研究"(11EYB012)。

■ 二、国内外文献综述

国外对高科技企业融资问题的研究多从信息不对称和道德风险视角来分析对银行所造成的信贷风险，其中，Jaffee 和 Russell(1976)提出分析信贷配给均衡(credit rationingequilibri-um)J-R 模型，从逆向选择(adverse selection)和道德风险(moral hazard)视角解释了信息不对称(asymmetric information)条件下信贷市场信贷配给现象。而 Stiglitz 和 Weiss, (1981)、(1983)所提出的 S-W 模型，也是基于信贷市场上信息不对称，从逆向选择和道德风险角度解释信贷配给的现象。S-W 模型表明，在信息不对称情况下，提高贷款利率有可能导致降低银行期望效用的逆向选择，使银行宁愿选择相对较低的利率，而拒绝一部分借款要求，使得其自身效用最大化，因此信贷市场上总有一部分贷款需求得不到满足，信贷配给就以一种均衡状态出现。此后根据 S-W 模型以贷款利率和抵押物组成的激励相容贷款合同为自我选择机制的信息甄别模型的研究者较多，其中包括 Bester(1985a)、(1987)、Besanko 和 Thankor(1987a)、(1987b)、Schmidt-Mohr(1997)、Coco(1999)、(2000)、Stiglitz 和 Weiss(1986)、(1992)、Manove、Padilla 和 Pagano, (2001)。而根据 J-R 模型以贷款利率和贷款额度组成的激励相容贷款合同为自我选择机制的信息甄别模型的研究者则相对较少，其中包括 Bester(1985b)、Milde 和 Riley(1988)、Grinlatt 和 Hwang(1989)。

近年来国内学者开始关注科技型中小技企业建立后的融资机制和资本配置效率问题，其中，钱海章(1999)、王燕梅(2000)等人研究了不同生命周期的科技型中小企业融资策略问题，分析了科技型中小企业在不同阶段所应采取的融资方式，但这些研究缺乏实证数据支持。姜海军、惠晓峰(2006)通过为不同借款人提供不同风险的激励相容贷款合同，并通过可变的贷款额度，根据不同风险借款人的不同贷款利率和贷款额度边际替代比率(MRS)，构造由激励相容的贷款合同组成的自我选择机制，来区分借款人的不同风险类型，建立了信贷市场上的纳什均衡，由此得出以信息甄别为特征的信贷市场可以出清的结论。谢子远(2010)研究发现硅谷银行对客户存款的 30% 左右不付利息，并通过债权式投资和股权投资方式运营，因此硅谷银行资金成本低，贷款利率高，保证了硅谷银行可以得到较高的回报率。并通过与风险投资公司和担保公司紧密合作化解风险。韩刚(2012)分析了商业银行支持科技微小企业融资面临的主要难点是风险(成本)与收益存在严重的不对称,并认为目前商业银行不能通过持有股权或大幅度提高贷款定价来覆盖高风险、高成本,这种局面极大地降低了商业银行对科技型中小企业贷款的积极性。交通银行科技支行的业务发展模式,在一定程度上缓解了商业银行收益与风险的不对称性。

综上所述,国内外对科技型中小技企业融资问题的研究,大多数集中在种子期和创立期科技型中小企业如何进行初始融资等方面,但在商业银行对科技型中小企业融资的风险收益匹配问题,以金融产品和机制创新来化解风险、增加收益的研究成果还很有限。因此,本章以信贷配给与信贷市场的均衡等理论为基础,分析商业银行在科技金融创新与风险收益均衡机制中存在的基本矛盾和主要问题,探索科技型中小企业融资机制和产品创新的有效途径,对商业银行在科技型中小企业融资中,有效合理运用信贷资金和防范金融风险具有重要的理论价值和现实意义。

三、科技投融资风险收益均衡机制比较分析

商业银行科技支行往往是通过金融产品和制度创新方式支持科技型中小企业发展的,但商业银行对科技型中小企业融资与风险投资公司对科技型中小企业投资比较,商业银行的资金来源多由短期性流动资金构成,而风险投资公司的资金来源则多为吸收长期性股权投资,其投融资对象都是具有高风险与高收益并存的科技型中小企业,一旦风险投资公司所投资的科技型中小企业上市后,其股权投资收益则远大于风险。因此,总体上来说风险投资公司股权投资风险与收益基本匹配,而商业银行则承担同样的高风险,但贷款收益却仅为利息,如果某科技型中小企业破产就会带给商业银行带来巨额损失,这是由于资金来源的性质决定其必须在保证资金运用安全性和流动性的基础上追求收益性。虽然商业银行科技支行通过金融创新推出了一系列金融创新产品,但对科技型中小企业贷款中仍然存在着严重的风险收益不相匹配问题,这是制约商业银行对科技型中小企业融资的主要问题,并会影响商业银行科技支行对初创期科技型中小企业融资的积极性。要使商业银行科技贷款风险收益达到匹配状态,需通过以下两条路径:一是降低商业银行的融资风险。目前,除商业银行加强自身贷款风险管理与风险控制外,由政府相关部门对在科技贷款中遭受风险损失的商业银行给予一定比例的贷款风险补偿;二是提高商业银行贷款收益率。由于商业银行按法规只能收取固定利息,因此,需要相关政策出台或与相关机构合作才能

实现。

为比较分析商业银行科技贷款与风险投资公司投资产品之间风险与收益的关系问题,将其分类于图1中,设定四个投融资风险收益组合区间。第Ⅰ区间的投融资项目为高风险与低收益组合,该区间适合风险投资公司中的天使投资基金的股权投资,而对一般商业银行融资来说则风险收益极不匹配,科技贷款的风险性极高且收益性不确定;第Ⅱ区间的投融资项目为高风险与高收益组合,该区间适合风险投资公司的VC投资,此时企业非常需要科技贷款支持,但对商业银行来说贷款的高收益性与高风险性并存;第Ⅲ区间的投融资对象为低风险与高收益组合,该区间适合风险投资公司PE投资或通过IPO上市融资,对商业银行一般流动资金贷款比较适合,但此时企业更倾向于上市融资;第Ⅳ区间的投融资项目为低风险与低收益组合,该区间股权融资适合于企业增发股票,对商业银行短期流动资金贷款也比较适合,主要解决企业季节性和临时性资金需求。从图1可以看出初创期科技型中小企业处于风险性极高而收益性极低的状态,一般情况下,仅有天使基金介入,而商业银行对这一区间的科技型中小企业的债务融资几乎没有,商业银行科技支行探索通过知识产权质押贷款方式解决科技型中小企业融资困境;成长期科技型中小企业处于高风险和高收益状态,商业银行科技支行试

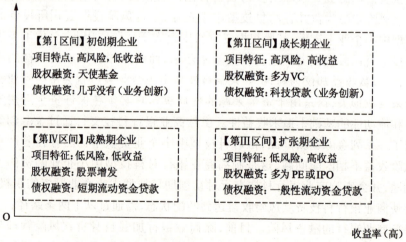

图1 股权融资与债权融资的风险收益均衡的区间分布

资料来源:作者对风险投资公司与商业银行在投融资业务中的风险收益差异性进行分析后绘制。

图通过业务创新实现对科技型中小企业的金融支持。

四、科技金融创新的实践分析：以交通银行苏州科技支行等为例

(一) 产业转型升级与"苏州模式"科技金融机制和业务创新

苏州为实现产业转型升级，积极发展新能源、新材料、生物技术和新医药、节能环保、软件和服务业外包、智能电网和物联网、新型平板显示、高端装备制造八大产业。苏州的商业银行也纷纷通过金融创新支持科技型中小企业发展，并形成各自的发展模式。其中，交通银行苏州科技支行[①]（以下也称科技银行）以"政府＋银行＋担保＋保险＋创投"模式，为科技型中小企业提供金融创新服务方案。同时，以科技型中小企业产业化为目标，推出了一系列信贷和结算新业务。截至 2011 年 10 月末，交通银行苏州科技支行依托创新平台，对接苏州市全市范围内的科技型企业 334 家；与 266 家科技创新型企业建立了授信业务关系，贷款余额 66.67 亿元；其中给予 164 家科技型中小企业授信额度 21.66 亿元，贷款余额 10.38 亿元，户均 632.95 万元。[②] 2012 年 9 月 8 日，苏州市级第一家科技小额贷款公司苏州国发科技小额贷款有限公司正式开业，公司注册资本 6 亿元，是目前全省规模最大的科技小贷公司。至此，苏州全市已拥有科技小贷公司 4 家，服务科技企业的金融平台日渐壮大。国发科技小贷公司将主要面向科技型中小企业发放贷款，同时开展创业投资业务、融资性担保业务、金融机构业务代理和经监管部门批准的其他业务，并以门槛低、手段灵活、放贷速度快为经营特色。从而很好实现"股权＋债权"的融资组合，更好地解决科技型中小企业的融资难题。国发科技小贷公司还与国家开发银行苏州分行、苏州银行、中国银行苏州分行、招商银行苏州分行以及吴中经济开发区管委会签订了战略合作框架协议。此外，国开行江苏省分行与苏州工业园区合作构建"统贷平台"，以解决

---

① 交通银行苏州科技支行于 2010 年 11 月 26 日开业，这是交通银行在全国设立的首家科技支行，也是苏州地区首家面向科技型企业的金融服务专营机构。

② 交行苏州科技支行：杨帆，张小雪.找准一个支点 可以撬动一个产业[N].苏州日报，2011 年 12 月 9 日(A02)。

科技型中小企业初创阶段缺乏启动资金难题。①

如图 2 所示,交通银行苏州科技支行比照"硅谷银行"模式,进行本土化创新,积极与其他金融机构共同构筑形成了以"政府＋银行＋创投＋担保＋保险＋科技小贷"为"苏州模式"的科技金融创新机制和平台群,为科技型中小企业提供有力的金融支持。2011 年 6 月交通银行苏州科技支行与苏州高新区 142 家科技企业建立了实质性授信业务关系,贷款余额达 31 亿元。

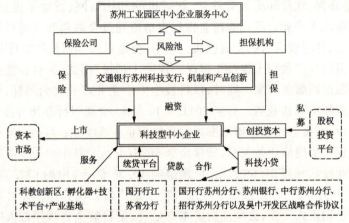

图 2 "苏州模式"科技金融创新机制和平台群示意图

注:图中为以"政府＋银行＋创投＋担保＋保险＋科技小贷＋统贷平台"的"苏州模式"科技金融创新机制和平台群。

资料来源:作者根据对苏州工业园区中小企业服务中心、交通银行苏州科技支行和沙湖股权投资中心调研和苏州金融办等机构实地调研获得资料进行综合整理后绘制。

(二)科技银行业务创新运营分析

1. 科技银行的创新产品分类

如表 2 所示,交通银行苏州科技支行的创新产品可按初创期、成长期、扩张期及成熟期对贷款额度、期限、用途和条件进行分类。

---

① "统贷平台"是在苏州工业园区地方政府、园区科技发展局与国家开发银行江苏省分行合作,专门为苏州工业园区内科技型中小额,尤其是处于种子期、初创期的企业提供资金支持的机构。"统贷平台"注册资本金为人民币 2 000 万元,在园区科技经费中列支,委托"中新苏州工业园区创业投资有限公司"定向投资,"统贷平台"向国开行申请授信额度人民币 6 000 万元,初定期限为 5 年。园区管委会按照"统贷平台"向国开行贷款的年实际融资成本给予 50% 的财政贴息,由园区管委会对"统贷平台"放款项目损失以财政补贴方式进行补偿,补偿比例为贷款损失的 25%。资料来源:《苏州工业园区科技型中小企业统贷平台管理办法》;http://sme.sipac.gov.cn/szzxqyfw/zcfg/#num4。

表2: 交通银行苏州科技支行创新产品结构特征

发展阶段	风险性	创新产品名称	额度和期限	用途和条件
初创期	很高	（1）"创业一站通"业务。（2）信用履约保证保险贷款业务。（3）智权融资业务。	（1）额度100万元；期限1年。（2）额度未定；期限未定。（3）额度未定；期限1至3年。	（1）短期流动资金；企业资产1 000万元以下，销售额1 000万元以下。（2）日常经营；在企业无法得到担保时，申请信用保险。（3）知识产权产品化；合法知识产权，质押担保，补充专业担保公司担保。
成长期	高	（4）"科贷通"业务。（5）"投贷通"业务。（6）应收账款融资业务。（7）基金宝业务。（8）股权质押贷款业务。	（4）额度500万元；期限2年。（5）按一定比例跟投；期限未定。（6）按照应收账款的80%；期限不超过1年。（7）额度未定；期限未定。（8）额度一定；期限未定。	（4）科技项目产业化；认定为高新技术企业，属于国家支持的高新技术领域。（5）项目融资；创投先行投资，科技支行和创投公司、贷款企业签订债权转让协议或股权认购配套协议，确定债权转让条件或期权行权条件。（6）应收账款；无须提供其他抵押、担保。（7）对分批下拨的奖励资金不足；引入担保，科技成果产业化。（8）生产经营；股权质押担保。
扩张期	中	（9）"税融通"业务。（10）"合同能源管理"业务。（11）科技型中小企业集合票据业务。	（9）额度800万元；期限未定。（10）额度未定；期限未定。（11）额度未定；期限3个月至3年。	（9）日常经营；采用全部或部分信用担保方式。（10）节能效益支付；提供一定担保。（11）代理发行信托产品。
成熟期	低	（12）"联贷联保"业务。（13）贸易融资信用保险贷款业务。（14）小企业中期流动资金贷款业务。（15）中小企业固定资产贷款业务。（16）蕴通供应链产品。	（12）额度1000万元；期限不限于短期。（13）额度未定；期限未定。（14）额度未定；期限1年至3年。（15）额度2000万元；期限8年。（16）额度未定；期限未定。	（12）生产经营；共同出资质押，设定还款责任和损失风险补偿机制。（13）国际贸易应收账款；参加出口信用保险。（14）长期流动资金；不等额本金还款法。（15）固定资产投资的本外币贷款；包括基本建设、更新改造及其他固定资产贷款。（16）物流企业融资；票据质押融资，信用保险。

资料来源：作者对交通银行苏州科技支行《产品手册》2011年7月进行分析整理编制。

2. 科技银行的业务创新路径

(1) 科技银行与政府合作

交通银行苏州科技支行与政府合作的创新业务包括"科贷通"、"风险池"和"税融通"业务。其中,"科贷通"业务是交通银行苏州分行与苏州市科技局、财政局合作搭建银政平台,并由市科技局、财政局、银行三方共同审核同意的科技型中小企业发放的信用贷款。单笔单户最高额度为500万元,授信期限最长两年。科技局和财政局确定合作银行并签订合作协议,向合作银行专用账户存入风险补偿资金,第一笔风险补偿资金为450万元,并提供不低于10倍风险补偿资金数额的贷款授信额度。目前苏州市的合作银行为交通银行和浦发银行。"风险池"业务是由苏州市创设的为引导金融机构加大对科技型中小企业的信贷扶持力度,缓解企业融资压力,对科技银行等金融机构提供的风险补偿专项基金。对发放科技贷款所产生的损失和实际发生利息实行补贴,保险、创投、担保等非银行金融机构均纳入风险补偿范围。"风险池"资金的主要用途是,第一,科技银行发放科技贷款所产生的损失补偿和按贷款基准利率计算实际发生利息的优惠补助;第二,保险公司提供贷款保证保险等信用保险发生的损失补偿;第三,担保公司融资担保优惠费率补贴;第四,创投公司奖励。"税融通"业务是交通银行根据科技型中小企业融资需求"短、频、快"的特点,以信用方式给予按时、足额纳税的科技型中小企业一定额度的授信品种。该产品最高授信额度为800万元,提供多种授信品种,全面满足科技型中小企业日常经营资金需求。从表3中的交通银行苏州科技支行与政府合作的创新产品风险收益差异比较看,由于这三种创新产品均以基准利率收取利息,因此其贷款收益率均较低;又因其企业信用等级分别为"较好(BBB)"、"较好(BBB)"和"尚好(BB)",且其风险控制中"科贷通"业务可获得政府风险补偿,"风险池"业务银行需承担20%融资风险,而"税贷通"业务则需银行独自承担全部风险,因此,其贷款风险度有较大差异性。

表3:科技银行与政府合作创新产品的风险收益差异性比较

创新业务	"科贷通"业务(A)	"风险池"业务(B)	"税融通"业务(C)
风险控制	银行风险为零 (政府风险补偿资金)	银行承担损失的20%	银行独自承担风险
盈利方式	基准利率	基准利率	基准利率

续表

创新业务	"科贷通"业务（A）	"风险池"业务（B）	"税融通"业务（C）
担保方式	多种融资担保方式	政府专项风险补偿资金	全部或部分信用担保方式
典型案例	A科技有限公司①	B新能源股份有限公司②	C生态科技有限公司③
企业信用等级	BBB（较好）	BBB（较好）	BB（尚好）
贷款风险度	很低：☆	较低：☆☆	很高：☆☆☆☆☆
贷款收益率	较低：★★	较低：★★	较低：★★

注：企业信用等级根据CAMEL评估体系5个要素包括：资本充足率（capital adequacy）、资产质量（asset quality）、管理水平（management）、收益状况（earnings）和流动性（liquidity）五项指标综合评定，并参考标准普尔企业信用评级标准和中国银行客户信用等级分为"AAA＝特优（清偿能力很强，风险很小）"、"AA＝优（清偿能力较强，风险小）"、"A＝良（清偿能力强，会受外部条件影响，但风险较小）"、"BBB＝较好（有一定清偿能力，易受外部条件影响，但风险较小）"、"BB＝尚好（清偿能力较弱，风险越来越大，对外部条件变化较敏感，具有较大不确定性）"、"B＝一般（清偿能力弱，风险越来越大，对外部条件变化较为敏感，具有较大不确定性）"、"CCC＝较差（清偿能力很弱，存在重大风险和不稳定性，对投资者的投资安全性保障较小，几乎没有偿债能力）"、"CC＝差（企业已处于亏损状态，对投资者而言具有高度投机性，没有偿还能力）"、"C＝很差（企业基本无力偿还债务本息，亏损严重，接近破产）"、"D＝太差（破产倒闭企业）"。为了简化对金融创新产品的风险度（☆）与收益率（★）均衡状态的判断，将风险度和收益率分为"很高＝5颗星"、"较高＝4颗星"、"中等＝3颗星"、"较低＝2颗星"、"很低＝1颗星"五个等级，以判断科技银行金融创新产品的风险收益平衡状况。以下表4、表5、表6与此表设计相同。商业银行贷款的综合风险度是按以下方法计算的。贷款风险度＝Σ贷款加权权重额/Σ贷款余额。其中：贷款加权权重额＝贷款加权风险权重×贷款余额；贷款加权风险权重＝贷款对象风险系数×贷款方式风险系数×贷款形态风险系数。贷款收益率＝利息收益＋非利息收益/贷款总额。

资料来源：作者根据《交通银行苏州科技支行》产品手册和实地调研等资料整理编制。

---

① A科技有限公司是一家自主研发、生产、推广、服务功能完备的高科技创新型企业。2011年4月27日，300万元贷款担保通过交通银行苏州分行审批并于当日成功贷款150万元。本次企业500万元发展资金贷款，就是采用由苏州人保财险公司保险担保200万元，苏州高新担保300万元，园区财政补贴贷款利息，贷款用于企业采购部分生产设备、补充流动资金和投入新项目研发。

② B新能源股份有限公司的主要产品是太阳能逆变器产品。2010年因创业团队分离、原材料短缺、企业员工流失等困难陷入融资困境。交行苏州科技支行为该企业争取到了政府"风险池"贴息支持，并按基准利率给予该公司2000万元流动资金贷款额度，解决了公司的资金需求。

③ C生态科技有限公司是一家环保与治水工程科技型环保公司，2010年8月企业处于经营的最困难时期，为了给员工发工资，不得不去借高利贷，交通银行苏州科技支行贷款300万元。

（2）科技银行与风险投资公司合作

交通银行苏州科技支行与风险投资公司合作的业务包括"投贷通"和"股权质押贷款"业务。其中"投贷通"业务是交通银行科技支行同风险投资公司进行投贷一体化合作，有两种不同融资方式。第一，风险投资公司对经营状况正常、资信情况良好、具有较好发展潜力的科技型中小企业进行融资项目评定，向科技支行推荐并由其发放科技贷款；第二，在风险投资公司已先行投资的情况下，科技支行按风险投资金额的一定比例对科技型中小企业贷款。科技支行与风险投资公司和借款企业签订债权转让协议或股权认购配套协议，确定债权转让条件或期权行权条件，约定分享企业成长收益。"股权质押贷款"业务是主要针对之前已有风险投资公司进行股权投资的科技型中小企业，并根据风险投资公司投资时对股权的定价作为认定该企业股权价值的标准，由企业以合法有效的股权质押方式提供担保的贷款方式。从表4可以看出交通银行苏州科技支行与风险投资公司合作的"投贷通"业

表4：科技银行与风险投资公司合作创新产品的风险收益差异性比较

创新业务	"投贷通"业务（D）	"股权质押贷款"业务（E）
风险控制	经推荐后银行贷款，或按照风险投资公司投资的一定比例贷款	以股权质押方式规避风险
盈利方式	与风险投资公司和贷款企业签订债权转让协议或股权认购协议，确定债权转让条件或期权条件，约定分享企业成长收益	基准利率
担保方式	引入股权质押及发放信用贷款方式	股权质押后无须提供额外担保
典型案例	D生物医药公司①	E电子有限公司②
企业信用等级	BB（尚好）	BBB（较好）
贷款风险度	较低：☆	中等：☆☆☆
贷款收益率	很高：★★★★★	较低：★★

资料来源：作者根据《交通银行苏州科技支行》产品手册和实地调研等资料整理编制。

---

① 国发创投对D生物医药公司的投入为1 000万元，获得科技支行贷款800万元。

② E电子有限公司是一家海外归国留学人员创立的集成电路设计公司，在获得风险投资公司投资后，在开发2G无线通信网络的GSM、GPS终端处理芯片和终端时需要科技支行融资，通过股权质押方式获得股权质押贷款1 000万元。

务中,其贷款收益率"很高",企业信用等级为"尚好(BB)",贷款风险度"较低";在"股权质押贷款"业务中,企业信用等级为"尚好(BB)",贷款风险度为"中等",但贷款收益率为"较低"。

(3) 科技银行与保险公司合作

交通银行苏州科技支行与保险公司合作的业务包括"信用履约保证保险贷款"、"蕴通供应链"和"贸易融资信用保险贷款"业务。其中,"信用履约保证保险贷款"业务是科技型中小企业在无法提供银行认可的其他有效的担保的情况下,可通过参加科技型中小企业信用履约保证保险,在信用保险的保障下,向科技银行申请银行信用贷款的方式。贷款资金用于科技型中小企业日常经营,促进企业快速发展。科技支行已与中国人保财产保险公司、中国太平洋财产保险股份有限公司达成了全面合作意向。若发生贷款违约风险,由保险公司进行部分赔付(人保赔付比例40%)。"蕴通供应链"业务是科技支行围绕相关行业中的核心企业,通过与国内大型物流公司开展质押监管合作、与保险公司开展信用保险合作等方式,为其上游的供应商、下游的经销商和终端用户提供的融资、结算、风险管理等综合性金融服务方案。"贸易融资信用保险贷款"业务是科技型中小企业通过信用保险的保障获得银行贷款,将国内和国际贸易发生的应收账款变现,提前获得资金用于经营,加快中小企业资金周转速度。从表5可以看出,三种创新产品的贷款收益率均为"较低",且其贷款风险度均为"中等",而企业信用等级分别为"较好(BBB)"、"较好(BBB)"和"尚好(BB)"。

(4) 科技银行与担保公司等合作

交通银行苏州科技支行与担保公司等合作的业务包括"智权融资"、"科技型中小企业集合票据"和"联贷联保"业务。其中,"智权融资"业务是银行向科技型中小企业发放的以知识产权为质押担保的贷款。以企业本身依法享有的或与第三人共有的,也可以是第三人享有的合法有效的知识产权,基于合意进行质押担保,同时根据情况补充专业担保公司担保,用于满足企业生产经营过程中正常资金需要的贷款。"智权融资"业务不仅能通过发掘知识产权价值,盘活企业无形资产,解决融资困难,更能鼓励科技型中小企业自主创新、积极创造知识产权,唤醒全社会尊重知识产权、保护知识产权的意识。"科技型中小企业集合票据"业务是该科技支行对有融资需求的科技型中小企业进行整合,达到一定额度后,由科技支行为其进行产品设立,代理发行的信托产品。科技型中小企业集合票据是由银行或证券公司等金融

表5：
科技银行与保险公司合作创新产品的风险收益差异性比较

创新业务	"信用履约保证保险贷款"业务（F）	"蕴通供应链"业务（G）	"贸易融资信用保险贷款"业务（H）
风险控制	保险公司承担部分保证	信用保险合作	进出口信用保险
盈利方式	基准利率	基准利率	基准利率
担保方式	无法提供有效的担保	质押监管合作	投信用保险的费用远低于担保费率
典型案例	F信息技术有限公司①	G有色金属有限公司②	H中小企业担保投资有限公司③
企业信用等级	BBB（较好）	BBB（较好）	BB（尚好）
贷款风险度	中等:☆☆	中等:☆☆	中等:☆☆
贷款收益率	较低:★★	较低:★★	较低:★★

资料来源：作者根据《交通银行苏州科技支行》产品手册和实地调研等资料整理编制。

机构发行，以银行间市场机构投资者为融资对象，发行主体集合两家以上科技型中小企业，以3个月至3年为融资期限的新型融资产品。"联贷联保"业务是指由4家（含）以上科技型中小企业（或小企业主）成立小组，共同出资质押、设定还款责任和损失风险补偿机制，在自愿基础上进行小企业授信（包括但不限于短期流动资金贷款、开立银行承兑汇票、开立信用证等品种）或个人短期经营类贷款等零售信贷业务的合作。可以是在我国境内的持有有效年检的工商营业执照的企业法人，也可以是具有完全民事行为能力的自

---

① F信息技术有限公司是一家无线网络应用、远程无人值守、电信和互联网增值服务以及基于无线的通讯软件平台等领域的研发、运营与服务的公司。通过参加中国财产保险公司保险，获得500万元交行科技支行信用履约保证保险贷款。

② G有色金属有限公司为有色金属加工企业，主要为RF电缆配套，发展前景广阔。交行根据企业的具体情况，在短时间内了解了企业的融资需求，为企业量身定做了一揽子金融服务方案，为该公司发展配套了5 000万元敞口的综合授信。由于公司原料供应商均为国内生产厂家，交行对该企业通过"蕴通供应链"融资方式发放多笔贷款，同时在担保方式上也采取了以公司下游关联企业参加信用保险合作等方式，解决了企业在发展的道路上遇到的融资成本难题。

③ 科技支行与H中小企业担保投资有限公司达成全面合作，国发公司担保的科技型中小企业贷款，均可在科技支行享受最低的优惠融资担保费率。此外，科技支行已与中国人民财产保险公司苏州分公司达成合作，在担保业务费率方面给予企业优惠；科技支行也将逐步建立健全科技型中小企业的信用担保体系，科技支行可发放贸易融资信用保险贷款。

然人、个体工商户、个人独资企业、个人合伙企业及私营有限责任公司的企业主;单户贷款的最高授信敞口额度为1 000万元;贷款用于满足借款人生产和经营活动所需资金。从表6可以看出,科技支行与担保公司的"智权融资"业务中,企业信用等级为"较好 BBB",贷款风险度为"中等",但贷款收益率"较低";"科技型中小企业集合票据"业务中,企业信用等级为"尚好(BB)"、贷款风险度和贷款收益率均为"中等";"联贷联保"业务中,企业信用等级为"较好(BBB)",而贷款风险度和贷款收益率均为"较低"。

表6:科技银行与担保公司等合作创新产品的风险收益差异性比较

创新业务	"智权融资"业务(I)	"科技型"中小企业集合票据业务(J)	"联贷联保"业务(K)
风险控制	科技支行全程风险控制	代理发行信托产品	设定还款责任损失风险补偿机制
盈利方式	基准利率	信托利率	基准利率
担保方式	知识产权质押担保	无须提供额外担保	共同出资质押
典型案例	I 动画制作有限公司①	J科技实业股份有限公司等②	K 股份有限公司③
企业信用等级	BBB(较好)	BB(尚好)	BBB(较好)
贷款风险度	中等:☆☆☆	较高:☆☆☆	较低:☆☆
贷款收益率	较低:★★	中等:★★★	较低:★★

资料来源:作者根据《交通银行苏州科技支行》产品手册和实地调研等资料整理编制。

---

① I动画制作有限公司获得了交通银行苏州科技支行的1 000万元贷款。作为一家文化类高科技企业,其最大的资产是版权和团队。通过质押自己开发的动画片《诺诺森林》播出权,就有机会拿到贷款了。

② 交通银行苏州科技支行并未开展"科技型中小企业集合票据"业务。由苏州高新区组织发动的,由中国农业银行总行主承销的,全国首支冠名"科技型"中小企业集合票据发行方案已通过中国银行间市场交易商协会的审核批准,可以正式发行。科技型中小企业集合票据是国家科技部携手中国农业银行及地方政府合作开展的一项科技金融工作,此类科技金融结合与创新,有效地改善了目前科技型中小企业融资难题。高新区管委会牵头银行实地考察和评级机构共同评审,经过严格筛选,共有J科技实业股份有限公司等5家企业参加首次集合票据发行,发行总额度1.8亿元。

③ 交通银行苏州科技支行对K股份有限公司贷款时,在担保方式上也采取了以该公司下游供应链相关企业"联贷联保"方式,解决了企业经营中的资金需求。

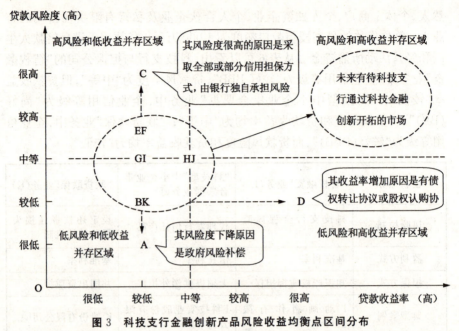

图 3　科技支行金融创新产品风险收益均衡点区间分布

注：图3中A、B、C、D、E、F、G、H、I、J、K表示科技支行金融创新产品和企业代码。

资料来源：作者对上述科技银行金融创新业务中的风险收益不匹配状况进行归纳总结后绘制。

对上述分析归纳总结，可将交通银行苏州科技支行金融创新产品风险收益均衡点分布状况绘制出图3，从该图可以看出，该科技支行的大部分金融创新产品主要集中分布于风险度和收益率"中等"的区间内，只有"A"、"C"和"D"三点突破了这一区间，引起其变化的原因分别是"政府风险补偿"、"银行独自承担风险"和"债权转让协议或股权认购协"，使其"风险度下降"、"风险度很高"和"收益率增加"。因此，如果没有相关政策和机构配合，该科技支行在这一区间之外（如高风险和高收益并存区域）进行融资将会给其带来巨大的金融风险，这也就揭示出科技银行对科技型中小企业实施金融支持与其自身风险收益比匹配之间的矛盾。所以，这也给相关部门提出了是否需要出台科技金融创新政策措施的新课题。

■ 五、结论与对策

通过研究发现商业银行对科技型中小企业贷款存在严重的风险收益不

匹配问题,如果科技银行突破商业银行保证资金安全性和流动性同时追求收益最大化的原则底线,则会给商业银行经营带来巨大风险。商业银行通过开拓科技贷款业务新领域,对区域产业结构转型发挥了积极作用,但金融风险和制度约束也不容忽视。目前科技银行的科技金融业务中大部分仍处于风险度和收益率中等领域,对初创期科技型中小企业的金融支持较为慎重,如要在科技金融业务上有所突破,则需有关部门出台科技金融创新的相关政策和措施,并须要非银行金融机构的密切配合,使科技银行在开展科技金融业务中能够最大限度地降低风险和提高收益。

（一）探索科技融资风险分散和补偿机制

科技型中小企业在不同发展阶段所能获得的融资途径不同。通常适合商业银行发放贷款的对象是低风险、低收益企业,但一般这些企业资金相对充足。而初创期科技型中小企业则处于高风险、低收益状态,且急需资金支持,但按照法规却不符合商业银行的贷款条件,因此,科技银行在运营中存在较为严重的风险收益不匹配问题。虽然政府提供了"风险池"来降低一部分信贷风险,但有限的"风险池"规模则无法使科技银行满足科技型中小企业的资金需求。而按照现有《商业银行法》规定,科技银行仍然不能进行股权投资及相关业务,这就使其科技贷款缺乏风险转化和增加收益的渠道,这是造成其风险与收益严重不匹配的根本原因。一旦出现呆账或企业破产等信用问题,科技银行并无规避信贷风险的有效手段。因此,需要探索科技融资风险分散和补偿机制,促进科技银行扩大放贷规模,以满足科技型中小企业的融资需求。

（二）利用担保公司分散科技贷款风险

初创期科技型中小企业贷款的担保不能纯粹依靠市场自发进行,而需要政府的引导和支持。苏州的科技银行的科技贷款业务实质上依靠政府提供的"风险池"来提供补偿,这在可补偿资金数量有限,可以考虑将"风险池"中的资金杠杆化,将它作为政府投入的初始补偿资金,并吸引社会资本、民间资本以多种方式进入,建立几家专门服务于科技银行的担保机构。这些机构的日常运营可以通过收取担保费来维持。苏州工业园区信用再担保基金为担保机构提供再担保,应完善这一再担保基金的管理机制,确定担保比例和费率,以防范担保机构的道德风险。

（三）通过产权交易中心化解融资风险

初创期科技型中小企业具有资本金和固定资产较少、无形资产占比较大的特点。可组织投资、银行、技术专家和金融中介公司、担保公司等共同对其无形资产的技术、风险和效益等进行评估,并通过产权交易中心交易提高无形资产的流动性。科技银行在向拥有知识产权的企业放贷之前,可与相关企业(拍卖公司或申贷企业的竞争对手)达成合作意向,企业一旦无法偿贷,可通过知识产权转移来代偿负债。

(四)通过合作实现债权和股权的转换

在现有法规体系下商业银行无法直接持有企业股权,这就给科技银行贷款的收益和风险补偿设置了上限,不利于科技银行扩大科技信贷规模和提高融资效益。因此,科技银行可通过两种方式实现其债权向股权的转换,一是科技银行可将需要放贷的资金批发给合作的风险投资公司或科技小贷公司,由风险投资公司或科技小贷公司进行投资,风险投资公司和科技小贷公司的投资风险虽然较高,但一批投资目标中总能有一些高收益项目,可用其收益来偿还银行本息和非利息收入;二是科技银行与担保机构合作,当初创期科技型中小企业无法归还贷款时,由担保机构获得科技型中小企业股权以代偿其债务并偿还银行贷款。

第十五章 完善创新创业投融资生态环境与风险防范：以苏州为例

■ 一、引言

随着大众创业万众创新政策实施和产业转型步伐加快，苏州市各级政府部门纷纷出台一系列解决科技型小微企业融资难问题的各项措施，有力地推动了商业银行科技金融产品和机制创新。苏州市已构建起苏州科技金融超市，将实体平台服务和虚拟网上平台相结合，形成科技型小微企业与金融机构之间常态化信息互通、业务互联的"沟通渠道"，打造政府、银行、保险、创投、担保、小贷、中介"七位一体"的科技金融苏州模式。交通银行苏州分行已实现了科技型企业生命周期的产品全覆盖，在其前期金融创新基础上，又开展了雏鹰贷、认股选择权、三板通、成长贷等五种主打新产品，为科技型企业提供更强的金融支持。[①] 科技金融创新产品、机制使苏州已初步构建起投融资互惠共赢机制和风险防范机制，为苏州产业转型产生积极的驱动作用。

本章基于生命周视角分析苏州投融资互惠共赢机制构建与风险防范问题。并通过分析投融资生态系统内各金融机构的竞合关系及风险化解和释放机制，为区域投融资生态体系构建与完善提供理论参考。

■ 二、文献综述

20世纪20年代和60年代，美国学者McKenzie与Boulding就分别提出了经济生态学的概念。但国外相关研究主要体现在金融发展方面，关于

[①] 何兵等，交行苏州分行科技金融再创新，《姑苏晚报》，2014年6月25日，财经专版，B05。

金融生态的研究较少。"金融生态"是一个非常具有中国特色的概念,涉及的问题也主要是中国特有的(李扬,2005)。

从金融生态定义和构成角度,陈岱孙和厉以宁(1991)提出金融创新是具有生命周期动态演变特征,在自主创新的每个阶段的融资风险、利润和资金需求都有很大区别。白钦先等(2001)认为,在自主创新的生命周期演变中,资金需求和风险控制,只能依靠更多的金融产品、更高的金融价值、更强的金融资产流通。周小川(2004)认为,金融生态环境的改善是金融体制改革的一部分。他提出微观层面的金融环境,包括法律、社会信用体系、会计与审计准则、市场体系、中介服务体系、企业改革的进展及银企关系等方面都可能影响金融生态。徐诺金(2005a)认为,金融生态是各种金融组织为了生存和发展,与其生存环境之间及内部金融组织相互之间在长期的密切联系和相互作用过程中,通过分工、合作所形成的具有一定结构特征,执行一定功能的动态平衡系统。因此,一个有效的金融生态系统一定符合这三个方面的生态系统特征。对金融生态系统的研究需从金融生态环境、金融生态主体、金融生态调节三方面展开。李扬(2005)认为,金融生态系统是由金融主体及其赖以生存和发展的金融生态环境构成的,它们之间彼此依存、相互影响、共同发展。付一书(2010)认为,金融生态系统由金融主体及其赖以存在和发展的金融生态环境两部分构成,两者之间彼此依存、相互影响、共同发展。这就涉及两个方面的问题:一是金融生态内部系统的平衡。二是金融生态内部系统与金融生态外部环境之间的关系。张春杰(2011)认为,金融生态一般指金融运行的外部环境,如法律、社会信用体系、会计与审计准则、中介服务体系、企业改革的进展及银企关系等方面的内容。牛艳梅(2011)指出,优化我国金融生态环境包括改善信用环境、产业环境和法制环境,并认为改善信用环境,在提高社会整体信用意识的基础上,强化对守信行为的激励和对失信行为的约束,建立中小企业的信用甄别机制,为拓宽中小企业融资奠定基础。陈哲等(2012)将金融生态系统定义为由金融主体、金融客体及其赖以存在和发展的金融生态环境构成。金融主体、客体与金融生态环境之间互相依存、相互影响、共同发展,从而形成一个动态平衡的金融生态系统。其中,金融主体包括金融中介及服务机构、金融产品和服务供给与需求群体、金融监管机构等;金融客体包括货币、金融基础工具、金融衍生工具等;金融生态环境,则主要是指金融市场,以及金融赖以运行的信息环境、法律环境、政治环境、经济环境等。从维持金融生态平衡的角度,辜晓川(2005)提出从金融生态理念出发,初步设想构筑我国金融良性发展的三个方面:一是调整经济结构,优化金融的经济环境;二是提升政府行政能力,重塑金融的行政环境;三是培育诚信为本,创造金融的社会文化环境。徐诺金(2006)认为,金融生态失衡表现在价格机制上,一是金融市场的发现功能失效,使价格背离价值,产生所谓的"泡沫";二是价格的管制使价值分配在各经济主体上分配不均,影响自然选择所能达到的利润最大化目标和微观活力;三是价格的结构性失衡会引起金融生态的恶化,使金融发展出现结构性倾斜。

  关于科技金融生态链问题,徐荣贞(2010)通过对支撑企业自主创新的金融生态演化博弈模型的仿真分析,表明制约我国自主创新的融资困境不单纯是资金问题,是自主创新内在的风险特性与错位的融资机制使其陷入低水平锁定。目前欠缺的是支撑自主创新的金融生态的自我协调机制。只有健全生态体系及有效的协调机制,企业自主创新的融资困境才能有效化解,才能合理回馈金融生态,形成良性互信互动。贾康、孟艳、赵雅敬(2014)认为,在科技型中小企业金融服务方面,应提供新的金融服务方式,并采取整合方法(风险共担、利益共享、优势互补、专业化整合)展开创新,发挥润滑剂、黏合剂、催化剂的作用,促成升级,集合银行、信托、创投基金、担保公司、企业、财政等各方面的优势资源,在符合市场化运作规律的基础上,形成立体的金融服务体系,系统化、有层次地为科技型中小企业提供全方位的金融服务。这种新型的服务模式恰似一条珍珠项链,把不同主体联结在基于利益和追求共赢的链接上,改造了科技金融服务领域中原有的分散、断层、供给短缺局面,优化了当地科技金融生态——其中决定性的因素,就是金融供给的创新,为科技金融生态链相关研究奠定了理论基础。沈能(2011)分析了区域创新系统运行的种群生态学机制问题,认为区域创新生态系统是由知识资源生产子系统、创新产品生产子系统、创新服务支撑子系统共同形成的生态网络。陈作章、贝政新、周晨(2013)认为,初创期科技型中小企业融资难的根本原因是贷款管理中风险收益的比匹配性造成的,如果科技银行突破商业银行保证资金安全性和流动性同时追求收益最大化的原则底线,则会给商业银行经营带来巨大风险。郑海超、黄宇梦、王涛、陈冬宇(2015)研究了创新项目股权众筹融资绩效问题,认为为了降低投资人感知的不确定性,创业者要在众筹过程中主动发布项目更新,包括最新的研发成果、市场调研、盈利状况等信息。众筹平台除了在线沟通渠道外,还需要提供多样线下路演,让投资人和创业者面对面沟通,增强投资人对在线信息的认同和信心。王曙光、贺潇、贾镝(2015)剖析了众筹模式三大融资主体的异质性融资激励,并阐释了众筹项目的运作机制。以上研究对于本章研究起到了一定的参考作用。

三、创新创业投融资互惠共赢机制构建及其运行机理

(一)苏州市科技金融超市运营模式与互惠共赢机制

为加快推进科技与金融有效结合,优化科技金融环境,缓解科技型小微企业融资难问题,苏州市科技局建设了开放、公益、专业的科技金融服务平台"苏州市科技金融超市"(见图1)。该超市以"发挥政策优势、荟萃金融资源、实现便捷服务、降低交易成本、促进产业升级"为目标,以科技金融扶持政策为引导,以科技财政资金为支持,以实体平台服务和虚拟网上平台相结合的形式,形成科技型小微企业与金融机构之间常态化的信息互通、业务互联的"沟通渠道",打造政府、银行、保险、创投、担保、小贷、中介"七位一体"的科技金融苏州模式。在汇集各方金融产品的基础上创设信贷产品、保险产品、担保产品、租赁产品等多种类型产品集成整合的创新型科技金融产品,打造多层次的科技金融产品体系,实现金融机构、中介机构与科技企业三大要素的良性互动和有效对接。

苏州科技金融超市现已出台科技金融政策108项,超市平台企业8319家,超市合作机构122家,超市金融产品353个,超市入驻专家418人。① 已引入农行、交行、浦发、人保财险、优科金融服务公司等5家合作机构入驻;并开设了科技型企业资格确认、科技金融业务受理等一站式工作窗口,方便企业、金融机构和中介机构便捷地获取科技企业配套的政务服务。超市网上平台配合实体平台,实现线上线下有效沟通。②

---

① 苏州市科技金融超市:http://222.92.117.113:8080/szkjjrcs/default.aspx。
② 杨帆,"互联网+大数据"破解小微企业融资难,《苏州日报》,2015年10月16日,苏州郎泰机械有限公司成功申请了85万元贷款,这个名为"税e融"的特色产品在此前5个月时间里已经帮助1100多家小微企业成功申请贷款,无抵押、全在线、纯信用、高效快捷……这是很多企业对"税e融"的共同评价,江苏银行苏州分行"税e融"成功的关键就在"互联网+大数据"。该行通过大数据分析现实对企业贷款风险评估,企业纳税数据、企业法人在人民银行的个人征信记录、企业工商信息、法院信息以及刚刚建立起来的苏州地方企业征信系统信息等海量数据都纳入其中,通过专门的计算模型,相应企业的贷款审批由此完成。

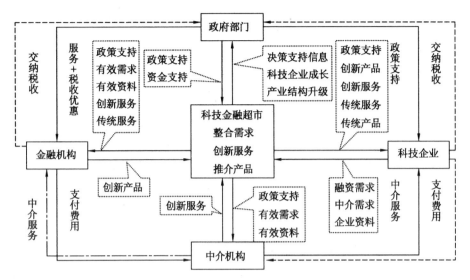

图 1　苏州科技金融超市线上线下运营模式和互惠共赢机制

资料来源:参考苏州市科技金融超市官网内容修改制作。

该超市网上平台汇聚了政府、金融机构、中介机构和科技企业四方资源。政府部门主要向超市网上平台提供政策支持及政府资金支持;金融机构主要向超市网上平台提供其创新型金融产品,中介机构主要向超市网上平台提供创新性中介服务,包括资信评级服务,资产估值服务,法律咨询服务,会计代理及咨询服务,等等;科技企业则主要向超市网上平台提供融资需求及相关企业资料,完善超市企业库数据。超市网上平台通过系列工作,"整合需求、创新服务、推介产品",帮助科技型小微企业融资,促进这些企业成长。科技金融超市在集合各方资源的基础上已形成政府、机构、中介和科技企业互惠共赢机制。

(二)科技银行产品再创新产品结构特征与互惠共赢机制

根据交通银行科技金融网所公布科技金融特色金融产品内容,对苏州交通银行苏州科技支行科技金融再创新产品进行分类,其中有雏鹰贷、认股选择权、三板通、成长贷等 5 种主打新产品。这些科技金融在创新产品的结构和特征如下:

1. 种子期和初创期创新产品:"雏鹰贷"业务和"智融通"业务

如表 1 所示,这两种新创新产品都适用于对种子期末端和初创期前端的科技型小微企业融资,其中,交通银行苏州科技支行的"雏鹰贷"业务是指该行与市科技局、人保公司合作,以政府出资设立专项风险基金和人保公司保险相结合的方式;而"智融通"业务是指银行向小微企业发放,以企业本身依法享有或与第三人共有,也可以是第三人享有的合法有效的知识产权(也称智力成果权,简称智权,包括专利权、商标权、版权、著作权等),基于合意进行质押担保,同时也可根据企业情况引入专业担保公司担保作为补充担保,用于满足企业生产经营过程中正常资金所需的一定额度的授信业务品种。

2. 成长期创新产品:"信保贷"业务与"成长贷"业务

"信保贷"业务是科技型小微企业信保贷业务,是交通银行苏州分行与苏州工业园区政府合作,以扶持注册在园区的科技企业发展目的,对园区政府、保险公司、银行共同审核同意,并根据评级公司评级数据向科技型小微企业发放的贷款;而科技型小微企业成长贷业务是该行与苏州工业园区政府合作,以扶持注册在园区的科技小微企业发展,向园区政府、银行共同审核同意的科技型小微企业以园区政府专项风险资金为保障金发放的贷款。

3. 扩张期创新产品:"三板通"业务

"三板通"业务是指交通银行为扶持"新三板"科技企业(包括经当地金融办认可的拟挂牌企业)发展,与苏州市政府、市再担保公司合作,向三方共同审核同意的科技型中小企业发放的贷款。其贷款额度的认定以苏州市再担保公司与交通银行共同认定为准。

表1:交通银行苏州科技支行科技金融再创新产品

产品名称	生命周期	合作机构	额度、利率和期限	贷款条件、产品优势
雏鹰贷	种子期(末端)+初创期(前端)	科技银行与市科技局、专项风险投资公司、人保公司合作	100万元(含以下),贷款利率按中国人民银行管理规定执行,期限最长一年。	贷款条件为苏州市雏鹰计划企业;产品优势为适用于初创期前端的科技型中小企业。
智融通	初创期(前端)	科技银行与专业担保公司担保、中介机构评估、专利局认证、知识产权交易中心	最高敞口为2000万元(含),如借款企业采用智权质押单一担保方式的,授信敞口额度最高不超过1000万元(含);授信期限一般不超过1年。	智权必须产权明晰,经有资质的中介机构评估,可以办理质押登记,按照国家有关规定可上市交易,且易于变现;产品优势为流程简化、循环额度、用途多样性。

续表

产品名称	生命周期	合作机构	额度、利率和期限	贷款条件、产品优势
信保贷	成长期（前端）	科技银行、园区政府、保险公司、评级公司、园区中小企业服务中心	贷款额度最高不得超过1000万元，原则上给予企业较市场优惠的定价，贷款期限最长一年。	姑苏领军企业、园区领军企业、千人计划等科技类企业；园区政府、保险公司、银行共同承担贷款风险。
成长贷	成长期（前端）	科技银行、园区政府、再担保公司、风险投资公司、信用评级公司	最高不得超过1000万元，贷款利率原则上给予企业较市场优惠的定价，贷款期限最长一年。	姑苏领军企业、园区领军企业、千人计划等科技类企业；所有授信业务公司实际控制人（法人代表或主要经营者）及大股东需承担个人连带责任保证或公司连带责任保证。
三板通	成长期（末端）	科技银行、苏州市政府、市再担保公司合作	苏州市再担保公司与交通银行共同认定为准，贷款利率按中国人民银行管理规定执行，贷款期限最长一年。	企业已在新三板挂牌，或通过市政府审核并列入"新三板"企业库，有广阔的行业前景、技术创新具有领先性等八项条件。

资料来源：交通银行科技金融网：http://kjjr.bankcomm.com/dfv/web/gettsProductMore.JSP。

（三）苏州创新创业生态系统与投融资互惠共赢机制

苏州创新创业生态系统是指促进苏州科技研发、产业化和高新技术发展的一系列金融创新产品、制度、政策及服务的系统性、创新性安排，由苏州各级政府、企业、市场、社会中介机构等主体及其行为活动活动共同构成的一个体系，是苏州地区科技创新体系和金融体系的重要组成部分，它包括科技财力资源、创业风险投资、科技资本市场、科技贷款、科技保险和科技环境六大部分。苏州创新创业生态系统是由创新种群（企业、大学、研究机构、政府组织及中介机构）组成且形成的一个网络系统。从创新创业生态系统视角来看，苏州创新创业投融资生态系统中已初步形成投融资互惠共赢机制。

从创新价值链的角度看，苏州地区创新活动涉及大学、研究所等科研机构的创新成果资源生产环节，科技型企业的创新产品生产环节，创新系统利益再分配的政府财政收支引导环节和投融资生态链的科技金融产品创新与服务环节。所以，从整体上看，苏州创新创业生态系统可分解为相对独立的4个子系统，即大学和研究所为主的创新知识资源生产子系统，科技型企业为主的创新产品生产子系统，政府为主导的创新引导、激励和服务子系统和投融资生态链为主的科技金融创新子系统。

苏州创新创业生态系统的创新成果生产子系统是在正反馈环中运行的，一方面，随着大学和研究所等对知识产权保护和权益分配的满意程度提高，其参与苏州创新创业生态系统的积极性提高，就会增加专利等知识产权等发明和创造，使苏州科技水平提升；政府通过支持和激励科研项目的力度加强，苏州创新创业系统总收益就会增加，大学和研究所等机构的收益也会增加，其对权益分配的满意度增加。另一方面，大学和研究所等机构获得科研经费为创新成果生产的先决条件，为了实现创新成果能够实现产品化、商品化和产业化，政府财政部门、科技型企业及金融部门应增加对大学和研究所的科研投入和投融资。

苏州创新创业生态系统的创新产品子系统在这样一个正反馈子系统中运行：由于原来依靠传统来料加工为代表的劳动力密集型产业已经难以为继，企业市场竞争压力加大，产业转型升级需求增加和政府通过税收和奖励等措施对高新技术产业支持力度加强，企业参与区域创新生态系统的意愿加强，企业向大学和研究所等机构的资金资助和投入力度加强，使企业掌握科研成果资源储备增加，技术成果转化进程加快，创新产品的产业化程度加快，因此，企业的市场收益提高，使苏州创新系统的总收益增加，政府财政的扶持力度增强，企业参与苏州创新网络的意愿增强。

苏州创新创业系统利益再分配的政府财政收支引导子系统有两条正反馈环，一是政府通过引导基金和政府型风投公司激励投融资生态链各种金融机构支持科技型企业，同时也直接向科技型企业进行投资，企业创新产品产业化程度提高，企业市场竞争力提升，使苏州产业转型升级速度加快，促使政府扶持力度进一步提高。二是通过科技局、孵化器等对大学和研究所等的科研扶持力度提高，大学和研究所等总收益增加，促进其学术和科技水平提高，苏州科技发展水平提升，政府对科技研发的力度进一步提高。

苏州投融资生态链为主的科技金融创新子系统有两条正反馈环，一是获得政府的风险补偿资金，结合各生命周期科技型企业特点进行科技金融产品创新，为科技型企业发展提供规模可观的信贷资金支持，同时，获得稳定的利率收入和中间业务收入。二是通过开拓信贷业务新市场,在增加自身收益的同时增加政府财政纳税额。

以上苏州投融资生态链与创新创业生态系统耦合对接所形成的 4 个子系统并非孤立运行,而是相互协调、相互影响、相互制约的,使得苏州创新创业生态系统与投融资互惠共赢机制进一步得到强化和完善(如图 2 所示)。

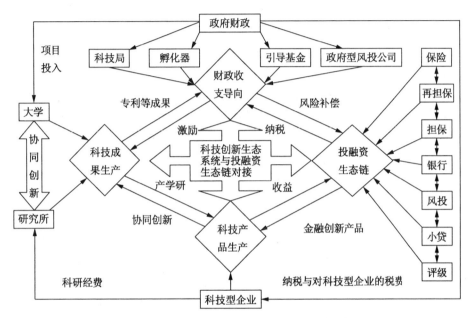

图 2 苏州创新创业投融资生态系统与投融资互惠共赢机制

资料来源:根据苏州市科技金融探索与创新现状绘制。

四、投融资互惠共赢机制与竞合关系问题

苏州创新创业投融资互惠共赢机制确实在一定程度上,增强了各投融资机构之间的合作关系,为解决科技型小微企业融资难问题发挥出积极作用,但投融资互惠共赢机制形成的同时在实际运作过程中也存在竞合关系。

(一)商业银行和担保公司之间的竞合关系与风险代偿

2015 年 9 月苏州市政府审议通过了《关于进一步做好新形势下创业就业工作的实施意见》,将苏州市小额担保贷款调整为苏州市创业担保贷款,扩大创业担保贷款规模,2015 年市本级增加创业担保贷款基金 8000 万元,担保基金总额增加到不低于 1.2 亿元;各市(县)担保基金总额增加到不低于

2 000万元,区不低于500万元。2010年至2014年,全市就业创业资金共投入54.14亿元,实现新增就业83.3万人,认定城乡就业困难人数43.73万人,全市个私经济实体总量由2010年的53.76万户,增加到2014年的78.52万户。① 但是,根据苏州市融资担保业商会的研究报告显示,目前,苏州融资担保业仍然存在以下问题。

1. 银行和担保公司之间的竞合关系

从苏州的实际情况来看,银行对担保公司合作伙伴选择上更愿意选择国有担保机构,因为通常银行认为国有担保机构更具有担保实力。在经济形势向好时期这种区别可能不是很大,银行为了拓展业务一般都会选择民营担保机构进行合作,因民营担保机构为开展业务,在业务审批、流程、制度上会比较宽松。而在经济下行压力下,银行不良贷款率上升,民营担保机构担保实力有限,因此,银行会提出更多合作条件,如增加保证金比例、压缩担保额度、要求参加再担保等,对民营担保机构进行压保、退保,担保主业的持续下降严重影响民营担保的生存。

2. 担保机构代偿率过高易引起连锁倒闭

如银行与担保公司合作关系出现裂痕,会使担保公司与银行及中小企业之间出现信用危机,企业经营不善使银行普遍开始收贷,企业无力偿还借款,银行就会要求民营担保机构履行代偿责任。从而使担保圈出现恶性多米诺骨牌效应,因民营担保机构处于弱势地位,为了继续维持合作关系而履行代偿责任,因担保公司自身资金实力有限,连续性代偿很快会使民营担保机构现金流枯竭,最终无力代偿而导致合作关系破裂。

3. 担保机构资产回收难度加大

担保公司发生代偿后是否能够及时有效地回收资金,影响着担保公司现金流正常周转。在经济下行压力下,企业的厂房、设备等资产拍卖难度加大,担保公司资产回收速度慢、代偿额增加使得担保公司现金流越短缺而无力代偿。因此,为避免科技担保公司因代偿过度而倒闭需要通过制度创新使科技保险公司参加科技保险和再保险,是科技担保公司风险可以得到分散和释放的有效路径(参见图3)。

---

① 顾志敏,苏州扩大创业担保贷款规模,《苏州日报》,2015年9月16日,A01。

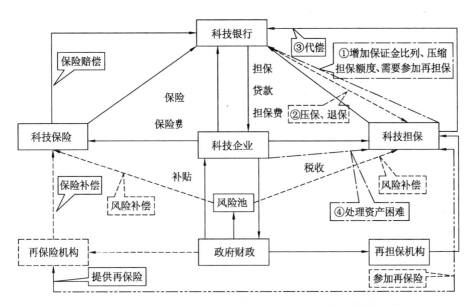

图 3 苏州科技银行与科技保险及担保公司风险补偿和分散机制

资料来源:根据苏州市科技金融探索与创新现状绘制。

(二)政府对科技保险机构保险产品保费补贴与风险分散

科技保险是科技与金融结合的重要组成部分,可以有效分散和降低科技企业创新风险。科技型企业作为创新的主体,由于创新活动的复杂性和易变性,在研发、生产、销售及经营管理活动中,极易面临财产损失、人身伤害、研发中断等各类突发风险。特别是一些"雏鹰"企业,处于创新创业初创期,抗风险能力较弱,亟须一把保护伞为其遮风挡雨。

2012年12月苏州市科学技术局、苏州市财政局和苏州保监分局联合出台《苏州市科技保险费补贴实施细则》,科技保险补贴资金支持的对象为在苏州市区注册,上年度营业收入不超过4亿元的科技型企业。其中保费补贴比例为:(1)高新技术企业研发责任保险、高新技术企业关键研发设备保险、营业中断保险、专利保险:保费补贴比例为50%。(2)环境污染责任保险、小额贷款保证保险、董事会监事会高级管理人员责任保险:保费补贴比例为40%。(3)高新技术企业高管人员和关键研发人员健康保险及意外伤害保险、产品责任保险、雇主责任保险、产品质量保证保险:保费补贴比例为30%。(4)高新技术企业财产险、项目投资损失保险:保费补贴比例为20%。(5)其他险种保费补贴比例由市科技局、财政局和苏州保监分局共同确定。①

经苏州保监分局、财政局和科技局共同认定,苏州市科技保险险种主要为13大类:高新技术企业研发责任保险、关键研发设备保险、营业中断保险、高管人员和关键研发人员团体健康险及意外保险、高新技术企业财产保险、产品责任保险、产品质量保证保险、专利保险、董事会监事会高级管理人员责任保险、雇主责任保险、环境污染责任保险、小额贷款保证保险、项目投资损失保险。自2012年起,苏州市各科技部门每年安排专项资金,对企业投保科技保险发生的保费进行补贴,累计补贴近300家企业、980万元。保费补贴采取分类补贴、总额限制的方式,根据企业申请的险种给予不超过50%的科技保险保费补贴,对于重点支持企业每年最高补贴不超过30万元。② 苏州科技保险业务为金融机构对科技小微企业投融资发挥风险分散作用。

(三)再担保机构业务创新与风险补偿和分散机制

由于科技型中小企业规模小、轻资产、抵押物不足、财务不健全等因素,科技银行在对这些企业发放贷款需要企业找担保公司担保或参加保险公司投保。苏州构建起科技银行与科技保险及担保公司风险补偿和分散机制。苏州高新区推出《高新区加快保险金融创新集聚若干意见》等保险创新集聚政策,2007年高新区成为进入全国首批科技保险创新试点区六个试点的国家高新区。2013年获批成为全国首家"保险与科技结合"综合创新试点。在中国人保、中国人寿、东吴人寿总部等大型保险公司集聚基础上,农银人寿、安联保险、浙江联创保险等保险机构也相继进驻,截止到2013年年底,高新区累计共有92家(次)高新技术企业投保科技保险,获批保费补贴累计超过400万元。保险险种涵盖财产一切险、关键研发设备险、雇主责任险等,总计缴纳保费达3725万元,总保险金额达到646亿元。③ 苏州市除了通过科技银行与科技保险和担保机构相互合作创新外,还成立了苏州市信用再担保

---

① 资料来源:苏州市科技局官网。
② 苏州新闻网:http://news.subaonet.com/2014/1209/1427398.shtml。
③ 苏州高新区新闻网:http://news.snd.gov.cn。

有限公司①,该公司推出多项再担保创新产品,经该公司增信后提高了科技型企业的信用等级,有利于商业银行对该类科技型企业融资(如图3所示)。

苏州市信用再担保公司是该基金的受托管理机构,目前已与11家银行、3家保险机构和4家担保公司签订了信保贷合作协议。借助苏州地方企业征信系统采集的征信信息,今后立足科技创新、人才创新的苏州全市范围内的轻资产企业在信用贷款上将获得有力支持。如"协力贷"业务科实现四方共赢,作为担保(小贷)公司,可获得担保费收入,专项银行额度,免收保证金;作为企业,可获得贷款利率优惠,手续简单,解决融资难;作为银行,既可获取大量的客户资源及相应的贷款收益,又可实现"见保即贷"的审批绿色通道;作为再担保公司,可通过提供再担保的增信风险服务,切实有效地服务中小(微)企业,拓展再担保业务领域(参考表2)。

表2:苏州市信用再担保有限公司业务创新品种及特征

业务品种	生命周期和类型	贷款担保金额和条件	合作业务等	机构类型
信保贷	成长期企业	500万元贷款信用保证	苏州银行贷款	科技型中小企业
新三板	成长期企业	200~1 000万元贷款信用保证	降低企业融资成本	纳入其征信系统中小企业
双保贷	初创期企业	按授信额度批量操作	中国银行、合作担保机构合作	中小(微)企业融资难
协力贷	初创期企业	按授信总额度批量操作	苏州银行贷款	中小(微)企业提供融资担保服务
再担保	金融机构	合作小贷确定授信总额度项下实行批量操作	小贷担保,商业银行贷款	对小微企业提供融资担保服务
机构再担保	金融机构	信用评级在AA一以上	对担保公司担保能力增信的产品	担保公司及符合条件的小贷公司

① 公司于2011年4月22日获得江苏省金融办筹办批复,于2011年8月正式成立。首期注册资本为6亿元,目标资本规模10亿元。公司秉承"诚信、聚力、创新、共赢"的企业精神,以促进中小企业健康发展为己任,充分借助各级政府的有力扶持和公司经营领域广阔的优势,以再担保业务为主体,多功能金融服务为支撑,致力于构建覆盖苏州大市范围的中小企业信用再担保体系,坚持政策性导向和市场化运作相结合,发挥"分险"、"增信"、"规范"、"扶持"的作用和功能。http://www.szcrg.com/contents/10/4.html。

续表

业务品种	生命周期和类型	贷款担保金额和条件	合作业务等	机构类型
机构比例再担保	金融机构	信用评级在AA一以上,具备2亿元及以上实收资本	融资性担保业务进行分险、增信	对符合机构保条件的担保公司
会员再担保	金融机构	信用评级在A一以上	对会员担保公司的融资性担保业务进行分险、增信	会员担保公司和符合条件的小贷公司
批量再担保	金融机构	信用评级达到A一以上	对非会员担保公司的融资性担保业务进行"分险"	非会员担保公司的代偿损失将在非会员担保公司
项目再担保	项目	分别与商业银行签署担保协议,按约定条件承担担保责任	对担保公司超出自身法定条件不能独立完成的贷款项目担保业务	担保公司

资料来源:苏州市信用再担保有限公司官网:http://www.szcrg.com/channels/26.html。

（四）科技型小微企业投融资生态系统改善与风险化解和释放

1. 传统投融资生态链与风险化解机制

苏州市根据当前创新创业者融资需求飞速增长,金融机构则难以找到优质项目的现实状况,构建出政府、银行、保险、创投、担保、小贷、中介"七位一体"的投融资生态链,这些机构在处于投融资生态链的不同环节,可为生命周期中不同阶段多种投融资需求的科技型小微企业提供各种金融产品和服务,并通过金融机构服务平台形成风险化解机制,帮助这些科技投融资机构在对科技型小微企业投融资过程中化解风险(参见图4)。

2. 互联网投融资模式与风险释放机制

随着互联网金融及整个金融体系的创新与发展,国内第三方支付、P2P小额信贷、众筹投融资、电子货币等大量互联网金融企业的诞生,众筹平台和P2P借贷则使投融资领域出现新型投融资模式,P2P信贷模式正在绕开银行实现小额存贷款的直接匹配;而众筹融资正在扮演着天使投资人的角色,挑战着传统的VC、PE。但也存在以下问题。

互联网投融资来看,天使投资者所投资的科技型小微企业,存在着高风险高回报的特征,因此,互联网金融可以具有快速集聚资金和释放风险的功能。但是也存在着以下风险:如在众筹模式中缺少监管和详细的信息披露,容易产生欺诈行为。项目发起者可能会发布虚假的项目计划书,吸引投资者,在项目筹集资金成功后没有按照计划实施项目和回馈。另一方面,众筹网站在整个流程中拥有资金管理的权利。如果众筹网站出现欺诈行为,就将对项目发起者和投资者同时造成伤害。因此,众筹模式要想得到正规的发展,就需要有相关的法律和执行部门对众筹网站和项目发起者进行监督和管理(参考图4)。

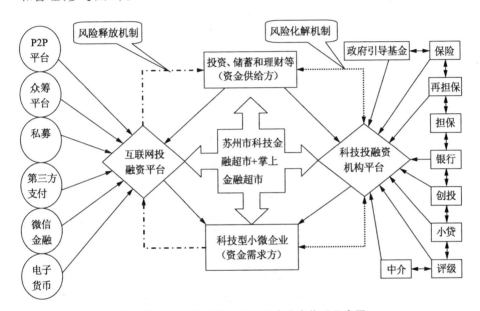

图4 苏州科技型小微企业投融资生态体系示意图

资料来源:根据苏州实际情况绘制。

(五)生命周期视角下投融产品创新与风险防范

从苏州创新创业投融资生态环境来看,科技银行已通过产品创新对处于种子期末端和初创期前端的科技型小微企业进行融资,这对于这些科技型小微企业来说,增加了从科技银行融资的机会,区域产业转型升级产生驱动力。但对于科技银行来说,对这些科技型小微企业的贷款风险判断处于模糊区间,因此,贷款风险识别困难,需要通过政府风险补偿机制、科技担保和科技保险创新来分散和化解风险;对于处于种子期前端的科技型小微企业投融资需求来说,由于科技银行对于这些科技型小微企业的贷款风险识别不能从常规企业财务信息中获得,在贷款管理中主要依靠经验判断和对行业的领悟程度判断,随着科技行业精细化加剧,即使行业专家有时也很难判断前沿技术优劣,增加了科技贷款风险发生概率,因此,科技银行在这一区间的科技型小微企业应审慎对待;种子期前端的科技型小微企业投融资原本应由天使投资基金进行投资,但目前苏州天使投资基金规模和数量都无法满足科技型小微企业融资需求,因此,需要通过互联网投融资模式弥补和改善苏州创新创业投融资生态系统中的薄弱环节(如图5所示)。

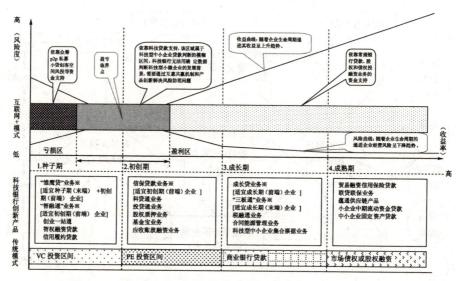

图5 生命周期视角下苏州科技投融资产品和机制创新与风险化解和释放示意图

资料来源:参考交通银行科技金融网:http://kjjr.bankcomm.com/dfv/wch/gettsProductMore.JSP。

注:本图中※表示交通银行苏州科技支行科技金融再创新产品;其他为前期科技金融创新产品。

七、结论与对策

本章基于生命周视角对苏州创业投融资生态环境进行分析,发现通过在政府激励和风险补偿措施推动下,各类金融机构通过协同创新已经基本形成了投融资互惠共赢和风险化解机制,使科技型小微企业投融资向种子期末端和初创期前端推进,有力地支持了区域新兴产业的发展。但种子期前端科技型小微企业因缺少天使投资人而难以迅速成长,互联网投融资模式可通过网络平台迅速实现资金集聚效应,并能发挥投融资风险释放功能。因此,只有保证互联网投融资市场健康发展才能完善创新创业投融资生态环境,解决种子期前端科技型小微企业资金不足,驱动产业转型升级。但现有股权众筹等互联网金融领域存在着因监管缺失而造成的严重信用危机问题,不仅伤害了天使投资人的利益,而且对于创业投融资生态环境造成了巨大的破坏。因此,股权众筹等新型投融资领域治理问题成为关系到新常态下区域产业转型升级成败的迫切需要解决的关键问题。只有构建对股权众筹等新兴投融资平台有效的治理机制,才能进一步完善创业投融资生态体系,以有力支持种子期前端科技型小微企业迅速发展。因此,我们提出以下建议。

(一)科技银行的产品创新应与风险控制相结合

科技银行通过与政府、保险、创投、担保、小贷、中介等机构协同创新构建"七位一体"的创新创业投融资互惠共赢和风险防范机制在一定程度上可以化解风险,但是,由于目前科技银行创新产品已经处于贷款风险模糊区间,因此,对于处于这一区间的科技型小微企业的科技贷款应遵循区别对待、择优扶持、灵活调剂的原则,使科技贷款风险控制在风险池、科技担保和科技保险等风险补偿机制范围之内。

(二)构建科技保险与科技担保风险共保和分散机制

科技贷款担保公司应与科技银行加强合作,将担保范围控制在可代偿范围内,避免经济下行压力下,由于科技银行过度催收贷款,要求担保机构过度代偿而陷入连锁倒闭的"恶性代偿陷阱",有必要由政府部门牵头组建再保险机构,与现有再担保机构一起强化科技金融生态链的抗风险能力。同时,科技保险公司应大力开拓科技保险产品,并通过参加再保险业务,降低科技保险公司所承担的风险压力。

(三)发挥互联网投融资平台的天使投资者和风险释放功能

应从股权众筹机构治理出发,从经营模式上改变以往纯线上互联网股权众筹模式,组建"创客+众筹"等线上与线下相结合投融资平台,以保证上线种子期前端科技型小微企业所公布信息的真实性和可追溯性,保护众筹资金筹集和使用的公开性、透明性、公正性。同时,进行适度的监管与引导,使投资者在承担高风险的同时获得高额收益。因此,构建具有公信力的区域性众筹天使投融资平台,为避免金融诈骗的问题,需要由政府把关、专业权威机构评估项目等级,形成有序市场,防止跨区域平台对投资者带来的信息不对称和逆向选择问题。

参考文献

Jaffee, Dwight M. and Russell, Thomas, 1976, the imperfect information, uncertainty, and credit rationing, [J] Quarterly Journal of Economics, Nov, 90(4), 869—872.

Stiglitz, Joseph E and Andrew Weiss, 1981, credit rationing in market with imperfect information, [J] American Economic Review, Jun., 71(3): 393—411.

Stiglitz, Joseph E and Andrew Weiss, 1983, incentive effect of termination: applications to the credit and labor markets, [J] American Economic Review, Dec., 73, 912—927.

Bester, H., 1985a, screening versus rationing in credit markets with imperfect information, [J] American Economic Review, 75, 850—855.

Bester, H., 1987, the role of collateral in credit markets with imperfect information, [J] European Economic Review, 31, 887—899.

Besanko, D and Thankor, A., 1987a, collateral and rationing: sorting equilibria in monopolistic and competitive markets: [J] International Economics Review, 28, 671—689.

Besanko, D and Thankor, A., 1987b, competitive equilibrium in the credit markets under asymmetric information, [J] Journal of Economic Theory, 42, 167—182.

Schmidt-Mohr, U., 1997, rationing versus collateralization in competitive and monopolistic credit market sw ith asymmetric information, [J] European Economic Review, 41, 1321—1342.

Coco Giuseppe, 1999, collateral heterogeneity in risk attitude and the credit market equilibrium, [J] European Economic Review, 43, 559—574.

Coco Giuseppe, 2000, on the use of collateral, [J] Journal of Economic

Survey, Vol. 14, No. 2.

Stiglitz, J. E. and Weiss, A., 1986, credit rationing and collateral, recent development in corporate finance. J. Edwads, J. Franks, C. Mayer and S. Schaefer(ed) Cambridge University Press, [J]NEW YORK, pp. 101－175.

Stiglitz, J. E and Weiss, A., 1992, asymmetric informat ion in credit markets and its implication for macro-economics, [J]Oxford Economic Paper, Vol. 44, pp. 694－724.

Manove, M. A. J. Padilla and M. Pagano, 2001, collat eral versus project screening: a model of lazy banks, [J]Rand Journal of Economics, Vol32., No. 4, Winter, pp. 726－744.

Best er, H, 1985b, the level of investment in credit markets with imperfect informat ion, [J]Journal of Institut ional Economics, 141, 503－515.

Milde, H. and Riley, J., 1988, signaling in credit markets, [J]Quarterly Journal of Economics, 103(1), 101－129.

Grinblatt, M. and Hwang, C. Y., 1989, signaling and the pricing of new issues, [J]Journal of Finance, 46(2), 393－420.

钱海章. 高新技术企业的生命周期及融资战略[J]. 金融研究, 1999(8).

王燕梅. 高技术产业化中的融资问题研究[J]. 中国工业经济, 2000(9).

姜海军, 惠晓峰. 内生化贷款额度的信贷市场信息甄别模型研究[J]. 金融研究, 2006(3).

谢子远. 硅谷银行模式与科技型中小企业融资[J]. 创新, 2010(5).

韩刚. 商业银行金融创新与科技型小企业融资困境突破——以交通银行苏州科技支行为例[J]. 金融理论与实践, 2012(4).

苏州市人民政府金融工作办公室, 全省规模最大科技小贷公司在苏开业[EB]. http://www.szjrb.suzhou.gov.cn/worddisp.asp?id=1830, 2012－9－10/2012－9－24.

Modigliani . F. and Miller . H. M. The Cosy of Capital, Corporate Finance and the Theory of Investment American Economic Reviev48, 1958. 261－297.

Helmut Bester. Screening vs. Rationing in Credit Markets with Imperfect Information . Amerian Economic Review, vol. 75(4): 850－855, September, 1985.

Y. TIAN. A Modified Lattice Approach to Option Pricing[J]. The Journal of Futures Markets,1993.13(5):563—577.

李玲娟,张晓东,刘丽红.科技型中小企业的知识资本形成机理研究[J].湖南大学学报.2012(5).

陈云,谭淳方,俞立.科技型中小企业技术创新能力评价指标体系研究[J].科技进步与对策.2012(1).

胡艳.浅析科技型中小企业知识产权质押融资[J].内蒙古农业大学学报(社会科学版).2012(3).

周程."死亡之谷"何以能被跨越?——汉字激光照排系统的产业进程研究[J].自然辩证法通讯.2010(2).

周英男,李昕杨,王雪冬.专利初始静态价值的实物期权评估模型研究[J],科学政策与管理,2007(6).

赵昌文.创新型企业的金融解决方案:2011中国科技金融案例研究报告[M].清华大学出版社,2012(1):54—102.

庄友刚.何谓空间生产?——关于空间生产问题的历史唯物主义分析[J].南京社会科学.2012(5).

R. Brosch. Portfolios of Real Options[M]. Berlin:Springer Berlin Heidelberg,2008:56.

靳晓东.专利资产证券化研究[M].知识产权出版社,2012(1):159—170.

党耀国,米传敏,钱吴勇.应用多元统计分析[M].清华大学出版社,2012(5):123—142.

罗纳德·J.麦金农,卢驄译.经济发展中的货币与资本[M].上海三联书店,1988(3):39—41.

卡洛塔·佩蕾丝(Carlota Perez).技术革命与金融资本:泡沫与黄金时代的动力学[M].中国人民大学出版社,2007(1):69—87.

T. W.舒尔茨.财产权利与制度变迁[M].上海三联书店,1994(6):253.

薛澜,俞乔.科技金融:理论的创新与现实的呼唤——评赵昌文等著《科技金融》一书[J].经济研究,2012(7).

钱海章.高新技术企业的生命周期及融资战略[J].金融研究,1999(8).

王燕梅.高技术产业化中的融资问题研究[J].中国工业经济[J].2000(9).

刘健钧.建立我国创业投资政策扶持机制的对策探讨[J].宏观经济管理,2003(8).

陈和.创业投资的政策性引导基金模式研究[J].科学学与科学技术管理,2006(5).

张晓晴.中国创业资本引导基金治理模式研究[J].生产力研究,2008(23).

江薇薇.我国政府引导基金发展模式研究[J].西部论坛,2012(1).

李玲娟,张晓东,刘丽红.科技型中小企业的知识资本形成机理研究[J].湖南大学学报,2012(5).

李玲娟,张晓东,刘丽红.科技型中小企业的知识资本形成机理研究[J].湖南大学学报,2012(5).

尹国俊.风险资本的制度创新——来自日本的启示[M].经济科学出版社,2004(11):251-257.

周豪.区域高新技术产业化发展[M].科学出版社,2008(5):48-52.

李扬,王国刚,等.中国城市金融生态环境评价[M].北京:人民出版社,2005.

陈岱孙,厉以宁.国际金融学说史[M].中国金融出版社,1991.

白钦先,等.金融可持续发展研究导论[M].北京:中国金融出版社,2001:138-145.

周小川.完善法律制度改进金融生态[N].金融时报,2004(12).

徐诺金.论我国的金融生态问题[J].金融研究,2005(2).

徐诺金.论我国金融生态环境问题[J].金融研究,2005(11).

徐诺金.金融生态论:对传统金融理念的挑战[M].北京:中国金融出版社,2007.

李扬,王国刚,等.中国城市金融生态环境评价[M].北京:人民出版社,2005.

付一书.从金融生态系统观看上海金融产业结构调整[J].上海金融,2010(9).

张春杰.金融生态视角下我国金融产业的结构特征及其调整[J].经济导刊,2011(6).

牛艳梅.金融生态视角下我国商业银行流动性问题研究[J].企业经济,2011(8).

陈哲,余吉安,张榕.金融生态视角下的金融监管[J].北京交通大学学报(社会科学版),2012(1).

辜晓川.对金融生态理念的几点认识[J].西南金融,2005(8).

徐诺金.优化我们金融生态:现状与路径[J].南方金融,2006(8).

徐荣贞.金融生态四元主体的演化博弈与仿真研究,计算机仿真[J].2010(3).

贾康,孟艳,赵雅敬."珍珠项链"模式、科技金融生态创新与新供给管理,经济研究参考,2014(25).

沈能.区域创新系统运行的种群生态学机制[J].中国科技资源导刊,2011(11).

陈作章,贝政新,周晨.商业银行科技支行业务创新案例研究[J].2013(1).

郑海超,黄宇梦,王涛,陈冬宇.创新项目股权众筹融资绩效的影响因素研究[J[.中国软科学,2015(1).

王曙光,贺潇,贾镝.众筹模式的激励相容、运作机制与风险监管——兼论中国式众筹的问题与趋势[J].金融与经济,2015(3).

后 记

本书是本人承担江苏省科协软科学研究计划项目"高科技产业化与科技金融制度创新"(项目编号:2013KXRA06)、参与江苏省社会科学基金项目"江苏科技金融发展问题研究"(11EYB012)、获得江苏省重点学科建设项目(应用型经济学一级省重点学科建设经费)、主持苏州市软科技研究项目"《苏南自主创新示范区建设苏州专项规划》编制调研报告——苏州科技金融与科技保险分析研究(项目编号:SR201407)"及《上海自贸区和苏州工业园区金融创新与众筹应用》(项目编号:AS11000516)等项目的研究成果。

本书由陈作章(苏州大学东吴商学院副教授)提出研究思路和撰写大纲。姜帅(苏州大学应用技术学院讲师)承担第一章、第二章和第三章的撰写工作,陈作章承担第四章至第十四章的撰写工作。第十五章由于宝山(Sam YU)撰写。于宝山(Sam YU)太平绅士(南澳洲),毕业于伦敦大学SOAS和澳洲Macquarie大学,现任教于苏州大学海外教育学院中国-加拿大合工作项目金融课程。2016年5月,其《众筹与微信应用研究》获得西交利物浦大学全国大学教育创新大赛"年度教学创新提名奖",并获任为西浦领导与教育前沿研究院研究员和培训专家。Sam亦为香港创新科技研究中心和香港创投基金会担任科技金融(Fin Tech)顾问工作和在扬州逸雅轩工艺美术研究所担任客座教授(艺术经济)职务。

在本书撰写过程中得到了苏州大学万解秋教授、贝政新教授、赵增耀教授、夏永祥教授、段进军教授、王俊教授以及王敏、沈能、刘亮、刘沁清和衡仁权副教授的指导和建议,得到了江苏省科技发展战略研究院张玉斌研究员、张薇薇博士、高冉晖助理研究员的指导和建议,得到了苏州市科技局蔡剑锋副局长、政策法规处孙强处长和刘岚副处长的指导,苏州中智谷软件科技有限公司杨圣彦总经理给予"上海自贸区和苏州工业园区金融创新与众筹应用"项目资金支持,在此表示衷心感谢!

本书在出版过程中,苏州大学出版社周敏和张凝老师给予了热情指导和帮助,在此表示衷心感谢!

对于区域产业转型与科技金融创新问题,本身具有在实践和理论上的探索性,本人在阅读国内外大量文献后,研究思路进一步清晰,对于这个问题的认识也得到一定程度的深化。但是由于本人和共著者水平有限,围绕区域产业转型与科技金融创新问题研究仍然存在许多不足之处,难免有疏漏乃至错误之处,恳请各位专家和学者给予批评指正。

陈作章